世界の子どもの
貧困対策と福祉関連QOL

Child Poverty Policy, Practice and
Social Welfare Related Quality-of-Life:

日本、韓国、イギリス、アメリカ、ドイツ
Japan, Korea, UK, USA, Germany

【監修】**黒木 保博**

【編著】**中嶋 和夫**
　　　近藤 理恵

学 文 社

目　次

序論　1

第1章　日本の子どもと家族の状況　――4
――経済資本，文化資本，社会関係資本に着目して――

はじめに　4
1. 中学1年生の親（保護者）に対する調査　5
2. 児童扶養手当を受給しているひとり親に対する調査　14

第2章　アメリカの子どもの貧困対策　――31

はじめに　31
1. ヒューマンニーズ連合（Coalition on Human Needs）による子どもの貧困対策の評価　31
2. ヘッドスタートプログラムに対する，アメリカ合衆国保健福祉省（United States Department of Health and Human Services）の考え　34
3. UPO（United Planning Organization）による支援　38
4. SOUL（Student-Athletes Organized to Understand Leadership）による支援　43
5. 首都圏フードバンク（Capital Area Food Bank）による支援　50

補論　アメリカにおける子どもの貧困政策　――56

はじめに　56
1. 社会的な傾向　58
2. 政策と実践　62
3. 受給するプログラムが重複することについて　81

4．各政策の将来像　81
　　おわりに　84

第3章　イギリスの子どもの貧困対策 ──── 92

はじめに　92
1．Barnardo's と The Children's Society による
　　子どもの貧困政策（ライフチャンス法）に対する考え　92
2．シュアースタート・チルドレンズセンターによる支援　97
3．Barnardo's による支援　105
4．The Children's Society による支援　107
5．タワーハムレッツフードバンク（Tower Hamlets Foodbank）
　　による支援　108

第4章　ドイツの子どもの貧困対策 ──── 118
　　──マインツ市の取り組み──

1．ドイツにおける子どもの貧困対策　118
2．マインツ市の子どもの貧困対策　120
3．民間団体による子どもの貧困対策　130
おわりに　157

> **コラム**　フランスのアソシアシオンにおける体験活動
> 　　（文化的活動）と信頼関係の構築　159

第5章 韓国の子どもの貧困対策 —————— 162

第1節 韓国の子どもの貧困政策と実践 ————— 162

1. 韓国とソウル市の子どもの貧困政策　162
2. ドリームスタートプログラム　167
3. 教育福祉優先支援事業　171
4. 家出をした青少年のためのシェルターにおける支援　176
5. I Will Center によるインターネットに依存している子どもへの支援　180
6. 全国フードバンクとフードバンクの現場　184

第2節 貧困状態にある子どものための 韓国のスポーツ政策 ————— 191

1. 貧困状態にある子どもとスポーツ活動　191
2. 社会福祉政策におけるスポーツとスポーツ政策における社会福祉　192
3. 結論：スポーツを通じた社会問題解決とインクルージョンのために　204

補論 韓国のひとり親家族支援 —経済的支援を中心に— ——— 210

はじめに　210
1. 韓国におけるひとり親家族の現状　210
2. 韓国におけるひとり親家族の経済的支援　213
おわりに　218

第6章 日本における「国際文化プログラム」——— 224

はじめに　224
1. プログラムの目的と内容　225
2. プログラムにおける子どもの様子　225
3. プログラム前後での子どもの変化　227

4．プログラムに対する財政的支援と親に対する支援の必要性　229

第7章　子ども関連政策の評価 —— 231

第1節　ヘッドスタートプログラムの政策評価 —— 231

はじめに　231
1．ヘッドスタートプログラムの政策評価に関する取り組み　231
2．政策評価に関する研究とヘッドスタートプログラム　233
3．子ども関連政策の政策評価における今後の課題と提案　236

第2節　子どもと家族に関わる福祉関連QOL —— 237

はじめに　237
1．方　法　238
2．結　果　242
3．考　察　258

結　論　265

1．就学前の子どもと親の支援（文化資本と社会関係資本に関わる支援）　266
2．子ども・若者への支援（文化資本と社会関係資本に関わる支援）　269
3．食事の支援（経済資本に関わる支援）　272
4．家族（親）に対する支援（文化資本に関わる支援）　273
5．ひとり親家族への支援（経済資本と社会関係資本に関わる支援）　274
6．教育部門と福祉部門の連携によるケースマネジメント　274
7．経済的支援（経済資本に関わる支援）　275
8．大学によるコミュニィベースドプログラムと，企業によるCSRあるいはCSV　276
9．政策評価　276

あとがき　278

序　論

　高度消費社会，高度情報社会，グローバル化社会として特徴づけられる現代社会においては，人々は豊かで，便利な生活を享受できるようになった。だが一方で，経済のグローバル化の浸透にともない非正規雇用が増加する現代社会においては，不安定な生活を営まざるを得ない人々が増加している。U・ベックはこのような現代社会をリスク社会と呼んだが，日本社会も例外ではなく，子どもの貧困が社会問題化している。日本の子どもの貧困率は2012年に16.3％となり，2015年には13.9％に減少したものの，OECD諸国のなかで高い値を示している。

　他国の子どもの貧困率について見てみると，アメリカが19.9％（2015），イギリスが11.2％（2015），ドイツが9.5％（2014），フランスが8.2％（2015），韓国が7.1％（2015）であった。OECD諸国で子どもの貧困率が低い国に着目すると，たとえば，フィンランドは3.7％（2015）であった。

　また，貧困の家族には，ひとり親家族が多く含まれるが，日本のひとり親家族の貧困率は，2015年においては50.8％とOECD諸国で最も高い値を示している。近代の帰結としての家族の個人化により，日本でも，今後ますますひとり親家族は増加すると予想されるが，子どもの貧困対策を考える際には，常にひとり親家族に対するプログラムについても考える必要がある。

　こうしたなか，日本政府は，イギリスの子どもの貧困に関する法律も参考にしながら，2013年に子どもの貧困対策の推進に関する法律，2014年にはその大綱を制定し，子どもの貧困問題を解決しようとしている。また，近年，すべての自治体ではないものの，各自治体は，子どもの貧困に関する大規模調査を実施し，その調査結果に基づいて，子どもの貧困対策を展開しようとしている。

　子どもの貧困対策を徹底して行い，子どもの貧困率を大幅に減少させた国の例としてイギリスを挙げることができる。日本では，イギリスほど，子どもの

貧困対策は徹底されていないし，子どもの貧困調査の蓄積もない。とはいえ，子どもの貧困に関する法律を作ろうとしても議会で反対され，それが成立しなかったアメリカと比較すれば，日本において，子どもの貧困に関する法律が成立したこと，また，各自治体において子どもの貧困調査が行われはじめていることは画期的であると評価すべきであろう。

ただし，日本の子どもの貧困対策は，まだはじまったばかりである。今後どのような子どもの貧困対策を展開していくべきかについて，さらに検討していく必要がある。その際，海外で行われている子どもの貧困対策のためのプログラムは，アメリカも含め，日本の貧困対策を検討するうえで参考になるであろう。

こうしたなか，本書では，第1に，2015年にA市と共同で行ったアンケート調査をもとに，A市の子どもと家族が置かれている状況について明らかにする。

その上で，第2に，2015年から2017年までに，イギリス，アメリカ，ドイツ，韓国において，ソーシャルワーカー等に対して行ったインタビュー調査をもとに，各国の子どもの貧困対策プログラムの実際について明らかにする（フランスのプログラムの状況についても，フランスでのインタビュー調査をもとにコラムで触れている）。さらに，アメリカと韓国の子どもの貧困については，各国の研究者に執筆していただく。

第3に，筆者がイギリス，アメリカ，フランスのプログラムをもとに作成し，A市と非営利組織と共同で子どもたちに提供している「国際文化プログラム」について紹介する。

第4に，アメリカのヘッドスタートプログラムの評価の仕方の現状と，子どもの貧困対策の評価をする上で重要な福祉関連QOLに関するアンケート調査結果について明らかにする。

そして，最終的に，これまで明らかにしたことをもとに，日本の子どもの貧困対策のあり方について提言する。以上が，本書の目的である。

本書の特徴は，第1に，P・ブルデューの経済資本，文化資本，社会関係資

本といった3つの理論枠組を前提に，日本の子どもと家族の状況を検討している点にある。

　本書の第2の特徴は，ブルデューの『世界の悲惨』のように，貧困状態の子どもたちが置かれている社会的条件と子どもたちの日常生活上の実践（pratique）や「社会的苦悩」，さらにはソーシャルワーカーらの奮闘と社会的苦悩を，各国のソーシャルワーカーらの「語り」を提示することを通じて明らかにする点にある。

　かつて，ブルデューらは，経済のグローバル化のなか社会的に排除された人々の「社会的苦悩」を，「社会分析（socio-analyse）」という調査方法によって聞き取り，全949ページからなる『世界の悲惨（La misère du monde）』（1993）を出版した。その際，ブルデューらは，貧困状態にある人々の「社会的苦悩」と，警察官，職位の低いオフィサー，法律関係者，ソーシャルワーカー，教員等の奮闘と社会的苦悩を，インタビューを受けた人々の「語り」を通じて提示した。

　第3の本書の特徴は，福祉関連QOLの視点から，政策の評価方法についても検討している点にある。

引用・参考文献

Beck, U.（1986＝1998）東廉，伊藤美登里訳『危険社会』法政大学出版

Bourdieu, P.（1979＝1990）石井洋二郎訳『ディスタンクシオンⅠ・Ⅱ』藤原書店

Bourdieu, P.（1970＝1991）宮島喬訳『再生産』藤原書店

Bourdieu, P.（Sous la direction de）（1993）*La misère du monde*, Seuil.

OECD（2016）（www.oecd.org/els/CO_2_2_Child_Poverty.pdfhttps://data.oecd.org/inequality/poverty-rate.htm　2017.12.29アクセス）

OECD（2017）（https://data.oecd.org/inequality/poverty-rate.htm　2017.12.29アクセス）

近藤理恵（2005）「ブルデュー理論における福祉国家の解体と社会的排除─『社会分析（socio-analyse）』の臨床的機能─」『ブルデュー社会学への挑戦』恒星社厚生閣，pp.3-20

厚生労働省（2017）『平成28年　国民生活基礎調査の概況』（http://www.mhlw.go.jp/toukei/saikin/hw/k-tyosa/k-tyosa16/dl/16.pdf　2018.2.14アクセス）

第1章 日本の子どもと家族の状況
——経済資本,文化資本,社会関係資本に着目して——

はじめに

　A市は人口7万人弱の地方都市であるが,近年,ひとり親世帯が増加している。2004年に6.4％であったひとり親世帯率は,2014年には8.1％となった[1]。また,2005年に58.7％であった児童扶養手当受給率(ひとり親世帯の内児童扶養手当を受給している世帯の率)も,2015年には71.4％となった。2015年に,筆者はA市と共同で,①A市の中学1年生のすべての親(保護者)と,②児童扶養手当を受給しているすべての親に対してアンケート調査を行った。

　こうしたなか,本章では,第1に,A市の中学1年生のすべての親(保護者)を対象に行ったアンケート調査をもとに[2],子どもの教育に関して「経済的な悩みを抱えている世帯」と「経済的な悩みを抱えていない世帯」において,①文化資本としての教育・文化的環境と,②子どもに対する教育上の親の悩みに関してどのような差があるのかについて明らかにする。

　第2に,A市の児童扶養手当を受給しているすべての親に対して行ったアンケート調査をもとに[3],ひとり親世帯における,①経済資本としての経済状況,②文化資本としてのハビトゥス(habitus),③社会関係資本としての社会関係の状況,④教育上の親の悩み,⑤ニーズについて明らかにする。

1 中学1年生の親（保護者）に対する調査

1）基本的属性

(1) 親（保護者）の性別

調査に回答された親（保護者）の性別は，「女性」
が94.8%，「男性」が5.2%であり，9割強が女
性からの回答だった（表1-1）。

表 1-1　親（保護者）の性別

	度　数	%
1.女　性	478	94.8
2.男　性	26	5.2
合　計	504	100.0

(2) 親の（保護者）の年齢

親（保護者）の年齢は，「40歳以
上50歳未満」が67.7%と最も比率
が高く，次いで，「30歳以上40歳
未満」が27.4%，「50歳以上」が
4.4%，「20歳以上30歳未満」が
0.6%であった（表1-2）。

表 1-2　親（保護者）の年齢

	度　　数	%
1.20歳以上30歳未満	3	0.6
2.30歳以上40歳未満	138	27.4
3.40歳以上50歳未満	341	67.7
4.50歳以上	22	4.4
合　計	504	100.0

(3) 子どもの性別

子どもの性別に関しては，「男性」が50.2%，
「女性」が49.8%で，両者は同じくらいの比率で
あった（表1-3）。

表 1-3　子どもの性別

	度　　数	%
1.男　性	253	50.2
2.女　性	251	49.8
合　計	504	100.0

(4) 家族形態

家族形態に関しては，「夫婦と子どもによる世帯」が62.8%と最も比率が
高く，次いで，「夫婦，子ども，それ以外の家族（祖父母等）による世帯」が

表 1-4　家族形態

	度　　数	%
1.ひとり親と子どもによる世帯	33	6.6
2.ひとり親，子ども，及びそれ以外の家族（祖父母等）による世帯	22	4.4
3.夫婦と子どもによる世帯	316	62.8
4.夫婦，子ども，及びそれ以外の家族（祖父母等）による世帯	131	26.0
5.その他	1	0.2
合　計	503	100.0

26.0％，「ひとり親と子どもによる世帯」が6.6％，「ひとり親，子ども，それ以外の家族（祖父母等）による世帯」が4.4％，「その他」が0.2％であった。「ひとり親と子どもによる世帯」と「ひとり親，子ども，それ以外の家族（祖父母等）による世帯」を合わせると11.0％であった（表1-4）。

2）経済資本としての経済状況

ここでは，経済資本としての経済状況を，親（保護者）が有する子どもの教育に関する経済的な悩みという観点から理解する。子どもの教育に関

表1-5　子どもの教育に関する経済的悩み

		度　数	％
子どもの 教育に関する 経済的な悩み	常に悩んでいる	106	21.3
	しばしば悩んでいる	95	19.1
	ときどき悩んでいる	202	40.6
	そのような悩みはない	95	19.1
	合　計	498	100.0

する経済的な悩みに関しては，「常に悩んでいる」が21.3％，「しばしば悩んでいる」が19.1％，「ときどき悩んでいる」が40.6％，「そのような悩みはない」は19.1％であった。以上より，子どもの教育費に困っていない経済資本の高い世帯は，全体の約2割であるといえる（表1-5）。

なお，子どもの教育に関する経済的な悩みがない世帯は「ひとり親世帯」が1.8％，「ひとり親世帯以外の世帯」が21.1％であるなど，ひとり親世帯以外の世帯がひとり親世帯よりも子どもの教育に関する経済的な悩みを抱えておらず，両者に差が見られた（表1-6）。

表1-6　ひとり親世帯とひとり親以外の世帯における子どもの教育に関する経済的な悩み

			子どもの教育に関する経済的な悩み				合　計
			常に 悩んでいる	しばしば 悩んでいる	ときどき 悩んでいる	そのような 悩みはない	
家族形態	ひとり親世帯	度数	22	12	20	1	55
		％	40.0	21.8	36.4	1.8	100.0
	ひとり親世帯 以外の世帯	度数	84	82	182	93	441
		％	19.0	18.6	41.3	21.1	100.0

$\chi^2 = 720.184$, $p < 0.01$
注：χ^2検定を行った。

3）文化資本としてのハビトゥス（habitus）

　ここでは，文化資本としてのハビトゥスとして，① 子どもの 1 日の平均家庭学習時間，② 子どもの読書の頻度，③ 親（保護者）と一緒にする体験活動の頻度，④ 子どものテレビ，ゲーム，インターネット等の視聴時間，⑤ 親（保護者）が期待する子どもの学歴に着目し，教育に関して「経済的な悩みがある世帯」と「経済的悩みがない世帯」において[4]，文化資本としてのハビトゥスにどのような差があるのかについて検討した。

　その結果，子どもの 1 日の平均家庭学習時間に関しては，教育に関して「経済的な悩みがある世帯」と「経済的な悩みのない世帯」の子どもとでは差は見られないものの（表 1-7），子どもの読書の頻度や親（保護者）と一緒に行う体験活動の頻度においては差が見られ，教育に関して「経済的悩みがある世帯」の子どもの方が「経済的に悩みのない世帯」の子どもよりも読書や親と一緒に行う体験活動の頻度が少ない傾向にあった（表 1-8）（表 1-9）。ただし，子どものテレビ，ゲーム，インターネット等の視聴時間においては，差は見られなかった（表 1-10）。また，親（保護者）が期待する子どもの学歴に関しては，教育に関して「経済的悩みがある世帯」と「経済的な悩みがない世帯」とで差が見られ，教育に関して「経済的悩みがない世帯」の親（保護者）の方が「経済的に悩みのある世帯」の親（保護者）よりも，子どもにより高い学歴を期待していることが明らかとなった（表 1-11）。

　具体的には，読書の頻度に関しては，子どもの教育に関する「経済的な悩みがある世帯」では 41.2％の子どもが，「経済的な悩みがない世帯」では 24.5％の子どもが，読書を「ほとんど」あるいは「まったく」していない状況にあった。また，親（保護者）と一緒に行う体験活動に関しては，教育に関する「経済的な悩みがある世帯」では 20.3％の子どもが，「経済的な悩みのない世帯」では 13.7％の子どもが，親（保護者）と一緒に行う体験活動を「ほとんど」あるいは「まったく」していない状況にあった。しかも，「経済的な悩みがない世帯」では，親（保護者）と一緒に行う体験活動を「まったく」していない子どもは 0％であったのに対し，「経済的な悩みがある世帯」では 6.7％

表1-7　子どもの1日の平均家庭学習時間

			1日の平均家庭学習時間				合　計
			30分未満	30分以上 1時間未満	1時間以上 2時間未満	2時間以上	
子どもの教育 に関する経済 的な悩み	あり	度数	82	186	125	7	400
		%	20.5	46.5	31.3	1.8	100.0
	なし	度数	16	39	39	1	95
		%	16.8	41.1	41.1	1.1	100.0

n.s.
注：χ^2 検定を行った。

表1-8　子どもの読書の頻度

			子どもの読書の頻度					合　計
			ほぼ毎日 読む	1週間に 数回読む	1ヵ月に 数回読む	ほとんど 読まない	まったく 読まない	
子どもの教育 に関する経済 的な悩み	あり	度数	80	105	49	108	56	398
		%	20.1	26.4	12.3	27.1	14.1	100.0
	なし	度数	19	37	15	17	6	94
		%	20.2	39.4	16.0	18.1	6.4	100.0

$\chi^2 = 12.402,\ p < 0.01$
注：χ^2 検定を行った。

表1-9　親（保護者）と一緒に行う子どもの体験活動の頻度

			親（保護者）と一緒に行う子どもの体験活動					合　計
			1ヵ月に 1回程度	数カ月に 1回程度	1年に1 回程度	ほとんど 行かない	まったく 行かない	
子どもの教育 に関する経済 的な悩み	あり	度数	56	200	65	55	27	403
		%	13.9	49.6	16.1	13.6	6.7	100.0
	なし	度数	11	60	11	13	0	95
		%	11.6	63.2	11.6	13.7	0.0	100.0

$\chi^2 = 10.410,\ p < 0.01$
注：χ^2 検定を行った。

表1-10　子どものテレビ，ビデオ，インターネット等の1日の合計視聴時間

			テレビ，ビデオ，インターネット等の1日の合計視聴時間				合　計
			1時間未満	1時間以上 2時間未満	2時間以上 3時間未満	3時間以上 4時間未満	
子どもの教育 に関する経済 的な悩み	あり	度数	25	149	195	33	402
		%	6.2	37.1	48.5	8.2	100.0
	なし	度数	6	36	48	4	94
		%	6.4	38.3	51.1	4.3	100.0

n.s.
注：χ^2 検定を行った。

表 1-11　親（保護者）が期待する子どもの学歴

			親（保護者）が期待する子どもの学歴					合　計
			必ず大学に進学させたい	できれば大学に進学させたい	専門学校に行ってほしい	高等学校卒業後すぐに働いてほしい	中学校を卒業してすぐに働いてほしい	
子どもの教育に関する経済的な悩み	あり	度数	32	199	77	65	1	374
		%	8.6	53.2	20.6	17.4	0.3	100.0
	なし	度数	21	59	5	6	0	91
		%	23.1	64.8	5.5	6.6	0.0	100.0

$\chi^2 = 30.599,\ p < 0.01$
注：χ^2 検定を行った。

存在した。さらに，親が子どもに期待する学歴に関しては，教育に関する「経済的な悩みがある世帯」の親（保護者）は 61.8％が，「経済的な悩みがない世帯」の親（保護者）は 87.9％が，子どもを大学に「必ず進学させたい」あるいは「出来れば進学させたい」と考えていた。

　上記の調査結果を世界的に有名な社会学者のブルデューの理論をもとに解釈するならば，教育に関して「経済的に悩みのない」経済資本の高い世帯の子どもは，文化資本も高い傾向にあるといえる。ブルデューの理論によれば，文化資本とは，① 身体化された「ハビトゥス (habitus)」（ものの見方，考え方，ふるまい方といった性向〈disposition〉の体系），② 絵画や書物などの客体化されたもの，③ 学歴や資格などの制度化されたものを意味し，それらは親から子へと再生産される。ハビトゥスについていえば，親（保護者）の有するハビトゥスは，「無意識」のまま，「自然に」，子どものハビトゥスとして受け継がれ，身体化されるのだが，彼は，それを，学校で培われる二次的ハビトゥスと区別して，一次的ハビトゥスと呼んだ。そして，彼は，階層の高い子どもの一次的ハビトゥスは，学校で培われる二次的ハビトゥスに，これは学校文化ともいえるのだが，適合的であるため，階層の高い子どもは学校になじみやすく，学校システムを通じて，親から子へと階層が再生産されていく様子を，彼の著書『再生産』において明らかにした。とくに，彼は，家庭で培われる子どもの言語資本が子どもの進路に大きく影響を及ぼしていることを明らかにした。

　教育に関して「経済的な悩みがある世帯」のすべてが貧困の状態にあるとい

うわけではないが，ブルデューの理論をもとに考えるならば，親から子どもへの貧困の再生産から抜け出すためには，子どもが文化資本を高める支援が必要であるといえる。その際，子どもには，机上の教科学習支援だけでなく，読書や様々な体験的活動の支援，さらには親（保護者）に対するペアレンティングプログラムが不可欠である。

　このことは，社会学者の耳塚寛明らの調査結果からも明らかである。耳塚らは，文部科学省から委託された全国調査をもとに，小学生と中学生の学力の向上にとって，学習時間の効果は限定的であり（もちろん，学力の向上にとって学習時間の確保は必要だが），生活習慣，読書，体験活動，親の子どもへの期待や関わり方が子どもの学力に影響を及ぼしているという調査結果を導き出した。たとえば，彼・彼女らは，毎日3時間以上勉強している，階層の低い（親の収入が低く，学歴も低い）世帯の子どもは，まったく勉強しない階層の高い（親の収入が高く，学歴も高い）世帯の子どもよりも学力が低いという調査結果を導き出した（耳塚他，2014，88-91）。耳塚らによれば，「家庭における読書活動，生活習慣に関する働きかけ，親子間のコミュニケーション，親子で行う文化的活動，いずれも学力に一定のプラスの影響力があるなかで，とくに家庭における読書活動が子どもの学力に最も強い影響力を及ぼすことが明らかになった。家庭における読書活動を通して，子どもは，文脈のなかの言語の価値を理解したり，読む習慣を身につけたり，新しいことを学んだり新しい情報を収集する力を習得していると推測される」（耳塚他，2014，7）。このような結果が出るのは，階層の高い世帯の子どもは文化資本（言語資本も含む）を家庭内で自然に身につけているからだといえる。とくに，読書活動が学力に最も影響を及ぼすという耳塚らの結果は，家庭で培われた言語資本が子どもの進路に影響を与えるというブルデューの調査結果と似たような結果であるといえる。

　こうしたなか，貧困の状態にある子どもが文化資本を高めるために，学習支援と文化的な活動のためのプログラム（読書支援を含む），そして親へのペアレンティングプログラムを充実させる必要があるといえる。なお，貧困の状態にある子どもが文化資本を蓄積するためには，どのような文化的な活動のプログ

ラムや親へのペアレンティングプログラムが必要であるかという点について
は，後の章で述べる。

4）子どもに関する親（保護者）の悩み

　教育に関して「経済的な悩みがある世帯」において，子ども関する悩みに
関して「常に悩んでいる」「しばしば悩んでいる」「時々悩んでいる」の回答
を合わせると，以下の通りであった。「子どもの進路」が90.3％と最も多く，
次いで，「子どもの家庭内での勉強」が89.3％，「家庭に適した教育方法」が
87.1％，「子どものテレビ，ゲーム，スマートフォン等の使用」が86.3％，
「子どもの学校での勉強」が84.7％，「反抗期の子どもとの接触の仕方」が
75.1％，「子どもの友人関係」が67.2％，「子育てと仕事の両立が難しいこと」
が61.8％，「子どもと接する時間が十分に取れないこと」が60.2％，「子ども
の健康」が59.6％，「子どもと先生との人間関係」が41.2％，「子どもの栄養
状態」が40.7％，「子どものいじめ被害」が26.6％，「親に対する心理的暴力
や身体的暴力」が20.6％，「自分が健康でないため思うような子育てができな
いこと」が18.0％，「学校に行きたがらないこと」が10.7％，「子どもの非行」
が7.2％であった。

　一方，教育に関して「経済的な悩みがない世帯」においては，「子どものテレ
ビ，ゲーム，スマートフォン等の利用」が69.5％と最も比率が高く，次いで，
「子どもの家庭内での勉強」が68.4％，「家庭に適した教育方法」が66.3％，
「子どもの進路」が66.3％，「子どもの学校での勉強」が62.1％，「子どもの
友人関係」が57.9％，「反抗期の子どもとの接し方」が54.7％，「子育てと仕
事の両立が難しいこと」が38.9％，「子どもと接する時間が十分に取れないこ
と」が36.8％，「子どもの健康」が32.6％，「子どもと先生との人間関係」が
25.5％，「子どもの栄養状態」が17.9％，「親に対する心理的暴力や身体的暴
力」が14.7％，「子どものいじめ被害」が10.5％，「学校に行きたがらないこと」
が6.3％，「自分が健康でないため思うような子育てができないこと」が4.2％，
「子どもの非行」が3.2％であった。

以上より，教育に関して「経済的な悩みがある世帯」と「経済的な悩みがない」世帯とも，子どもの学校や家庭内での教育に関する悩みが上位を占めていることがわかる。ただし，「経済的な悩みがない世帯」では，「子どものテレビ，ゲーム，インターネット等の1日の合計視聴時間」が最大の悩みとなっており（ただし悩みの比率自体は，「経済的な悩みがある世帯」（86.3％）の方が，「経済的な悩みがない世帯」（69.5％）よりも高いのだが），「経済的な悩みがある世帯」における最大の悩みであった「子どもの進路」の悩みは，4番目に多い悩みとなっている。「経済的な悩みがない世帯」においても，子どもの進路を含めた子どもの教育に関する悩みが悩みの上位を占めているが，「経済的な悩みがない世帯」においては，子どもの学費に対する心配がない分，子どもの進路への不安が「経済的な悩みがある世帯」と比較してそれほど大きくないと思われる。しかし，高度情報化社会においては，表1-10で示したように，階層によって，子どものテレビ，ゲーム，スマートフォン等の利用時間には差はなく，「経済的な悩みがない世帯」においては，「子どものテレビ，ゲーム，スマートフォン等の利用」が最も多い悩みとなったと推測される。

　なお，17項目の子どもに関する親（保護者）の悩みの内，以下の13項目の悩みに関して，教育に関して「経済的な悩みがある世帯」と「経済的な悩みがない世帯」とでは差が見られ，「経済的な悩みがある世帯」の方が，「経済的悩みがない世帯」よりも悩んでいる傾向にあった。13項目の悩みとは，「子どもの健康」「子どもの栄養状態」「子どもの学校での勉強」，「子どもと先生との人間関係」，「子どもの進路」「子どもの家庭内での勉強」「子どものテレビ，ゲーム，スマートフォン等の利用」「家庭に適した教育方法」「反抗期の子どもとの接し方」「子どもと接する時間が十分にとれないこと」「子育てと仕事の両立が難しいこと」「自分が健康でないため思うような子育てができないこと」「子どものいじめ被害」であった。

　一方，「子どもの友人関係」「親に対する心理的暴力や身体的暴力」「子どもが学校に行きたがらないこと」「子どもの非行」の4個の悩みに関しては，教育に関して「経済的な悩みがある世帯」と「経済的な悩みがない世帯」の回答

表 1-12　子どもに関する悩み　　　　　　　　　　　　　単位：人（%）

		悩み	常に悩んでいる	しばしば悩んでいる	ときどき悩んでいる	そのような悩みはない	合計	χ²検定
子どもの教育に関する経済的な悩み	あり	子どもの健康	21（ 5.2）	47（11.7）	171（42.6）	162（40.4）	401（100.0）	$\chi^2 = 26.142$
	なし		0（ 0.0）	3（ 3.2）	28（29.5）	64（67.4）	95（100.0）	$p < 0.01$
	あり	子どもの栄養状態	15（ 3.8）	27（ 6.8）	121（30.3）	237（59.3）	400（100.0）	$\chi^2 = 18.995$
	なし		0（ 0.0）	5（ 5.3）	12（12.6）	78（82.1）	95（100）	$p < 0.01$
	あり	子どもの学校での勉強	85（21.3）	117（29.3）	136（34.1）	61（15.3）	399（100.0）	$\chi^2 = 33.749$
	なし		7（ 7.4）	15（15.8）	37（38.9）	36（37.9）	95（100.0）	$p < 0.01$
	あり	子どもの友人関係	32（ 8.0）	55（13.7）	183（45.5）	132（32.8）	402（100.0）	$\chi^2 = 5.916$
	なし		2（ 2.1）	12（12.6）	41（43.2）	40（42.1）	95（100.0）	n.s.
	あり	子どもと先生との人間関係	11（ 2.8）	30（ 7.5）	124（31.0）	235（58.8）	400（100.0）	$\chi^2 = 10.447$
	なし		1（ 1.1）	1（ 1.1）	22（23.4）	70（74.5）	94（100.0）	$p < 0.05$
	あり	子どもの進路	79（19.6）	97（24.1）	188（46.7）	39（ 9.7）	403（100.0）	$\chi^2 = 38.892$
	なし		9（ 9.5）	14（14.7）	40（42.1）	32（33.7）	95（100.0）	$p < 0.01$
	あり	子どもの家庭内での勉強	89（22.2）	116（28.9）	153（38.2）	43（10.7）	401（100.0）	$\chi^2 = 30.022$
	なし		9（ 9.5）	22（23.2）	34（35.8）	30（31.6）	95（100.0）	$p < 0.01$
	あり	子どものテレビ，ゲーム，スマートフォン等の利用	75（18.7）	110（27.4）	161（40.1）	55（13.7）	401（100.0）	$\chi^2 = 15.909$
	なし		13（13.7）	19（20.0）	34（35.8）	29（30.5）	95（100.0）	$p < 0.01$
	あり	家庭に適した子ども教育方法	45（11.2）	90（22.3）	216（53.6）	52（12.9）	403（100.0）	$\chi^2 = 25.256$
	なし		5（ 5.3）	14（14.7）	44（46.3）	32（33.7）	95（100.0）	$p < 0.01$
	あり	反抗期の子どもとの接し方	39（ 9.7）	79（19.7）	183（45.6）	100（24.9）	401（100.0）	$\chi^2 = 24.124$
	なし		7（ 7.4）	3（ 3.2）	42（44.2）	43（45.3）	95（100.0）	$p < 0.01$
	あり	親に対する心理的暴力や身体的暴力	6（ 1.5）	13（ 3.3）	63（15.8）	317（79.4）	399（100.0）	$\chi^2 = 1.676$
	なし		1（ 1.1）	2（ 2.1）	11（11.6）	81（85.3）	95（100.0）	n.s.
	あり	子どもと接する時間が十分に取れないこと	17（ 4.2）	57（14.2）	168（41.8）	160（39.8）	402（100.0）	$\chi^2 = 18.838$
	なし		5（ 5.3）	6（ 6.3）	24（25.3）	60（63.2）	95（100.0）	$p < 0.01$
	あり	子育てと仕事の両立が難しいこと	26（ 6.5）	56（14.0）	166（41.4）	153（38.2））	401（100.0）	$\chi^2 = 19.602$
	なし		2（ 2.1）	4（ 4.2）	31（32.6）	58（61.1）	95（100.0）	$p < 0.01$
	あり	自分が健康でないため思うような子育てができないこと	7（ 1.8）	8（ 2.0）	57（14.3）	327（82.0）	399（100.0）	$\chi^2 = 11.615$
	なし		0（ 0.0）	0（ 0.0）	4（ 4.2）	91（95.8）	95（100.0）	$p < 0.01$
	あり	子どものいじめ被害	10（ 2.5）	11（ 2.7）	86（21.4）	295（73.4）	402（100.0）	$\chi^2 = 11.579$
	なし		0（ 0.0）	1（ 1.1）	9（ 9.5）	85（89.5）	95（100.0）	$p < 0.01$
	あり	学校に行きたがらないこと	2（ 0.5）	11（ 2.7）	30（ 7.5）	359（89.3）	402（100.0）	$\chi^2 = 5.678$
	なし		2（ 2.1）	1（ 1.1）	3（ 3.2）	89（93.7）	95（100.0）	n.s.
	あり	子どもの非行	1（ 0.2）	3（ 0.7）	25（ 6.2）	373（92.8）	402（100.0）	$\chi^2 = 2.358$
	なし		0（ 0.0）	0（ 0.0）	3（ 3.2）	92（96.8）	95（100.0）	n.s.

第1章　日本の子どもと家族の状況　13

比率に差はみられなかった。

　以上より，子どもの友人関係の悩みや子どもが学校に行きたがらないことの悩み，子どもの非行や親（保護者）に対する暴力の悩みは，親（保護者）の経済資本に関係なく生じているといえるが，子どもの健康や栄養状態の悩み，学校や家庭内での子どもの教育（テレビ，ゲーム，スマートフォン等の利用を含む）の悩み，先生と子どもとの関係の悩み，いじめ被害の悩み，子育てと仕事の両立の悩みにおいては，親（保護者）の経済資本の違いによって差が見られ，経済資本の少ない世帯ほど多くの悩みを抱えているといえる。

2　児童扶養手当を受給しているひとり親に対する調査

1）子どもと親の基本的属性

　ひとり親の性別に関しては，「女性」が92.8％，「男性」が7.2％であり，ほとんどが母子世帯であるといえる（表1-13）。年齢に関しては，「40歳以上50歳未満」が40.4％と最も比率が高く，次いで「30歳以上40歳未満」が36.8％であった。30代と40代を合わせると77.2％であり，全体の約8割を占めていた。10代のひとり親もわずかながら存在した（表1-14）。ひとり親になった理由に関しては，「離別」が91.6％と，最も比率が高かった（表1-15）。ひとり親の学歴に関しては，「高等学校卒業」が53.4％と最も比率が高く，次いで「短大・専門学校卒業」が28.9％，「中学校卒業」が9.0％，「大学卒業」が8.1％，「大学院修了」が0.6％であった。大学卒業と大学院修了を合わせる

表 1-13　ひとり親の性別

	度　数	％
1.女　性	335	92.8
2.男　性	26	7.2
合　計	361	100.0

表 1-14　ひとり親の年齢

	度　数	％
1.20歳未満	2	0.6
2.20歳以上30歳未満	56	15.5
3.30歳以上40歳未満	133	36.8
4.40歳以上50歳未満	146	40.4
5.50歳以上	24	6.6
合　計	361	100.0

表 1-15　ひとり親になった理由

	度　数	％
1. 死　　別	4	1.1
2. 離　　別	329	91.6
3. 非　　婚	22	6.1
4. その他	4	1.1
合　計	359	100.0

表 1-16　ひとり親の学歴

	度　　数	％
1. 中学校卒業	32	9.0
2. 高等学校卒業	190	53.4
3. 短大・専門学校卒業	103	28.9
4. 大学卒業	29	8.1
5. 大学院終了	2	0.6
合　計	356	100.0

と 8.7％であった（表 1-16）。

　ひとり親世帯における一世帯当たりの 18 歳以下の子どもの人数に関しては，「1 人」が 60.4％と最も比率が高く，次いで，「2 人」が 30.0％であった（表 1-17）。子どもの性別に関しては，「男性」が 54.3％，「女性」が 45.7％であり，男性

表 1-18　子どもの性別

	度　数	％
1. 男　　性	322	54.3
2. 女　　性	271	45.7
合　計	593	100.0

の比率が少し高かった（表 1-18）。子どもの年齢に関しては，「0 歳以上 7 歳未満」が 24.5％，「7 歳以上 13 歳未満」が 34.6％，「13 歳以上 16 歳未満」が 20.9％，「16 歳以上 18 歳以下」が 20.1％であった（表 1-19）。

表 1-17　各ひとり親世帯における
18 歳以下の子どもの人数

	度　数	％
1. 1 人	246	60.4
2. 2 人	122	30.0
3. 3 人	29	7.1
4. 4 人以上	10	2.5
合　計	407	100.0

表 1-19　子どもの年齢

	度　数	％
1. 0 歳以上 7 歳未満	145	24.5
2. 7 歳以上 13 歳未満	205	34.6
3. 13 歳以上 16 歳未満	124	20.9
4. 16 歳以上 18 歳以下	119	20.1
合　計	593	100.0

　また，健康状態が良くない子どもの有無に関して，「健康状態の良くない子ども」は 3.2％であった（表 1-20）。

表 1-20　健康状態がよくない子どもの有無

	度　数	%
1. い　る	13	3.2
2. いない	393	96.8
合　計	406	100.0

2）経済資本としての経済状況

（1）年収と就労収入

　手当等も含めた一世帯の年間総収入額に関しては，「100万円以上200万円未満」が41.9％と最も比率が高く，次いで「200万円以上300万円未満」が31.8％，「300万円以上400万円未満」が13.1％，「400万円以上」が6.1％であった（表1-21）。また，ひとり親の1年間の就労収入に焦点を当ててみると，「100万円未満」が18.5％と，全体の約2割の親が100万円未満の就労収入であるといえる（表1-22）。以上より，ひとり親世帯の経済資本の低さがうかがえる。

表 1-21　世帯の年間総収入額

	度　数	%
1. 100万円未満	23	7.0
2. 100万円以上200万円未満	137	41.9
3. 200万円以上300万円未満	104	31.8
4. 300万円以上400万円未満	43	13.1
5. 400万円以上	20	6.1
合　計	327	100.0

表 1-22　ひとり親の1年間の就労収入額

	度　数	%
1. 100万円未満	58	18.5
2. 100万円以上200万円未満	154	49.0
3. 200万円以上300万円未満	75	23.9
4. 300万円以上400万円未満	19	6.1
5. 400万円以上	8	2.5
合　計	314	100.0

(2) 就労状況

ひとり親の就労に関しては，「仕事はしていない」が5.3％であるため，94.7％の親が働いているといえる。また，「正規社員・職員」が45.1％，「非正規社員・職員」が44.0％であり，正社員・職員の比率の方が非正規社員・職員の比率よりも若干高いものの，両者の比率はそれほど変わらないといえる。また，「自営業・その手伝い」は5.6％であった（表1-23）。

表1-23　ひとり親の就労

	度　数	％
1. 自営業・その手伝い	20	5.6
2. 正規社員・職員	161	45.1
3. 非正規社員・職員	157	44.0
4. 仕事はしていない	19	5.3
合　計	357	100.0

(3) 健康と就労

ひとり親の健康と就労の関係について見てみると，「働く上で支障がある」は9.2％であった（表1-24）。

表1-24　ひとり親の健康と就労

	度　数	％
1. 働くことに支障はない	325	90.8
2. 働く上で支障がある	33	9.2
合　計	358	100.0

(4) 別れて暮らす親から子どもへの養育費

別れて暮らす親から子どもへの養育費の受け取りに関しては，「養育費を受け取っていない」が79.3％と，全体の約8割の子どもが養育費を受け取っておらず，そのことがひとり親の経済資本の低さにも影響しているといえる（表1-25）。

表 1-25　養育費の受け取りの有無（死別された方以外の回答）

	度　数	%
1. 受け取っている	63	20.7
2. 受け取っていない	242	79.3
合　計	305	100.0

（5）住　居

　住居に関しては，「民間アパートやマンション」が40.6％，「公営住宅」が13.1％，「社宅や会社の寮」が0.6％であった。一方，「両親あるいは親戚の家」が23.1％，「持ち家」が20.0％であった。（表1-26）。

表 1-26　住　居

	度　数	%
1. 持ち家	72	20.0
2. 民間のアパートやマンション	146	40.6
3. 両親あるいは親戚の家	83	23.1
4. 公営住宅	47	13.1
5. 社宅，会社の寮など	2	0.6
6. その他	10	2.8
合　計	360	100.0

（6）子どもの食事

　1日2食以下の子どもの有無に関しては，「1日2食以下の子ども」は4.0％であった（表1-27）。

表 1-27　1日2食以下の子どもの有無

	度　数	%
1. い　る	16	4.0
2. いない	389	96.0
合　計	405	100.0

3）　文化資本としてのハビトゥス

（1）学習時間

　7歳以上の子どもの一日の平均家庭学習時間（宿題を含む）に関しては，いずれの年齢においても，「1時間以上2時間未満」が最も比率が高かった。15歳以上18歳以下においては，「3時間以上」家庭学習をしている子どもが存在する一方，「まったく家庭学習をしていない」子どもも存在するなど，家庭学

表 1-28　子どもの 1 日の平均家庭学習時間　　　　　単位：人（%）

	7歳	8歳	9歳	10歳	11歳	12歳
まったくしていない	0 (0.0)	0 (0.0)	0 (0.0)	0 (0.0)	2 (5.1)	0 (0.0)
1 時間未満	15 (44.1)	9 (33.3)	1 (3.1)	10 (27.0)	4 (10.3)	2 (7.4)
1 時間以上 2 時間未満	17 (50.0)	16 (59.2)	21 (56.8)	22 (59.5)	28 (71.8)	19 (70.3)
2 時間以上 3 時間未満	2 (5.9)	1 (3.7)	1 (3.1)	5 (13.5)	5 (12.8)	4 (14.8)
3 時間以上 4 時間未満	0 (0.0)	1 (3.7)	0 (0.0)	0 (0.0)	0 (0.0)	2 (7.4)
4 時間以上 5 時間未満	0 (0.0)	0 (0.0)	0 (0.0)	0 (0.0)	0 (0.0)	0 (0.0)
5 時間以上	0 (0.0)	0 (0.0)	0 (0.0)	0 (0.0)	0 (0.0)	0 (0.0)
合　計	34 (100.0%)	27 (100.0%)	23 (100.0%)	37 (100.0%)	39 (100.0%)	27 (100.0%)

	13歳	14歳	15歳	16歳	17歳	18歳
まったくしていない	1 (2.7)	1 (3.6)	6 (12.5)	5 (12.8)	5 (9.3)	5 (15.2)
1 時間未満	5 (13.5)	2 (7.1)	3 (18.8)	5 (12.8)	8 (14.8)	2 (6.1)
1 時間以上 2 時間未満	20 (54.0)	17 (60.7)	18 (37.5)	20 (51.3)	30 (55.6)	14 (42.4)
2 時間以上 3 時間未満	11 (29.7)	8 (28.6)	13 (27.1)	5 (12.8)	3 (5.6)	8 (24.2)
3 時間以上 4 時間未満	0 (0.0)	1 (3.6)	5 (10.4)	3 (7.7)	4 (7.4)	2 (6.1)
4 時間以上 5 時間未満	0 (0.0)	0 (0.0)	3 (3.6)	1 (2.6)	4 (7.4)	2 (6.1)
5 時間以上	0 (0.0)	0 (0.0)	0 (0.0)	0 (0.0)	1 (1.9)	4 (12.1)
合　計	37 (100.0%)	28 (100.0%)	48 (100.0%)	39 (100.0%)	54 (100.0%)	33 (100.0%)

習時間に二極化の傾向が見られた（表 1-28）。

(2) 子どもの塾，家庭教師，習い事の利用状況

　2 歳以上 18 歳以下の子どもの塾，家庭教師，習い事の利用状況については，「利用していない」が 64.9％であった（表 1-29）。塾，家庭教師，習い事の利用状況の年齢別の内訳は表 1-30 の通りである。なお，習い事の内容は，スポーツ関連，ピアノ関連，習字・硬筆関連，英会話等であった。

　また，13 歳以上の子どもにおける，塾あるいは家庭教師を利用状況に関しては，「13 歳」が 51.4％，「14 歳」が 50.0％，「15 歳」が 14.6％，「16 歳」が 17.9％，「17 歳」が 9.2％，「18 歳」が 6.0％で，年齢が高くなるにつれ，利用率が概ね減少する傾向にあった。とくに，13 歳，14 歳では半数近くの子どもが塾や家庭教師を利用していたが，15 歳以降になると急にその利用率が減っている点に着目する必要がある。このことは，ひとり親世帯における子ど

もの大学進学率の低さと関連していると推測される。つまり，親が塾代や家庭教師代が支払うことが難しい，また大学進学のための学費を準備できないという背景のもと，大学進学を諦める子どもたちが増加し，そのことが，子どもの学習意欲の低下にもつながっていると推測される。

なお，日本の大学及び短大進学率は 56.8％（そのうち，大学進学率は 52.0％）（2016 年）だが（文部科学省,2016），ひとり親家族の子どもの大学及び短期大学進学率はそれよりもかなり低く，23.9％（2011 年）である。また，生活保

表 1-29　塾，家庭教師，習い事の状況
（2 歳以上 18 歳以下の子どもに関して）

	度　数	％
1. 利用している	141	35.1
2. 利用していない	261	64.9
合　計	402	100.0

表 1-30　子どもの塾，家庭教師，習い事の状況（複数回答）

単位：人

	塾	家庭教師	習い事
1. 2 歳	0	0	2
2. 3 歳	0	0	0
3. 4 歳	0	0	3
4. 5 歳	2	0	7
5. 6 歳	2	0	9
6. 7 歳	3	0	9
7. 8 歳	5	0	15
8. 9 歳	7	0	13
9. 10 歳	8	0	19
10. 11 歳	11	0	17
11. 12 歳	8	0	5
12. 13 歳	18	1	1
13. 14 歳	14	0	1
14. 15 歳	7	0	5
15. 16 歳	6	1	3
16. 17 歳	4	1	3
17. 18 歳	2	0	0
合　計	97	3	112

注：回答者数 141 人

護世帯の子どもの大学及び短期大学進学率は 19.2％（2013 年），児童養護施設の子どもの大学及び短期大学進学率は 12.3％（2013 年）である（内閣府，2014，6-8）。

（3）絵本の読み聞かせ

就学前の子どもへの絵本の読み聞かせの頻度に関しては，「1 週間に数回」が 37.0％と最も比率が高く，次いで「1 カ月に数回」が 25.0％であった。また，「ほぼ毎日」が 18.0％である一方，「ほとんど読まない」が 16.0％，「まったく読まない」が 4.0％であった。「ほとんど読まない」と「まったく読まない」を合わせると 20.0％であり，全体の 2 割の子どもが，「ほとんど」あるいは「まったく」絵本を読んでもらっていないといえる（表 1-31）。

表 1-31　就学前の子どもへの絵本の読み聞かせの頻度

	度　数	％
1. ほぼ毎日	18	18.0
2. 1 週間に数回	37	37.0
3. 1 カ月に数回	25	25.0
4. ほとんど読まない	16	16.0
5. まったく読まない	4	4.0
合　計	100	100.0

（4）映画館，博物館，美術館等の文化的施設への外出

小学校の子どもと親が一緒に映画館，博物館，美術館等の文化的施設に行く頻度に関しては，「数カ月に 1 回程度」が 48.4％と最も比率が高かった。一方，「ほとんど行かない」は 28.3％，「まったく行かない」は 10.1％であった。「ほとんど行かない」と「まったく行かない」を合わせると 38.4％であり，全体の約 4 割の子どもが，親と一緒に，「あまり」あるいは「まったく」文化的施設に行っていないといえる（表 1-32）。

表 1-32　親が小学生の子どもと一緒に映画館，博物館，
美術館等の文化的施設に行く頻度

	度　数	%
1. 2 週間に 1 回程度	2	1.3
2. 1 カ月に 1 回程度	19	11.9
3. 数カ月に 1 回程度	77	48.4
4. ほとんど行かない	45	28.3
5. まったく行かない	16	10.1
合　計	159	100.0

(5) 子どものテレビ，ビデオ，インターネットの合計視聴時間

子どものテレビ，ビデオ，インターネットの 1 日の合計視聴時間に関しては，「2 時間以上」が 47.6％と最も比率が高く，次いで「1 時間以上 2 時間未満」が 41.0％であった（表 1-33）。以上より，全体の半数近くの子どもが，1 日 2 時間以上テレビ，ビデオ，あるいはインターネットを視聴しているといえる。

表 1-33　子どものテレビ，ビデオ，インターネットに
関する 1 日の合計視聴時間

	度　数	%
1. 視聴しない	6	1.0
2. 1 時間以下	61	10.3
3. 1 時間以上 2 時間未満	242	41.0
4. 2 時間以上	281	47.6
合　計	590	100.0

(6) 子どもの進学に対する親の希望

親が希望する子どもの進学に関しては，「できれば大学大学に進学させたい」が 35.3％と最も比率が高かった。「必ず大学に進学させたい」は 12.7％であり，「必ず大学に進学させたい」と「できれば大学に進学させたい」を合わせると，48.0％であった（表 1-34）。中学 1 年生の親（保護者）を対象にした 1 つ目の調査においては，教育に関して「経済的な悩みがない世帯」の親（保護者）の 87.9％は，「必ず大学に進学させたい」あるいは「できれば大学に進学させたい」と考えていたが，この値と比較して，ひとり親世帯の親による子どもに対する大学進学への期待値は低いといえる。

表 1-34　子どもの進学に対する親の希望

	度　数	%
1. 必ず大学に進学させたい	44	12.7
2. できれば大学に進学させたい	122	35.3
3. 専門学校に行ってほしい	118	34.1
4. 高校を卒業してすぐに働いてほしい	53	15.3
5. 中学を卒業してすぐに働いてほしい	1	0.3
6. その他	8	2.3
合　計	346	100.0

(7) 子どもに対する親の感情のコントロール

　子どもに対する親の感情のコントロールに関しては,「あまりできていない」が 18.0％,「まったくできていない」が 2.5％であり, 両方を合わせると 20.5％であった。以上より, 全体の約 2 割の親が子どもに対して感情のコントロールが「まったく」あるいは「あまり」できていないといえる (表 1-35)。

表 1-35　子どもに対する親の感情のコントロール

	度　数	%
1. 十分できている	42	11.6
2. ある程度できている	154	42.5
3. どちらともいえない	92	25.4
4. あまりできていない	65	18.0
5. まったくできていない	9	2.5
合　計	362	100.0

(8) 親の余暇時間

　親の余暇時間に関しては,「十分もっている」と「ある程度持っている」を合わせた値と,「あまりもっていない」と「まったくもっていない」を合わせた値は, それぞれ 43.2％と 39.9％であり, それぞれ全体の約 4 割であった。なかでも,「まったくもっていない」親が 10.2％存在した (表 1-36)。

表 1-36　ひとり親の余暇時間

	度　数	%
1. 十分もっている	29	8.0
2. ある程度もっている	128	35.2
3. どちらともいえない	62	17.0
4. あまりもっていない	108	29.7
5. まったくもっていない	37	10.2
合　計	364	100.0

4)　社会資本としての社会的関係

(1) 同居家族

　同居家族に関しては，「子どもとひとり親」からなる世帯は64.7％であり，6割強の子どもが親とのみ暮らしているといえる（表1-37）。一方，「子どもとひとり親」以外の同居家族がいる世帯は35.3％であり，その同居家族としては，「子どもの祖父母・曾祖父母」が89.0％と，最も比率が高かった。(表1-38)。

表 1-37　同居している家族

	度　数	%
1. 子どもとのみ同居	233	64.7
2. 子ども以外に同居家族がいる	127	35.3
合　計	360	100.0

表 1-38　子ども以外に同居している家族 (複数回答)

	度　数	%
1. ひとり親の親・祖父母	113	89.0
2. ひとり親の兄弟姉妹	24	18.9
3. 離死別した配偶者の親や兄弟姉妹	1	0.8
4. その他	2	1.6

注：回答者数127人

(2) 面会交流

　子どもと別れて暮らす親との面会交流の有無（死別以外の方のみ回答）に関しては，「面会交流をしていない」が71.0％であった（表1-39）。親による子どもへの虐待等で，面会交流が認められないケースもあるが，面会交流は子ども

の権利である。こうしたなか，「子どもと別れて暮らす親との面会交流が子ど
もの権利であることを知っていますか」という質問に対して，80.1％の親は
「知っている」と回答したものの，全体の約2割の親はそのことを知らない状
況にあった（表1-40）。

表1-39　面会交流の有無

	度　数	％
1. している	88	29.0
2. していない	215	71.0
合　計	303	100.0

表1-40　面会交流は子どもの権利であることを
知っていますか（死別以外の方の回答）

	度　数	％
1. 知っている	242	80.1
2. 知らない	60	19.9
合　計	302	100.0

（3）相談できる相手

　子どものことを相談できる相手の有無に関しては，「相談できる相手がいる」
は82.4％であり，全体の約8割の親に相談できる相手がいるといえる。ただし，
「相談できる相手がいない」親も全体の約2割存在し，これらの親は社会関係
資本が低いといえる（表1-41）。また，その相手に関しては，「家族・親族」が
75.9％と最も比率が高かった。一方，「先生」や「専門家」は，それぞれ2.9％
と1.8％と，低かった（表1-42）。

表1-41　子どもの相談をできる
相手の有無

	度　数	％
1. い　る	299	82.4
2. いない	64	17.6
合　計	363	100.0

表1-42　子どものことを相談できる相手（複数回答）

	度　数	％
1. 家族・親族	211	75.9
2. 元配偶者	6	2.6
3. 友　人	163	58.6
4. 子どもの友人の親	9	3.2
5. 職場の人	27	9.7
6. 先　生	8	2.9
7. 塾の先生	1	0.4
8. 専門家	5	1.8
9. その他	9	3.6

注：回答者数278人

第1章　日本の子どもと家族の状況　25

5) 子どもの教育に関する不安・悩み，ニーズ

(1) ひとりで子育てをすることに対する不安

　ひとり親が子どもを教育することに対する不安に関しては，「不安である」が34.1％，「どちらかといえば不安である」が38.7％であり，両者を合わせると72.8％となる。以上より，全体の約7割の親が不安を抱えているといえる（表1-43）。

表1-43　ひとりで子育てをすることに対する不安

	度　数	％
1. 不安である	134	34.1
2. どちらかといえば不安である	152	38.7
3. どちらでもない	49	12.5
4. どちらかといえば不安ではない	28	7.1
5. 不安ではない	30	7.6
合　計	393	100.0

(2) 子どもに関する親の悩み

　子どもに関する親の悩みにおいて，「常に悩んでいる」「しばしば悩んでいる」「ときどき悩んでいる」を合わせた場合，「経済的なこと」が97.2％と最も比率が高く，次いで，「子育てと仕事の両立が難しいこと」が78.6％，「子どもの進路」が74.4％，「ひとり親に適した教育方法」が72.0％，「子どもの学校での勉強」が68.9％，「子どもと接する時間が十分に取れないこと」が68.2％，「子どものテレビ，ゲーム，スマートフォン等の利用」が67.0％，「子どもの家庭内での勉強」が66.2％，「反抗期の子どもとの接し方」が62.4％，「子どもの健康」が61.1％，「子どもの友人関係」が59.0％，「子どもをひとりで留守番させること」が48.1％，「子どもと先生との人間関係」が40.9％，「子どもの栄養状態」が39.7％，「ひとり親家庭の子どもへの偏見や差別」が38.2％，「自分が健康でないため思うような子育てができないこと」が31.3％，「学校に行きたがらないこと」が18.9％，「子どもの障がいによる育てにくさ」が17.6％，「親に対する心理的暴力や身体的暴力」が17.5％，「子どものいじめ被害」17.5％，「子どもの非行」が12.3％であった。

表 1-44　子どもに関する悩み　　　　　　　　　単位：人（%）

悩　み	常に悩んでいる	しばしば悩んでいる	ときどき悩んでいる	そのような悩みはない	合　計
1. 経済的なこと	229 (57.4)	89 (22.3)	70 (17.5)	11 (2.8)	399 (100.0)
2. 子どもの健康	36 (9.2)	54 (13.7)	150 (38.2)	153 (38.9)	393 (100.0)
3. 子どもの栄養状態	20 (5.1)	32 (8.1)	104 (26.5)	237 (60.3)	393 (100.0)
4. 子どもの学校での勉強	64 (16.2)	89 (22.5)	119 (30.1)	123 (31.1)	395 (100.0)
5. 子どもの友人関係	39 (9.8)	49 (12.3)	147 (36.9)	163 (41.0)	398 (100.0)
6. 子どもと先生との人間関係	27 (6.8)	33 (8.4)	99 (25.1)	236 (59.7)	395 (100.0)
7. 子どもの進路	100 (25.4)	77 (19.5)	116 (29.4)	101 (25.6)	394 (100.0)
8. 子どもの家庭内での勉強	55 (14.0)	86 (21.8)	120 (30.5)	133 (33.8)	394 (100.0)
9. 子どものテレビ，ゲーム，スマートフォン等の利用	48 (12.2)	67 (17.0)	149 (37.8)	130 (33.0)	394 (100.0)
10. ひとり親家庭に適した教育方法	62 (15.7)	76 (19.2)	147 (37.1)	111 (28.0)	396 (100.0)
11. 反抗期の子どもとの接し方	58 (14.7)	60 (15.2)	128 (32.5)	148 (37.6)	394 (100.0)
12. 親に対する心理的暴力や身体的暴力	9 (2.3)	16 (4.1)	44 (11.2)	325 (82.5)	394 (100.0)
13. 子どもと接する時間が十分に取れないこと	73 (18.4)	68 (17.2)	129 (32.6)	126 (31.8)	396 (100.0)
14. 子どもをひとりで留守番させること	54 (13.7)	46 (11.6)	90 (22.8)	205 (51.9)	395 (100.0)
15. 子育てと仕事の両立が難しいこと	74 (20.4)	83 (22.9)	121 (33.3)	85 (23.4)	363 (100.0)
16. 自分が健康でないため思うような子育てができないこと	22 (6.1)	17 (4.7)	74 (20.5)	248 (68.7)	361 (100.0)
17. 子どもの障がいによる育てにくさ	16 (4.5)	15 (4.2)	32 (9.0)	294 (82.4)	357 (100.0)
18. 子どものいじめ被害	7 (1.9)	10 (2.5)	46 (11.3)	298 (82.5)	361 (100.0)
19. 学校に行きたがらないこと	20 (5.6)	8 (2.2)	40 (11.1)	291 (81.1)	359 (100.0)
20. 子どもの非行	6 (1.7)	8 (2.2)	30 (8.4)	315 (87.7)	359 (100.0)
21. ひとり親家庭の子どもへの偏見や差別	23 (6.4)	21 (5.8)	93 (25.9)	222 (61.8)	359 (100.0)

　以上より，子どもに関する親の悩みとして，経済的悩み，子育てと仕事が両立しにくいことの悩み，子どもの教育に関する悩み，が多いといえる。また，子どもの友人関係や子どもと先生の関係に関する悩みも少なくない。さらに，健康や栄養状態の悩み，学校に行きたくないことやいじめ被害に関する悩み，障がいによる育てにくさの悩み，非行，親に対する暴力，ひとり親世帯に対する偏見や差別に関する親の悩みに象徴されているように，緊急支援が必要な子どもが存在することを看過してはならない（表1-44）。

第1章　日本の子どもと家族の状況　27

（3）教育委員会のカウンセラーへの相談

　「教育委員会のカウンセラーに相談をしたいと思いますか」という質問に対しては，「そう思う」が4.4％，「どちらかといえばそう思う」が9.6％であり，両方を合わせると14.0％であった。以上より，全体の1割強の親が教育委員会のカウンセラーに相談したいと思っているといえる（表1-45）。

表 1-45　教育委員会のカウンセラーへの相談したいと思いますか

	度　数	％
1. そう思う	16	4.4
2. どちらかといえばそう思う	35	9.6
3. どちらともいえない	102	28.0
4. どちらかといえばそう思わない	60	16.5
5. そう思わない	151	41.5
合　計	364	100.0

（4）希望する支援

　希望する支援に関しては，「子どもの預かり保育サービスや保育サービスの利用料支援」が32.1％と最も比率が高く，次いで「就労支援」が30.2％，「大学生等のボランティアによる学習支援」が27.2％，「食事・食品支援」が23.1％，「子どもの居場所づくり」19.0％，「ひとり親家庭に適した子どもの教育方法のアドバイス」が17.6％，「大学生等のボランティアによるスポーツ活動の支援」が15.9％，「ひとり親が集まって相談し合える場づくり」が9.3％，「大学生等のボランティアによる芸術活動の支援」が8.5％，「面会交流支援」が1.4％であった。以上より，経済状況に関わる支援や教育に関わる支援に関するニーズが高い一方，面会交流支援のニーズは極めて低いといえる（表1-46）。

　以上より，経済資本に関わるニーズが上位を占めているといえる。子育てに関する利用料や就労支援のニーズはまさに経済資本に関わるものであるし，食事・食品支援のニーズも経済資本に関わるものである。その他，子どもへの学習，スポーツ，芸術活動支援，ひとり親への教育方法のアドバイスといった文化資本に関わるニーズや，子どもの居場所づくりやひとり親同士が相談し合え

表 1-46　希望する支援（複数回答）

	度　数	％
1. ひとり親が集まって相談し合える場づくり	34	9.3
2. ひとり親家庭に適した子どもの教育方法のアドバイス	64	17.6
3. 大学生等のボランティアによる学習支援	99	27.2
4. 大学生等のボランティアによるスポーツ活動の支援	58	15.9
5. 大学生等のボランティアによる芸術活動の支援	31	8.5
6. 子どもの居場所づくり	69	19.0
7. 子どもの預かりや保育サービスの利用料支援	117	32.1
8. 就労支援	110	30.2
9. 食事・食品支援	84	23.1
10. 面会交流支援	5	1.4

注：回答者数 364 人

る場所づくりといった社会資本に関わるニーズも存在した。

　なお，面会交流支援のニーズが低い理由として，日本では欧米と比較して，面会交流が子どもの権利であるという考え方が広まっていないこと，また，日本においてひとり親世帯率が上昇しているとはいえ，未だ欧米ほどその率が高くないため，まだ十分に面会交流支援政策が広まっていないことが考えられる。しかしながら，家族の多様化が進むなか，今後日本でも，面会交流支援を充実させていく必要がある。

注

1) 日本のひとり親世帯率は 7.6％である（2012）。（厚生労働省（2015）「ひとり親世帯の現状について」p.1）。

2) 本調査では，郵送により質問紙を配布し，調査対象者が，現況届を A 市の福祉事務所に提出するために来所された際に，設置したボックスに質問紙を無記名・任意で投函していただく形で回収した。質問紙配布数は 502 票で，回収数は 407 票（回収率は81.1％）であった。また，有効回答数（有効回答率）は各項目によって異なる。なお，本質問紙を両面印刷していたため，質問紙の裏面に記述されていた基本的属性等の質問項目において欠損値が多く見られた。なお，アンケート調査における％は，少数点以下第2 位を四捨五入しているため，内訳の合計が「総数」に合わない場合がある。また，複数回答の質問項目の合計は，100％にならない。

3) A 市には 4 つの中学校が存在する。本調査では，4 つのすべての中学校において，各担

任が子どもに封筒に入った調査票を渡し，後日，封をした封筒にて，子どもを通じて無記名・任意で回収した。例外的に，親に調査票を手渡し・回収する方式をとった。質問紙配布数は 644 票で，回収数は 504 票（回収率は 78.3％）であった。なお，有効回答数（有効回答率）は各項目によって異なる。

4) 教育に関して経済的に「常に悩んでいる」「しばしば悩んでいる」「ときどき悩んでいる」を併せると 403 人（81.0％）であり，「そのような悩みはない」は 95 人（19.1％）ある（表 1-5）。本章では，「常に悩んでいる」「しばしば悩んでいる」「ときどき悩んでいる」を併せて，これらの世帯を教育に関して「経済的な悩みがある世帯」とし，「そのような悩みはない」と回答した世帯を教育に関して「経済的な悩みのない世帯」とする。

引用・参考文献

P・ブルデュー（1970=1991）宮島喬訳『再生産』藤原書店

P・ブルデュー（1979=1990）石井洋二郎訳『ディスタンクシォン』Ⅰ・Ⅱ，藤原書店

耳塚寛明他（2014）『平成 25 年度全国学力・学習状況調査（きめ細かい調査）の結果を活用した学力に影響を与える要因分析に関する調査研究』（お茶の水女子大学）

文部科学省（2016）『平成 28 年度学校基本調査（確定値）の公表について』

内閣府（2014）『子供の貧困対策に関する大綱』pp.6-8

第2章 アメリカの子どもの貧困対策

はじめに

　2016年に，筆者らがアメリカのワシントンDCで行った面接調査をもとに，アメリカの子どもの貧困対策の現状について明らかにする。調査対象は，国家機関である，①アメリカ合衆国保健福祉省（United States Department of Health and Human Services）のヘッドスタートプログラム担当部署の他，民間団体である②ヒューマンニーズ連合（Coalition on Human Needs），③UPO（United Planning Organization），④SOUL（Student-Athletes Organized to Understand Leadership Programs），⑤首都圏フードバンク（Capital Area Food Bank）であった。

1　ヒューマンニーズ連合（Coalition on Human Needs）による子どもの貧困対策の評価

　OECDのデータによれば，2015年のアメリカの子どもの貧困率は19.9％と，OECD諸国のなかで高い値を示しており，とくに，アフリカンアメリカンの子どもの3分の1，ヒスパニックの子どもの3分の1が貧困状態にある。そして，貧困状態にある子どもの6人に1人の子どもしか，支援を受けられていない状況にある[1]。

　2015年に連邦議会において子どもの貧困に関する法案が提出されたが，成立しなかった。また，貧困の状態にある子どもの数を10年間で半分に減らすといった子どもの貧困に関する目標値を有したり，子どもを保護するための投資を増やすことを目標にしている民間団体もあるが，政府は，子どもの貧困率

削減のための目標値をもっているわけではない。

　ヒューマンニーズ連合は，アメリカの子どもの貧困に対して調査研究をしたり，ロビー活動を行っている民間団体であり，ロビー活動を行っている団体が多く集まるワシントン DC 内の一角にオフィスを構えている。ヒューマンニーズ連合のスタッフは，現在のアメリカの子どもの貧困対策について，次のように評価していた。

1）政府からの民間団体への補助の重要性

　子どもの貧困対策として，政府による直接的なサービスと民間団体によるサービスとが存在するが，民間団体は，政府からある程度まとまった補助がなければ，支援を続けていくことが難しいため，政府からの補助が重要である。

2）ヘッドスタートプログラムへの評価

　貧困状態にある子どもに対しては，政府による直接的なサービスとして，就学前の子どもに対するヘッドスタートプログラムが存在するが，そのプログラムを提供しているすべてのセンターに，同じ質のサービスが求められるようになっている。実際，サービスの質が悪く，プログラムの運営を停止させられたセンターも存在する。また，ヘッドスタートプログラムは，子どもだけでなく，家族も対象にした，教育，保健，栄養支援からなる一歩踏み込んだプログラムである。こうしたなか，スタッフは，ヘッドスタートプログラムが全米で標準化されたサービスの質と包括的なプログラムである点を評価していた。

　だが一方で，ヘッドスタートプログラムを受けた子どもの変化を小学校 3 年生までの短期間で評価し，ヘッドスタートプログラムを受けても効果が出ないと連邦議会で訴える議員も存在する。しかしながら，「ヘッドスタートプログラムを受けた子どもが大人になってから効果が見られるという研究結果を重視すべきである」とスタッフは考えていた。

　また，ヘッドスタートプログラムの今後の課題として，スタッフは「現在 6.5 時間と半日のプログラムしか存在しないが，働いている親のことを踏まえ，1

日を通してのプログラムが必要である」と考えていた。ヒューマンニーズ連合は，この点について，オバマ政権に提案してきたが，連邦議会の反対で，実施には至っていない。

3）今後の子どもの貧困対策のあり方

　ヘッドスタートプログラム以外の子どもの貧困対策の課題として，スタッフは以下の5点を挙げた。

　第1に，子どもだけでなく，子どもと親との2世代に対する支援を充実させる必要がある。

　第2に，ワークライフバランス政策を充実させる必要がある。現在アメリカでは，有給休暇の日数がそれほど多くないため，親は自分が病気でも無理をして仕事を休まず，子どもが病気のときにだけ休むという状況が存在する。こうしたなか，有給休暇の日数を増やす等，子育てをしている親の労働環境を整えていく必要がある。

　第3に，貧困状態にある子どもの栄養に関わる支援プログラムを充実させる必要がある。スタッフは，「現在の公的扶助のひとつである，補助的栄養支援プログラム（Supplemental Nutrition Assistance Program）（スナップと呼ばれている）は悪くない制度だが，1カ月分の食料としては十分ではないという課題がある」と述べた。また，貧困状態の子どもに対して食事を提供するサービスをしている学校も存在するが，さらに，ヒューマンニーズ連合は3カ月間の夏休みをカバーする食事支援の延長を学校に要望している。

　第4に，医療保険制度は少しずつ良くなっているが，医療支援を充実させる必要がある。ただし，この状況は，オバマケアを実現させたオバマ政権時の状況を指すものであり，現在のトランプ政権の状況については，第2章補論において述べる。

　第5に，住居に関わる支援が重要である。現在，貧困状態にある子どもの世帯では，給料の半分が家賃として支出されている。そのため，貧困状態にある子どもの世帯では，家賃が支払えず，引越しを繰り返す人が少なくない。こ

うしたなか，スタッフは「引越しのコストもかかるし，学校を何度も変えることは教育上子どもにとっても良くない」と考えていた。

2 ヘッドスタートプログラムに対する，アメリカ合衆国保健福祉省 (United States Department of Health and Human Services) の考え

1) ヘッドスタートプログラムの実施状況

　ヘッドスタートプログラムは1965年から連邦政府が貧困状態にある子どもと親を対象にはじめたプログラムであるが[2]，現在のヘッドスタートプログラムは2007年に制定されたヘッドスタート法 (Head Start Act) に基づいたプログラムである。ヘッドスタートプログラムは，教育だけではなく，保健，栄養面等の支援を行う包括的なプログラムであり，子どもと親 (妊婦も含む) の2世代を対象にしたプログラムである点にその特徴がある。法律上，1日最低3.5時間以上の教育，センターに通う場合は1年間に128日，また家庭訪問の回数についても規定がある。サービス提供時間は，プレスクール (preschool) に関しては1年間に1,040時間，赤ちゃんに対しては1,300時間となっている。

　連邦政府は，たとえば，4人家族の場合，年収が2万4,000ドル以下の世帯を貧困世帯として捉えた上で，1年間に約100万人の貧困状態にある子どもと親に対して，ヘッドスタートプログラムを提供している。ヘッドスタートプログラムの対象年齢は就学前の0〜5歳であり，0〜2歳のプログラムは，アーリーヘッドスタートプログラム (early head start programs) と呼ばれている。0〜2歳においては20万人の子どもに対して，また，3〜5歳の80万人の子どもに対してプログラムを提供している。なお，ヘッドスタートプログラムを実施しているセンターの数は2万カ所であり，5万のクラスがある。センターはあらゆる地域にあり，アラスカ地域やネイティブアメリカンの地域等にも設置されている。また，連邦政府は，季節労働者とその子どもに対してもヘッドスタートプログラムを提供している。

　さらに，センター以外の子どもたちの自宅でも，サービスを提供している。

自宅でのサービスを受けている子どもは7,000人であり，そのうちの半数がまだ歩くことができない赤ちゃんである。

　現在，貧困状態にある子どもと親のすべてが，ヘッドスタートプログラムを受けているわけではない。それゆえ，対象者の子どもの選定は，ニーズに応じて行われる。連邦政府に画一的な選考基準があるわけではなく，各地域が指標を決め，各地域がその指標にしたがって対象者を選定している。たとえば，ホームレスの家族，貧困の状態が深刻な家族，何らかの依存症になっている家族，子どもの数が多い家族等の指標が存在する。ただし，すべての地域はプログラムの実施のための企画書を連邦政府に提出しなければならないので，その際に，連邦政府はその企画書をもとに，各地域のやり方をスクリーニングしている。また，ヘッドスタートプログラムの利用者の10％は，必ず障がいのある子どもが含まれなければならないことになっている。なお，ヘッドスタートプログラム以外にも，州政府のプログラムは存在するが，それらは連邦政府ほど包括的なプログラムにはなっていない。

2) プログラムの運営機関

　ヘッドスタートプログラムは連邦政府のプログラムであるものの，プログラムの20％は地方政府が何らかの形で貢献しなければならないことになっている。それゆえ，たとえば，地方政府レベルで，親がボランティアとして時間を提供したり，地方政府がクラスの実施場所や移動手段を無料提供している。実際にプログラムを行うのは，非営利組織や地方政府であるが，地方政府に関しては，1,700カ所の地方政府がプログラムを運営している。その他，学校やネイティブアメリカンの居住区の非営利団体も運営している。ただし，民間企業は運営することはできない。連邦政府による行動基準が存在するため，各団体によるサービス内容の違いはほとんどなく，似たようなサービス内容となっている。行動基準にはスタッフの資格に関する基準もあり，たとえば，必ず精神科関連の専門家が参加しなければならないことになっている。

第2章　アメリカの子どもの貧困対策　35

3）家庭訪問

　ヘッドスタートプログラムの先生は，年間2回，ヘッドスタートプログラムを受けている子どもの家庭を訪問している。また，家族を支援しているファミリーソーシャルワーカーも，年間2回，家庭を訪問している。また，別途，連邦政府がスポンサーとなり，家庭訪問により赤ちゃんの支援をするプログラムも存在する。こうしたなか，スタッフは，「様々な研究によって家庭訪問は子どもと親に良い効果をもたらすという結果が出ている」と述べた。

4）貧困状態にある子どもと家族に関するデータベース

　ヘッドスタートプログラムを運営している，各センターに貧困状態にある子どもと家族に関するデータは存在するものの，子どもの個人の情報を全米で記録することはしていない。とくに，ワシントンDCには非正規移民の子どもが多い。こうしたなか，連邦政府ではあるものの，政府は法的なステータスを記録しないことにしている。だからこそ，現在のヘッドスタートプログラムでは，非正規移民であっても誰もが支援を受けることができる仕組みとなっている。それゆえ，「データベース化することについてはメリットとデメリットの両方があり，サービスの向上のためにデータを取るのは良いが，他の目的でデータを取るならばデータを取る意味はない」と，スタッフは考えていた。

5）ヘッドスタートプログラムの効果の評価

　連邦政府として，データやプログラムの効果をどのように測るかは，いまだ検討中である。サンプルを使ったり，時間の経過で表したりする研究が存在し，州政府のなかにはこのような方法でデータを記録しているところもある。しかし，アメリカでは，各州と連邦政府は連動していないため，連邦政府ではこれらのことは行っていない。

　また，ヘッドスタートプログラムの効果を評価する場合にはどのような基準で子どもの成長を測るのか，何を指標にするのかという点が極めて重要である。たとえば，ランダムにヘッドスタートプログラムのインパクトを調べた研

究では，小学校 1 年生までは，プログラムを使っても使ってなくても結果は同じであった。それは小学校の成績だけを見ていたからである。他の研究では，子どもが大人になったときの経済状況等も指標にしている。アメリカのシンクタンクである，ブルッキングス（The Brookings Institution）が最近発表した研究では，ヘッドスタートプログラムを利用した子どもは，経済的に豊かになっただけではなく，親として良い大人になっているという結果が出ている[3]。それゆえ，スタッフは，「ヘッドスタートプログラムの効果は小学校 3 年生までの学校の成績の記録だけで測れるものではなく，たとえば親との関係等，様々な角度から指標を取ることが必要である。データを取ることは重要かもしれないが，どのような指標で測るのかということについては注意が必要である」と考えていた。

6) ヘッドスタートプログラムの課題

ヘッドスタートプログラムの課題として，スタッフは以下の 9 点を挙げた。

第 1 に，現在，貧困状態にある子どもの約 40％しか，ヘッドスタートプログラムを利用できておらず，また，アーリーヘッドスタートプログラムにおいては約 4％しか利用できていない状況にある。オバマ政権はプログラムの利用者数を 4 倍に増やしたが，それでもまだ現在のヘッドスタートプログラムの量は足りていない。そのため，今後，もっと多くの子どもと親がこのプログラムを受けられるようにする必要がある。

第 2 に，ヘッドスタートプログラムが休みの時期に，貧困状態にある子どもが，まったく勉強しない「ラーニングロス」の期間ができてしまうことが課題である。そのため，1 年間でサービスを提供する時間を増やす必要がある。法律を変えなくても，プログラムを実施する場所でサービスの提供時間の変更は可能であるため，サービスの提供時間を増加させるようにする予定である。現在，連邦政府は，ヘッドスタートプログラムに関して，1975 年以来の大改革を行っているところであり，これから数年かけて，サービスの提供時間等を変更する計画をもっている。

第3に，家庭訪問に関して，フルタイムで仕事をしている親も少なくなく，訪問時に親がいない場合がある等，必ずしも家族のニーズに合っていないという課題がある。

その他，第4に，なるべく幼児に集中してプログラムを活性化させる，第5に，貧困状態にある子どもがより高いレベルの教育を受けることができるようにする，第6に，学校の成績だけでなく，より広い観点から子どもを理解することができるようにする，第7に，親を巻き込んで教育をもっとエキサイティングなものにする，第8に，2世代だけでなく，3世代に対するプログラムが必要である，第9に，様々な研究からも指摘されているように，もっと予防に力を入れることが課題であった。

3 UPO（United Planning Organization）による支援

非営利組織の UPO[4] では，① 貧困状態にある乳幼児とその家族，② 若者とその家族への支援を行っている。スタッフは，「幼児期，若者，大人へのプログラムの3つを揃えることが重要である」と述べた。

1）アーリーヘッドスタートプログラム

UPO では，488 人の子どもに対して，アーリーヘッドスタートプログラムを提供している。その際，連邦政府のプログラムでは，6.5 時間しかプログラムが提供できないので，州政府のプログラムを組み合わせて合計 11 時間のプログラムを提供している。

このプログラムでは，4 人の子どもに対して 1 人の先生が個別指導を行い，朝食，昼食，おやつ，ミルク，おむつが無料で提供される。その他にも，メンタルヘルスや行動に着目するプログラム，親に対する栄養教育，栄養が摂れているかについてのアセスメントを実施している。また，すべての子どもが医療保険に加入するとともに，予防接種，定期検診，スクリーニング等を行っている。また，50 人の妊婦を対象に，子どもが生まれたらアーリーヘッドスター

トプログラムに入れるように，妊婦の時から支援している。

2) アーリーヘッドプログラムの対象者の選定

　対象者の選定に関しては，他の機関からこのセンターを紹介され，訪れた人のなかから，リスクファクターと呼ばれるいくつかの指標をもとに，対象者を選定している。各項目はポイント制になっていて，ポイントが高い人は，センターを利用することができる。0～3歳の子どもが安全に暮らせる地域や施設は不足しているので，いつもキャンセル待ちの状態となっている。UPOが運営しているセンターの内，5つのセンターは高校のなかにあり，高校生で妊娠し，出産する女の子の支援をしている。

　UPOが使用しているリスクファクターの指標は，①高校生等，若い年齢での出産，②障がいのある子どもの有無，③家庭内や地域で暴力的な環境の有無，④フォスターペアレント（里親）であるかどうかといった4つの項目からなる。最終的な対象者の選定は，UPOの審議会で決定する。

3) アーリーヘッドスタートプログラムの重要性

　スタッフは，乳幼児期のプログラムが極めて重要であると次のように述べた。「子どもの貧困について何かしようとした場合には，2つの方法がある。1つ目は乳幼児へのプログラムであり，もう1つは若者に対するプログラムである。0～3歳は人生の最初の1,000日であって，その時に，身体的，精神的な健康と安全な環境，質の高いクラス，家庭での親の関わりが非常に重要である。親のサポートがなくては，子どもは成功することはできないので，どのプログラムにも親を巻き込んで行っている」と。

　たとえば，UPOが犯罪歴のある子どもが通う学校のなかでアーリーヘッドスタートプログラムを提供することにより，8人中7人が高校を卒業し，その内，4人は大学に進学した。スタッフは次のように述べた。「この学校は，犯罪歴があるため，裁判所から観察されている子どもが行く学校であるが，10代で妊娠した母親の子どもにアーリーヘッドプログラムを実施することによ

り，この母親は大学に進学できた。そして，大学に進学した子どもは，自分の子どもにも学校に行く準備ができるプログラムに参加させている」と。

4）乳幼児期の子どもの支援における課題

　1つ目の課題は，0〜3歳までの3年間では，支援期間が短いため，支援が十分にできない点である。スタッフは，「親の仕事が安定して，経済的にも子どもを育てられる状態にするには3年では足りない。親が何らかの依存症である場合や精神的な課題がある場合には，まずその課題に介入しなければならない。その支援をしながら子どものために環境を整えるには時間が足りない」と述べた。

　2つ目の課題は，他の組織との連携調整が難しい点である。アーリーヘッドスタートプログラムにおいて親に介入したとしても，その後の親支援が十分でない場合がある。また，UPOでは，SNEDというソフトウェアで子どもの12年間の成長に関する情報を各組織から収集し，記録することを試みているが，各組織の合意を得るのが容易ではない。そのため，現在，UPOでは，子どもが大人になるまで支援できる，統合的なセンターをワシントンDCの各地区に5年以内に設置することを目標にしている。

　3つ目の課題は，就学前のすべての子どもが高い質の支援を受けられるようにするための基準を上げることである。たとえば，現在，先生の学位や給料に関する規定，子どもの状況を常に評価して分析する規定等があるものの，0〜3歳までの子どもに対してはアーリーヘッドスタートプログラムしかないため，UPOでは，現在，公的機関から補助金をもらい，チャイルドケアの基準を上げるための研究をしている。

5）Children's Defense Fund（CDF）プログラム

　放課後の時間帯に暴力や犯罪に巻き込まれる中学生，高校生が多いため，UPOでは中学生，高校生の若者に対してChildren's Defense Fund（CDF）プログラムを実施している。このプログラムの目的は，貧困状態にある中学生と高

校生が学校の授業についていき，夢を失わず，楽しく過ごせるようにすること
にある。このプログラムを行う場所は，中学校と高校のなかに設置されている。
放課後に学習支援をしたり，夏には毎日サマーキャンプをしたり（このプログ
ラムでは，大学の授業も受ける），読解支援のなかに理科の要素を取り入れたり
している。

　このプログラムでは，家族に対してグループワークも行っている。このグ
ループワークにおいて，親たちはスタッフとともに，親は学校とどのように
良い関係を作っていけば良いか，親は子どもの成績をどのように考えたら良い
か，子どもの成績が悪かった時には，親はどのようにしたら良いか等について
話し合っている。

　このプログラムにおいてスタッフが重視していることのひとつは，高校生が
中退をせず，高校を卒業することにある。たとえば，去年，プログラムを受け
た40人中38人が高校を予定通り卒業した。残りの2人は家庭の事情で卒業
が遅れているだけである。そして，38人中26人は奨学金を受け，大学に進
学し，12人は軍人になったり，職業訓練に通っている。スタッフは，「ここで
最も重要なことは，貧困の悪循環を断ち切り，子どもが家族のなかで成功例と
なることである。さらに，大学に進学するだけでなく，経済的な課題を抱えて
も，奨学金を借りる等の別の手立てがあることを学ぶことが重要である。今後
の課題は，大学に進学した子どもが，どのように大学を卒業できるか支援して
いくことである。そのためには，貧困地域から出たことがない子どもが，ワシ
ントンDCの西側の世界を知ることも重要である」と述べた。

6) Power プログラム

　Power プログラムでは，中学生を対象に，様々な実験を行う科学教育を行っ
ている。子どもたちは，実験をすることで数学や理科に興味を持つことができ
る。このプログラムをする理由は，ひとつに，理工系専門知識を持つと給料が
高い仕事につけることにある。また，もうひとつの理由は，子どもに，これま
でまったく興味を示すことがなかった分野を伝えることができることにある。

スタッフは,「しっかりした教育をすることが,貧困の再生産を打ち壊すチャンスになる。とくに,アフリカンアメリカンの子どもたちに支援をしなければならない。このプログラムにおいても,家族を支援することが重要であり,子どもだけ支援して後から家族に伝えるのではなく,家族も同時に巻き込んで支援することが重要である」と述べた。

7) プログラムの評価

UPO では,プログラムに参加する前後で,子どもたちの変化について比較することを通じて,プログラムの評価を行っている。たとえば,中学生の状況については,プログラムに参加する前後で,① 学校に行った日数,② 成績の変化,③ 停学日数,④ 警察に捕まった日数,⑤ 妊娠している女の子の数,⑥ 健康,⑦ 教科ごとの成績について評価している。また,成績を夏休みのプログラムの前後や,四半期ごとにフォローしている。

高校生に関しては,成績の平均を 2.5 以上にすることを目標としている。学校における成績を重視しており,学校でどのように頑張ったかを評価している。

そして,これらのデータを入力し,評価するソフトは,コンパスという組織のスタッフがボランティアで作成している。

8) 家族に対する 3 つのプログラム

UPO では,親が安定した生活をすることが,子どもの貧困対策につながるという考えのもと,家族が安定した暮らしを営めるようにするための支援を行っている。具体的には,① 職業訓練プログラム,② 大人のための教育プログラム,③ 履歴書の書き方を教えるといった,3 つのプログラムを実施している。その他,UPO は,④ 金融に関する教育,⑤ 借金を返済する方法に関する支援,⑥ 子どもの予防接種に関する支援,⑦ 家を借りるための手続きの支援,⑧ 連邦政府から受けられる控除に関する教育,⑨ 勉強が遅れている子どものいる家族へのサマーキャンプの開催,⑩ 何らかの依存症の親に対するカ

ウンセリング，⑪ 家族に高齢者がいる場合のボランティア，⑫ フードバンクと協力した食事支援，⑬ TANF（公的扶助）の支援等も行っている。なお，第 2 章補論でも TANF について述べるが，TANF について，スタッフは，「たとえば，週 20 時間働かなければ TANF が受給できない等，TANF の受給条件が厳しいため，TANF の制度を変えていかなければならない」と考えていた。

4 SOUL（Student-Athletes Organized to Understand Leadership）による支援

1）ミッションと 4 つのプログラム

　子どもの貧困率が高い地域では，大人も高等教育を受けていない場合が少なくなく，教育資源へのアクセスが難しい。こうしたなか，SOUL では，「教育こそが貧困の連鎖，悪循環を断ち切るものである」と考え，公立学校やコミュニティの人たちと一緒に，スポーツを通じて子どもたちを教育し，エンパワメントし，最終的には貧困の再生産を断ち切ることをミッションとしている。

　ワシントン DC の貧困状態にある人々が暮らすコミュニティには，貧困層向けの公営住宅がある。そこには，アフリカンアメリカン，ヒスパニックの人たちが，多く住んでいる。その子どもたちはバスケットボールが大好きであるため，SOUL は，バスケットボールを通じて子どもと信頼関係を築き，そこから子どもたちが勉強に興味を持てるようになることを目指している。このように，SOUL の主な活動は，若者がスポーツを通じて学術面に意識を向けられるようにすることにある。具体的には，SOUL は 4 種類のプログラムを実施している。1 つ目は中学生を対象にした Summer Institute，2 つ目は College Access Study Hall（CASH），3 つ目は Women's Initiative，4 つ目は就職するための準備プログラムである Graduate With Plan（GWP）である。

　なお，SOUL は「シティゲート」というパートナー組織を有しており，このシティゲートは子どもの家庭に食料を届けている。

第2章　アメリカの子どもの貧困対策　43

2) プログラムの対象の子ども

対象者は，基本的に，まず貧困状態にある子どもである。もともとはアスリートだけを対象にしてきたが，今はアスリート以外の子どもも対象にしている。そして，2015年には，765人の子どもを支援した。その内，233人がワシントンDC内に暮らす貧困状態にある子どもであった。さらに，アスリートは75人で全体の約10％であった。500人はワシントンDC外で暮らす貧困状態にある子どもであった。アスリート以外の子どもが増えた理由は，Graduate With Plan（GWP）をアスリートを対象に始めたところ，学校があまりにも良いプログラムであると評価し，アスリート以外の全員に受けさせたいリクエストしたことにある。

3) Summer Institute プログラム

UPOが最初にしたのはSummer Instituteというプログラムであり，公営住宅街に住んでいる10人の子どもを対象に始めた。プログラムの内容は，8週間のバスケットボールによるサマーキャンプである。参加費は無料である。ただし，このプログラムでは，勉強をするプログラムに参加しなければ，スポーツのプログラムに参加することはできない仕組みになっている。場所は，子どもが暮らすコミュニティの内外である。具体的には，無料のスミソニアン博物館に行ったり，コミュニティのリーダーをスピーカーとして呼んだり，ワシントンDC内の大学に行ったりしている。プログラムの開催時間は午前9時から午後4時までで，午後4時になると子どもは家に帰宅する。

1日のスケジュールとしては，朝9時にチェックインして，まずパートナーの「シティゲート」から提供された朝食をとり，その日のスケジュールについて話し合う時間を設ける。その際，その日にしたいスポーツを投票で決めて，そのスポーツを行う。その後，たとえば，ワシントンDC内の大学に行ったり，スミソニアン博物館に行き，13時頃に昼食をとる。さらに移動して，次に何をするかを決める会をもち，その後何らかの活動をし，その日の反省会をする。

ワシントンDCにはスポーツをする場所が何カ所かあるため，それらを使用

している。たとえば，ワシントンの桜が咲いている池の近くの砂のコートで
ビーチバレーをしたり，サッカー場やゴルフ場を使ったり，大学のキャンパス
内でバスケットボールをしたりしている。

4）大学を活用することと，貧困地域の外に出ること

　大学に行くツアーに参加した子どもの方が，大学に進学する率が高いという
研究が存在する。そのため，大学のキャンパスを訪れるだけでも十分な効果が
あるが，SOUL では，子どもたちが，大学教員から，キャンパスでどのような
ことができるか，またどのようなサービスがあるかについて聞いたり，大学内
のビジネススクールを見学したりする機会を設けている。とくに，MBA は子
どもたちに人気がある。子どもたちは，MBA のなかの様々なクラスを見学す
ることができ，その教員や学生らと話をすることができる。

　SOUL のプログラムに参加するほとんどの子どもは，第 7 区というワシント
ン DC のなかで 2 番目に貧困層が集まる地域に住んでいる。第 7 区からワシ
ントン DC のジョージタウンまで車で移動する途中に，最も裕福な層が住んで
いる第 3 区を通る。第 3 区には 1 戸建ての家が多くあり，子どもたちが住ん
でいる集合住宅ではない家や高級車等を見ることになる。SOUL のスタッフは，
「子どもたちが同じワシントン DC 内でもこれほど違う世界があるということ
を見ることになるため，ツアーも違う世界を見ることを目的にしながら作って
いる。つまり，ツアーの目的の 1 つ目は大学を見ることであり，もう 1 つは
ワシントン DC のなかでまったく違う世界を見ることにある」と述べた。

5）College Access Study Hall (CASH) プログラム

　College Access Study Hall プログラムでは，高校生が大学に入学できるよう
に 1 週間に 2 回，学習支援をしている。また，子どもの家族や親族には大学
に入学したことがない人ばかりであるため，学習支援と並行して，大学の選択
と準備，入学の仕方，奨学金の獲得の仕方，大学生活等について教えるワーク
ショップを行っている。また，隔週，栄養プログラムのワークショップも開催

している。SOUL には，スポーツに関心の高い，貧困状態のアスリートが来ているが，栄養価の高い食料を買うことができないため，子どもはどのような選択があるのか，何が重要であるかについて学んでいる。さらに，米軍の陸軍の人に来てもらい，トラウマから逃れる方法について教えてもらうレジリアンスプログラムも，1学期に3回実施している。

　これらのプログラムはもともと，大学でバスケットの選手になりたいと思っても，一定の成績のレベルに達していないと大学に入れないため，アスリートの高校生を対象にはじめたプログラムである。だが，現在は，アスリートでない子どもも受けることができるプログラムになっている。

6) Graduate With Plan（GWP）プログラム

　Graduate With Plan プログラムは，2016年の春からはじめたプログラムで，16歳から22歳の子どもや若者が将来について考えるためのプログラムである。このプログラムを始めた理由は，たとえ先に述べた CASH プログラムをもとに子どもの教育に投資したとしても，子どもがその後の具体的な人生プランをもてず，結局，就職先がなく，貧困になり，貧困のサイクルから抜け出せていないという課題があったためである。

　GWP のプログラムにおいては，子どもや若者は，まず，パーソナリティテストを受ける。それにより，自分は内向的であるとか，外交的である等の自分の性格について知ることができる。とくに，将来のプランがないという子どもや若者が多いが，次に，高校卒業後に何がしたいかについて，話し合う機会を設けている。

　また，子どもや若者が地元の経済について理解できるような時間も設けている。子どもや若者が将来について考える時，自分が何をしたいかという自己理解だけでなく，外部環境の理解も必要だからである。たとえば，様々な業界がどのように変化しているか，地元の労働市場はどのようになっているのか等について知る必要がある。とくに，ワシントン DC は政府との契約で成り立っている仕事が多いため，ホワイトカラーの仕事が非常に多い。そのため，ブルー

カラーの仕事をしようとした場合，ワシントンDCで職業を得ることは難しい。もしブルーカラーの職に就こうとするならば，リッチモンド等，別の場所で仕事を探す方が良いが，その場合でも，子どもはその地域の雇用率や就職率を理解する必要がある。こうしたなか，このプログラムでは，子どもが自らの考えを明確にするだけでなく，外的な環境を理解し，自らの人生の計画を立てることができるようにするための教育をしている。スタッフは次のように述べた。「経済のことや投資のこと，金融のことについて話してみると，子どもはマクロ経済についても興味を示した。その際，いきなり難しい経済学を持ち込むのではなく，理解できる範囲でこのコミュニティの経済がどうなっているか，スーパーがどのくらいの距離にあるのか，また自分たちの家計がどのような状況にあるのか等について，理解しやすいように教えている」と。

最初にこのプログラムを受けた人数は20人であったが，今や75人となった。就きたい職業としては，救急隊員，消防隊員等があり，また大学に行きたいという若者もいた。このプログラムを受けた若者の40％が大学進学を希望，45％は就労を希望，15％は「よくわからない」と回答した。就労したいグループにどのような仕事をしたい聞いたところ，「とりあえず仕事がしたい」という回答であったため，現在，SOULでは，もう少し具体的に，何をしたいのかについて見つけられるように支援していこうとしていた。その際，スタッフは，「どのような仕事が向いているかについても分かるようなプログラムを作りたい。去年はグループディスカッションの形式でプログラムを行ったが，今後は1対1でのディスカッションをさらに行いたい」と述べた。

参加者のうち40％は大学進学を希望しているが，そのなかには成績が良い人もいれば，そうでない人もいる。SOULは代替学校と普通高校と2つの高校と連携しながら，若者の支援をしている。SOULが連携している代替学校は，ワシントンDCがサポートしている公立学校であり，停学処分を受けたり，犯罪歴があったり，少年院で過ごした経験がある等，何らかの課題を抱えていて高校を卒業することが難しい若者や，10代ですでに何人もの子どもがいるような女の子が通っている。代替学校の特徴は2つある。

1つ目の特徴は，普通高校には 21 歳以下しか通えないという制限があるが，この代替学校には 21 歳以上の人も通える点にある。もう 1 つの特徴は，普通高校は指定区域に住む若者しか通えないが，代替学校にはワシントン DC 内のあらゆる区域から通うことができる点にある。そのため規模はとても小さく，昨年の卒業生は 135 人であった。こうしたなか，たとえば，普通高校から代替学校に通い，その後 CASH プログラムに参加し，そこで自信をつけた後，大学に進学した若者が存在する。

7）コミュニティの人と子どもとの信頼関係

貧困地域で実際に，SOUL のプログラムを実施している人は，SOUL にフルタイムで働いている 2 人のスタッフ以外に，25〜30 人のボランティアである。ボランティアのうちのひとりは，SOUL を立ち上げたときからプログラムに携わっており，他の団体のプログラムの運営もしている。その他，退職教員，一般の仕事をしている人，大学生等がボランティア活動をしている。

大学のコミュニティサービスセンターが，この活動に関心のある学生をボランティアとして派遣している。学生にとっては SOUL における子どもへの支援が自らの専門に関わる場合もあるし，そうでない場合もある。SOUL が学生に求めることは，継続してボランティアをする意欲，忍耐強いこと，子どもを支えようという情熱があること，貧困とは何かを理解しようとしていて，自分がこの貧困社会のなかでどのような立場にいるのかを理解できることである（つまり，人種，学術的観点，経済的な観点から，自分の社会的位置を理解できることである）。

スタッフは，GWP と CASH のプログラムに対して，以下のように述べた。

「どちらかといえば GWP プログラムよりも CASH プログラムの方が子どもに良い効果があったかもしれない。SOUL でプログラムを一緒にやっているコミュニティの人はとても良い人たちばかりである。プログラムを受けている子どもは，それまでに生きてきた環境が厳しかったために，ガードを固くしており，普通は他者に心を開きにくかったり，さまざまな支援を自分から受け入れ

ることに非常に長い時間がかかったりする。今まで，他者の行為を受け入れる
と何か良くないことが起こる環境にいたからである。しかし，子どもを支援す
るコミュニティの人たちは，子どもが心を開くことができるように支援する訓
練を受けており，子どもにどのような能力があるのかをアセスメントして子ど
もと接することができる人たちであるため，子どもが自信をつけることができ
たのかもしれない」と。

　また，スタッフは次のように述べた。「信頼関係はとても重要であり，その
ような研究は多くある。ある学校に行ったとき，すべての子どもは2週間何
の支援もいらないと言って過ごしていた。しかし，ある1人の男の子が1番
最初に数学の問題について先生に質問し，先生との信頼関係を築いている様子
を他の子どもたちが見ていた。この男の子は今年の春に大学の申請をするた
めに，SOUL に支援を求めてきた。現在この子どもは大学に通っているが，こ
こに来る子どものほとんどが親を信頼しておらず，この子どもも大学に行く1
週間前になって父親に大学に行くことを報告した。このように，親とさえ信頼
を築くことが難しい子どもにとって，子どもに支援をするコミュニティの人た
ちと信頼関係を築くことは非常に重要なことである」と。

8）財　源
　SOUL はバスケットボールのトーナメントを行っている。ゴールドマンサッ
クス等の大手企業から寄付を受けたり，バスケットのトーナメントをし，11
万ドルの寄付を集め，プログラムを運営している。団体の設立当初は，ある
プロバスケットチームと連携していたが，最近は，大学と連携している。ま
た，この団体に理解を示す人から，オフィスを無料で借りている。このように，
SOUL は様々な人々の協力のもとにプログラムを運営している。

5 首都圏フードバンク（Capital Area Food Bank）による支援

1) フードバンクの目的

　アメリカのフードバンクは，1980年代に，連邦政府による，貧困層の人々に対する食の支援としての旧フードスタンプ（2008年に，先に述べた，スナップと改称された）が削減されたことを契機に，活発化した組織であり，首都圏フードバンクも1980年代に創設された組織である。スタッフは，この点について，以下のように述べた。「アメリカにも，食品ロスをなくすためにフードバンクをつくるという動きが後になって出てきた。だが，旧フードスタンプの削減のもとで登場したアメリカのフードバンクでは，基本的には貧困層を支援することがフードバンクの第1の目的となっている。もし，食品ロスをなくすことを第1の目的としてフードバンクを始めるのであれば，結局その活動で利益を得るのは食品を作っている人であり，食品をもらう人ではない。提供するサービスも違うものになってしまう。もし食品ロスを減らしたいのであれば，そもそも作る量を減らせば良いということになるのではないか。もちろん無駄をなくすことは重要ではあるが，それは二次的な理由にすぎない」と。

2) 各フードバンクの対象地域

　フードバンクのなかには，全米を対象にしている組織もあるが，首都圏フードバンクが対象にしている地域は，ワシントンDC全体と北バージニア等である。現在アメリカには，202のフードバンクの団体があり，フィーディングアメリカという組織が母体となって，年次会議も行われている。首都圏フードバンクは大きい団体であるが，アメリカのすべてのフードバンクが必ずしも大きい組織であるというわけではない。各コミュニティのニーズに応じて，フードバンクの大きさも異なる。たとえば，ニューヨークではニーズが大きい。また，農村地帯にも，ニーズはある。

3）NGO 等のパートナーによる食料の配布と，学校内の無料食料マーケット

　2015 年に，首都圏フードバンクは，4 千 6 百万個の食料を配布した。具体的には，小麦，野菜，卵の他，冷凍された生の肉や魚，加工食品を配布した。首都圏フードバンクには 444 のパートナー組織が存在し，そのパートナーが食料を老人ホームや学校等に配布している。パートナーがいない場所だけ，自分で食料を直接配布している。また，学校内にマーケットをつくり，子どもはそのマーケットの食料を無料で手に入れることができる。さらに，コミュニティベースのサイトをつくり，放課後に暖かい食事を子どもに配布している。また，連邦政府のプログラムとして配布している食料もあり，1 カ月に 5,200 人の高齢者に食料を配布している。

4）栄養教育と栄養教育のためのキッチン

　このフードバンクでは，栄養について書かれた広報誌を食料と一緒に配布することにより，栄養教育も行っている。具体的には，それぞれの食物にどのような栄養があるかについて示す用紙と，レシピカードを英語とスペイン語により配っている。

　レシピは，簡単に，安く，しかも，栄養価の高いものをつくることができる内容からなっている。フードバンクのなかには，キッチンもあり，スタッフ，ボランティア，パートナー，企業の人たちと一緒に 10 ～ 12 種類ぐらいの料理を全員で作って食べて，それぞれの料理が簡単に作ることができるかを中心に評価してからレシピを選択している。材料はすべてフードバンクか，地元のスーパーで調達できる，高すぎないものである。また，フードバンクから食料を得る人が栄養価の高いものを食べられるように，フードバンクのスタッフと栄養士は，パートナーに対して，フードバンクにある食料を利用した料理に関する教育も行っている。そして，スタッフは，「重要なことは，ただ単に食料を配布するだけではなく，栄養のある物を配布することである」と述べた。

第2章　アメリカの子どもの貧困対策　51

5）子どもに対するプログラム

　子どもに関しては4つのプログラムがある。1つ目は放課後の食事プログラム，2つ目は夏休み期間中の食事プログラム，3つ目は週末の補助的な食事プログラム，4つ目は学校で一時的に開催する小さなマーケットで食事を支援するプログラムである。首都圏フードバンクは，これらすべてのプログラムを無料で提供している。その際に，食事を作る業者から，業者が作った食事を購入し，それらを子どもたちに提供している。業者から食事を購入できる理由は，この首都圏フードバンクには68万ドルの予算があるからである。予算の20％弱は連邦政府からの補助金により（子どもや高齢者に対する温かい食事に対しては政府からの補助金がある），それ以外は企業，財団，個人からの寄付からなる。

　貧困地域の学校のマーケットで提供するものの半分は生鮮食品であり，それ以外は缶詰や穀物等である。あらかじめ袋に入れたものを子どもに配るフードバンクもあるが，このフードバンクでは，子どもが自ら好きなものを選ぶことを重視している。スタッフは，「それにより，子どもは栄養的に適切なものを選ぶことができるようになる」と考えていた。なお，朝食については，ワシントンDC内の学校では子どもに朝食が配られるため，このフードバンクでは，朝食プログラムはない。子どもに対する栄養教育については，このフードバンクでは子どもに対して直接に教育することはせず，パートナーのみに対して教育を行い，パートナーに子どもに対する栄養教育を任せている。ただし，他のフードバンクでは，子どもに対する栄養教育を直接行っているところもある。

　そして，スタッフは，「このようなプログラムを行っているフードバンクは全米で約15％しか存在しない。フードバンクの一番重要な役割は，食事を提供するNGO等のパートナーとネットワークを作り，NGOに食料を調達することだからである。直接的なプログラムで支援できるのは数万人であるが，ネットワークを使って他のNGOとつながることで，救える子どもの数は何十万人にもなる」と述べた。

6）多くの寄付食料と多くのボランティア

　首都圏フードバンクは大きな建物を有している。地下には事務室，1階には
パートナーが食料を受け取る大きな食料庫，2階にはダイニングや会議室があ
る。倉庫にあるすべての食料は，地元で生産されたものや地元で調達されたも
のである。具体的には，スタッフは，約100カ所の地元のスーパーマーケッ
トの食料や，政府が大量に購入した食料を調達しに行ったり，自ら食料をト
ラックに積んで持ってきてくれる人もいる。その他，ナショナルフードドライ
ブという所から寄付された食品や，個人により寄付された食料もある。多くの
食料を寄付するほど，企業等に税控除や広告上の恩恵があるため，多くの食料
が集まり，食料が足らなくて困るということはない。また，首都圏フードバン
クには，多くの人が出入りするので，食料をとりにくるパートナーは1回に
つき，45分以上その場にいられないことになっている。1年間に約2万6千
人がボランティアをしている。パッケージや配膳のすべてをボランティアで
やっている。それゆえ，ボランティアが足らなくて困ることはない。

7）スタッフと食品管理

　ワシントンDCの首都圏フードバンクには100人のスタッフ，北バージニ
アの首都圏フードバンクには30人のスタッフがいて，到着した食料をすぐに
配布している。スタッフは食品の安全性に関して訓練を受けなければならな
い。2種類のトレーニングがあり，ひとつは短期間の基礎コースで，もうひと
つはサーブセイフといって連邦政府が認証しているプログラムであり，これを
受けるとレストランで働くこともできる。卵や肉等のリスクが高いものを扱っ
ているため，このようなトレーニングを行っている。

8）民間の力でフードバンクが活性化している理由

　スタッフは「民間の力でフードバンクが活性化している最大の理由は，ア
メリカには慈善や寄付の文化があるからである」と述べた。そして，「連邦政
府は30年ほど前にフードスタンプを削減したが，その後，個人がこの問題を

何とかしようという動きが出てきて，現在に至っている。しかし，これはそう簡単なことではない。首都圏フードバンクには様々な国の人が来るが，アメリカ特有の文化的背景もあるため，すべてがまねできるようなものではない」と述べた。また，スタッフは「フードバンクのもとには，食事を直接届けている444のパートナーがいて，それらのパートナーとフードバンクのネットワークが極めて重要である。そして，そのネットワークをつくるためには，一般の人々に対する啓発も重要である。一般の人たちが貧困問題に対して理解をすると，企業からの寄付も得ることができる。こういうモデルがあるからこそ，フードバンクが機能している」と述べた。

9) 首都圏フードバンクの課題

首都圏フードバンクの課題として，スタッフは以下のように考えていた。

第1に，配布する食料の栄養価のレベルを上げることである。配布している物の3分の1は果物と野菜であるが，加工品等が多いため，なるべく栄養価の高い物を配布できるようにしなければならない。

第2に，食料をずっと無料で配布し続けることはできないため，貧困状態にある人々が，なるべく小売店でより安価で栄養価の高い食料にアクセスできるにする必要がある。

|注|

1) アメリカの子どもの貧困率に関する議論については，内閣府（2015）「米国」『諸外国における子供の貧困対策に関する調査研究』（http://www8.cao.go.jp/kodomonohinkon/chousa/h27_gaikoku/index.html 2017.11.10 アクセス）を参照されたい。
2) ヘッドスタートプログラム歴史については，室田信一（2015）pp.169-188を参照されたい。
3) Bauer, L. and Schanzenbach, D.W.（2016）pp.1-8.
4) UPOの財源の約50%はCenter for the Study of Political Graphics（CSPG）からであり，残りの約50%はアーリーヘッドスタートプログラムの補助金と私的な財団からの助成金である。組織的としては，理事長をトップに，審議会・諮問委員会があって，ワシントンの代表的なコミュニティの人たちらと一緒に活動している。

引用・参考文献

Bauer, L. and Schanzenbach, D.W.（2016）"The Long-Term Impact of the Head Start program", Brookings, pp.1-8

室田信一（2015）「アメリカ―ヘッドスタート事業が示唆する『平等な教育』の現在形―」埋橋孝文・矢野裕俊編著『子どもの貧困／不利／困難を考えるⅠ』ミネルヴァ書房，pp.169-188

内閣府（2015）「米国」『諸外国における子供の貧困対策に関する調査研究』（http://www8. cao.go.jp/kodomonohinkon/chousa/h27_gaikoku/index.html 2017.11.10 アクセス）

補論 アメリカにおける子どもの貧困政策

はじめに

　貧困による不平等は，歴史を通じてアメリカを苦しめてきた。最も豊かな国のひとつであるにもかかわらず，所得の不平等，富の不平等，そしてあまり機能していない社会保障システムによって，アメリカの貧困率は驚異的に高くなっている (Burton et al., 2017)。近年やっと貧困率が低下し始めたものの，2008年の Great Recession と呼ばれる景気後退により，これはさらに悪化した。アメリカ国勢調査局の2015年の統計では，アメリカの4,310万人が貧困生活者に分類されたことが明らかになった (Children's Defense Fund, 2016)。これら4,310万人のうち，およそ1,450万人（3人に1人）が子どもであり，アメリカの貧困層のなかでも最年少かつ最多のグループを形成している（同上）。これは，2015年にアメリカで生活していると推定される7,200万人の子どものうち，19.7％が貧困状態にあることを意味している。

　貧困のなかで成長することは子どもに悪影響を及ぼすことがあり，短期的に貧困にさらされることでさえ，子どもの身体的及び精神的発達に有害であり得ることが研究によって示されている。貧困の経験は，子どもと若者の両方で，良くない健康状態の増加（未熟児・低出生体重で生まれ，その後に呼吸器系疾患等の病気を発症する等），及び，低い認知力・学業的成果へのリスクの増加（低い学校の出席率，数学や読解における低い学業成績，高い学校の中退率等）と関連づけられている (Child Trends Databank, 2016；Ratcliffe, 2015)。さらに，貧困状態にある子どもや若者は，行為障がいや情緒障がいになる可能性が少なくない（同上）。最後に，「貧困は，成人期になると，低い職業的地位と賃金，悪い健康状態，作業記憶の欠損につながる」(Child Trends Databank, 2016) とされている。2015年の研究では，子ども10人のうち4人が，18歳になるまでに

少なくとも 1 年間は貧困を経験し，子ども 10 人のうち 1 人以上がその子ども時代の半分以上の期間を貧困で過ごしていることが実証されている (Ratcliffe, 2015)。子どもは貧困を経験する期間が長くなればなるほど，将来において悪い結果に直面する可能性が高くなる (同上)。こうしたなか，まず最初に，アメリカがどのように貧困を分類し，測定しているかを理解することが重要である。

　アメリカでは Child Trends Databank が，貧困とは，「連邦貧困水準 (Federal Poverty Threshold) と呼ばれる，連邦政府が定める標準平均年収よりも低い水準で生活している状態」と定義している (2016)。連邦貧困水準 (FPT と略記されることもある) は，「所与の家族構成と規模の世帯に最低限必要な食生活のコストを見積もることによって決定され」，その数に 3 倍を乗じる (同上)[1]。アメリカ国勢調査局は，連邦貧困水準を毎年更新し，全都市消費者物価指数 (CPI-U) を用いてインフレを調整している (U.S. Census Bureau, 2017) (Proctor, Semega and Kollar, 2016)。同局は，連邦貧困水準は一世帯の基本的ニーズを反映するための統計指標として設計されており，すべての家族が生きるために必要なものを完全に示したものではないことを強調している (同上)。

　連邦貧困水準は，① 貧困状態 (“in poverty”, 一部の研究では単に「貧困 (poor)」とも呼ばれる)，② 低所得，③ 極度の貧困状態の 3 つの異なるグループに世帯を分類するのに使うことができる (Children's Defense Fund, 2017)。一世帯の基本的なニーズを満たすためには，連邦貧困水準の 2 倍 (200％以上) の年収が必要であると示唆する研究もある (Cauthen and Fass, 2008)。貧困状態であると分類されることは，その世帯が貧困水準の 100％以下で生活していることを意味し，低所得は貧困水準の 100 ～ 199％の間で生活している状況と定義されている (Jiang, Granja and Koball, 2017)。極度の貧困状態とは，その世帯が貧困水準の半分 (50％) 以下で生活していることを意味する (Child Trends Databank, 2016)。「低所得」と分類されている家族は，依然として経済的困難に直面し，基本的なニーズを満たすのに十分な年収を得ていない (Cauthen and Fass, 2008)。

第2章　アメリカの子どもの貧困政策　57

平均的な連邦貧困水準の例は，家族の規模と年収の両方の要因が考慮されるため，それらによって変わってくる。2015年の4人家族の貧困水準は，年収2万4,257ドルであった (Proctor, Semega and Kollar, 2016)。より厳密には，2人の子どもを持つ4人家族の同年の貧困水準は，2万4,036ドルとなった (Jiang, Granja and Koball, 2017) (Proctor, Semega and Kollar, 2016)。この金額を下回って生活することは，その世帯が「貧困」または貧困状態として分類されることになる。また世帯の規模と子どもの数によって，貧困水準が異なることはあり，たとえば2人の子どもを持つ3人家族の同年の貧困水準は，1万9,078ドルとなった (Child Trends Databank, 2016)。2016年の国勢調査局による，2人の子どもを持つ3人家族の貧困水準は1万9,337ドルに上昇し，2人の子どもを持つ4人家族の貧困水準は2万4,339ドルに上昇した。連邦貧困水準は，毎年の経済状況や算出された基本的な生活収入を反映して調整されるため，歴史的な傾向は毎年の貧困状況について，多くを明らかにすることができる。

1 社会的な傾向

　歴史的に見ると，子どもの貧困率は変動している。1993年の子どもの貧困率は23％に達し，これは1964年以来の最高水準となったが，1999年には16％に下がり，2004年には再び18％に上昇した (Child Trends Databank, 2016)。2006年から2010年までのデータによると，貧困率は22％へと増加し，2010年から2015年にかけては20％に徐々に低下している（同上）。歴史的・経済的傾向の他に，貧困に関連する様々な傾向は，どのような子どもがより貧困を経験しやすいかについて理解すること，また，なぜ特定の集団がより貧困に陥りやすいのかを知るのに役立つ。長年収集されたデータを見てみると，特定の層に貧困層が多く，貧困に関連した傾向があることは明白である。

　子どもの貧困の主な傾向は，人種や民族性によるものである。人口統計学的には，アメリカの貧困状態にある子どもの大半が有色人種の子どもで占められ

ていることが研究によって示されている。その際，人種別の貧困状態にある子どもの数と，人種別の貧困率の違いに注意することが重要である。アメリカ国勢調査局の 2015 年のデータによると，黒人及びヒスパニック系の子どもは，白人及びアジア系の子どもに比べ，不均衡な割合で貧困に苦しんでいる (Proctor, Semega and Kollar, 2016)。白人の子どもは 12.1％，アジア系の子どもは 12.3％がそれぞれ貧困状態である一方で，黒人とヒスパニック系の貧困状態にある子どもの割合は，それぞれ 32.9％と 28.9％であった。しかし，黒人の子どもはより高い貧困率となっているものの，貧困で暮らす子どもの数が最も多いのはヒスパニック系である[1]。白人の子ども 456 万 3,000 人と黒人の子ども 365 万 1,000 人に比べ，ヒスパニック系の貧困状態の子どもの数は，526 万 9,000 人に達した (Children's Defense Fund, 2016)。これは，白人の子どもの 8 人に 1 人の割合に比べて，黒人の子どもは 3 人に 1 人，ヒスパニック系の子どもは 4 人に 1 人以上が，2015 年において貧困状態であったことを意味する（同上）。同年の極度の貧困に陥っている黒人及びヒスパニック系の子どもの割合は，他の人種の子どもよりも高かった（同上）。

　より幼い子どもは，貧困に陥る可能性が非常に高い。Children's Defense Fund は 2015 年には「乳児，幼児，未就学児の 5 人に 1 人が貧困状態である」とし，5 歳未満の子どもは合計 421 万 5,000 人であるとした (Children's Defense Fund, 2016)。貧困に苦しんでいる 5 歳未満の子どものうち，205 万 6,000 人（半数近く）が極度の貧困状態にあった（同上）。人種と年齢の観点から見てみると，5 歳未満の黒人及びヒスパニック系の子どもは，白人及びアジア系の子どもよりも，極度の貧困率が高かった（同上）。

　子どもは，貧困層のなかで最も顕著な割合を占めているが，彼・彼女らは貧困に陥りやすくなる要因の多くをコントロールできる立場にはない。子どもの家族を取り巻く要因は，子どもの貧困を理解するのに鍵となる動向である。その世帯に居住している親や家族の就労状況は，家族の年収に影響を与えうる (Proctor, Semega and Kollar, 2016)。それにもかかわらず，2015 年の貧困状態の子どもの 3 分の 2 以上（70.2％）の家族は，少なくとも 1 人が働いてお

り，3分の1近く（31.7%）は，少なくとも1人がフルタイムの仕事をしていた（Children's Defense Fund, 2016）。

　家族の特徴，またはその子どもの世帯単位の構成をめぐる点にも顕著な傾向がある。貧困状態にある1,450万人の子どものうち，約920万人がひとり親の家庭で生活しており，その大多数が，シングルマザーの家庭であった（同上）。統計的には，ひとり親の子どもは貧困になりがちである。しかし，両親のいる子どもも貧困に陥らないわけではない。貧困状態にある子どもの半分以上がシングルマザーである一方で，約3分の1は両親を持つ子どもとなっている。女性は男性よりも，連邦貧困ライン以下の生活を送るリスクが高いことにも言及すべきである（Hess and Román, 2016）。貧困率が最も高い子どもに加えて，18歳から24歳までの女性と45歳以上の女性は，偏って貧困状態となっている（同上）。

　D. Pearce（1978）が「貧困の女性化」と表現したこの状況は，性差による賃金・所得格差，教育達成度の低さ，低賃金職業の蔓延，法律で定められた範囲以上の子育て・家族支援の不足[2]，本論で論じる公的な社会保障プログラムを利用しにくいこと等が主な原因となっており，アメリカだけではない世界的な問題となっている（Hess and Román, 2016）。貧困の女性化は，不公平に女性に影響をもたらし，その次に彼女らの子ども達に影響を与える。貧困層の子どもの大半は，母子世帯で育ち，成人してからも同世代よりも低所得になる可能性が高いため，連邦貧困水準を下回った，もしくは「低所得」とされる生活に陥りやすい（同上）。

　アメリカの所得格差を分析すると，人種とジェンダーの接点が見えてくる。その様子は，子どもの貧困に関連した統計から垣間見ることができる。2015年の黒人の家族の所得の中央値は，白人の家族の半分以下であった（Children's Defense Fund, 2016）。貧困生活を送る世帯の半分以上を占める女性の世帯主の同値は，どのタイプの世帯よりも低かった。人種別の所得格差を見てみると，ヒスパニック系女性の世帯主とヒスパニック系の両親のいる世帯の所得の中央値が，他の人種と比べて最も低いことがわかる。これら複数の傾向は，なぜ他

の人種の子どもと比べて黒人とヒスパニック系の子どもが極端に高い貧困率になってしまうのかを知る糸口となる。

　これらは，子どもの貧困と，貧困全般に関する傾向のほんの一部にすぎない。統計的には，貧困率に影響を及ぼす他の差異（地域，出生・市民権，居住地，就労経験，最終学歴，障がいの程度等）がある。このような貧困の引き金となる様々な要因があるにもかかわらず，近年，子どもの貧困率は低下してきている。Pew Research Center はアメリカ国勢調査局のデータを使い，2010 年以降，貧困状態にある子どもの割合がわずかに減少し始めていることを発見しており，この減少は，アメリカ経済の改善の結果であると分析されている（Patten and Krogstad, 2015）。ただし残念ながら，こうした貧困率の低下は，黒人の子どもの状況をほとんど変えてはいない。

　2013 年のデータを用いて過去と比較すると，貧困率は 2010 年の 22％から 2013 年には 20％に低下していることがわかった。ところが，ヒスパニック系，白人，アジア系の子どもの貧困率は減少したものの，黒人の子どもの貧困率は約 38％にとどまった。全般に 2014 年から 2015 年にかけて，貧困生活を送る子どもの数は約 100 万人程度減少した（Children's Defense Fund, 2016）。同じデータをもとにした全米の子どもの貧困率は，2014 年の 21.1％から 2015 年の 19.7％へと統計的に低下した。こうした貧困率の低下にもかかわらず，子どもの貧困率は，不景気に見舞われた 2007 年の 18％というアメリカの貧困率を上回っている。

　子どもの貧困は，毎年貧困を経験している子どもの数が非常に多く，また子どもが貧困に陥り，抜け出せなくなる様々な要因があるために，アメリカにおける大きな社会問題となっている。彼・彼女らは最も弱い立場にあるため，貧困層のなかでも多数を占めている。その年齢の低さや資源不足から，家族の意思決定，社会的資源，経済的状況に依存せざるを得ない。その結果，こうした子どもは，両親や家族が与えることのできるあらゆる支援やリソースに依存している。その脆弱さゆえに，国家による社会保障分野での政策やプログラムは，とくに子どもを対象としたものを保持している。

第2章　アメリカの子どもの貧困政策　61

連邦政府は，子どもの貧困の影響を軽減するための支援プログラムに予算を割り当て，それらを規定する政策を策定している。そうした政策は，とくに子どもを重視しつつ，現在貧困を抱えている人々に対し，その基本的なニーズを満たすべく，支援することを目的としている。さらに，連邦政府の目標は，政策を通して，もはや支援に頼ることなく，貧困生活を送ることがないように，そうした子どもや大人をできるだけ貧困から救い出すことである。ここでは，そうした政策の目的と意図を詳しく説明し，各政策プログラムのベネフィット（給付）の内容とプログラムの受給資格を獲得・維持するための規定を概説するとともに，実際の各政策の有効性を分析しつつ，各政策について考察する。最後に，現政権が提案している修正を通じて，これら政策の実施における連邦政府の役割について議論する。

2 政策と実践

アメリカの国家による社会保障は，様々な「シェルターや食料，物理的な安全，健康，最低限の資金等の基本的な生活必需品を欠くことがないように……政府のプログラム，ベネフィット及び支援」を通じて，「最悪の痛手から人々を守る」ために設計されている (Burt, Pindus and Capizzano, 2000, 1)。そうした基本的な生活必需品等を必要とする人を支援するだけでなく，社会保障制度におけるこれらのプログラムは，彼・彼女らを危険にさらしている環境を変え，経済的に自給自足を達成できるよう，そうした人々を力づけるものとなっている (Burt, Pindus and Capizzano, 2000)。ここでは，最も著名な 3 つの社会保障プログラムと，これらのプログラムの運用方法を定める連邦政府による政策について分析する。社会保障制度のなかでも最大の連邦プログラムである，貧困家庭一時扶助 (Temporary Assistance for Needy Families：TANF) では，現金給付とそれ以外の支援が提供される。その他の重要な 2 つのプログラムである，補助的栄養支援プログラム (Supplemental Nutrition Assistance Program：SNAP，旧フードスタンプ) とメディケイド・子どもの健康保険プログラム (Children's

Health Insurance Program：CHIP）は，貧困を抱える人々に食品・栄養補助食品と，医療保険をそれぞれ提供している。貧困状態の子どもの数が非常に多く，同時に弱い立場にあり，支援なしには基本的なニーズを満たすことができないことから，子どもはこれら 3 つのプログラムの主な対象となっている。これらの政策と，プログラムの実施状況を検討することで，アメリカがどのように子どもの貧困対策を進めているかについて，いくつかの視点を得ることができる。

1）貧困家庭一時扶助プログラム（TANF）

　貧困家庭一時扶助（TANF）プログラムは，生活賃金を得られる仕事を確保・維持できるよう親を支援することを目的とし，「一時的な」現金支給と「就労準備や育児支援」等の支援サービスを提供する（Cohen et al., 2016, 1）[3]。TANF プログラムは，各州[4] のプログラムを管理するための州の予算と組み合わせて，連邦政府が毎年提供する包括的補助金をもとに運営されている（Falk, 2014）（Cohen et al., 2016）。連邦政府は，その包括的補助金のうち，毎年約 1,650 万ドルを TANF プログラムに提供している（Child Welfare League of America, 2017）。各州は，就労準備や育児支援等の支援サービスを実施するため，また金銭的安定に役立てるべく受給資格のある世帯に現金支給を提供するために，包括的補助金を活用する。2015 年の連邦会計年度（2014 年 10 月から 2015 年 9 月）には，全米で毎月平均 133 万 4,000 世帯が TANF 給付を受けた（Cohen et al., 2016）。連邦保健社会福祉省・家族支援局（Office of Family Assistance）によると，約 280 万人の子どもが 2016 年の TANF 件数に含まれていた（2017）。

　TANF プログラムは，①「子どもが自宅でケアしてもらえるよう，貧困家族に支援を提供する」，②「就労準備，仕事，結婚を促すことにより，貧困の親の依存を減らす」，③「未婚のまま妊娠する状況を予防・削減する」，④「両親がいる家族の形成と維持を促す」の 4 点の目標を念頭に置いて設計されている（Cohen et al., 2016）（Office of Family Assistance, 2017）。各州は，年ごとの

TANF予算を独自の基準の範囲内で活用し，TANFの受給資格については，連邦政府による規制はほとんど受けることはない。したがって，各州は，TANFの受給資格の内容，また現金支給と州政府が提供する支援サービス・プログラムに対する予算配分の割合について，それぞれ独自に基準を策定し，実施している (Cohen et al., 2016)。

TANFは，大恐慌の結果として1930年代に始まった多くの福祉プログラムから歴史的に発展してきた (Hahn et al., 2017)。現金支給による福祉プログラムである「要扶養児童扶助 (Aid to Dependent Children)」は，TANFの初期の先行プログラムのひとつであったが，支援に「ふさわしい」ことを証明できるシングルマザーの子どものみにしか提供されなかった。そして州はこのプログラムに参加するかどうかを選ぶことができ，有色人種の女性と子どもの支援を拒否することができた (同上)。1960年代には，何百万人ものアメリカ人が貧困状態のままであったため，要扶養児童扶助は，「要扶養児童家庭扶助 (Aid to Families with Dependent Children：AFDC)」に改定された。AFDCでは，(ひとり親世帯が増える一方であったにもかかわらず) 両親のいる家庭で，一方の親が失業中か働けない場合に州政府が支援できるようにした。1996年，AFDCはTANFに引き継がれ，義務的な労働要件と現金支給に対する期限を課した (同上)。

現金支給に関しては，州政府が貧困家庭に現金を給付しなければならないという連邦政府による義務はなく (Hahn et al., 2017)，各州は，TANFの給付を受けることができる人，受給金額とその期間について決定する (同上)。このように連邦政府による政策規制がないことにより，TANFによる現金給付の給付状況には大きな差異が生まれた。2014年には，子どもがいる100世帯のうち，23世帯のみが現金支給を受けている (Floyd, 2017) (Hahn et al., 2017)。2016年のデータでは，TANFの現金支給を受けたのは，全TANF受給者のうち約1%(月平均) にすぎないことが明らかとなっている (Hahn et al., 2017)。TANF受給者は，家族の規模 (親もしくは働く成人の数や世帯単位ごとの子どもの数等が考慮される) と，年ごとの連邦貧困水準に基づいて計算された最大限の現金を受け

64

とる。こうした要件に加えて，その受給資格が確実にあるよう，受給者は厳重に管理される。

　州にもよるが，平均して，4人家族（夫婦2人と子ども2人）の場合，TANFの現金支給の受けるためには，連邦貧困水準を下回るよう，最大所得が月に1,000ドル以下でなければならない（Hahn, Adams, Spaulding and Heller, 2016）[5]。世帯単位で，州による所得上限を上回ると，ほとんどの人は給付を受ける資格がなくなる。一世帯が受け取る現金給付額は州によっても異なる。大半の州では，TANF月額最大給付は550ドル以下で提供されている（同上）。

　TANFの現金給付金額に対する規制の欠如に加え，TANFの受給資格についても極端な違いがある。そうした一貫性のなさは，義務付けられた，申請手続き前と手続き中における就職活動等にも見られる。TANF受給者がすべき就職活動の期間や，州政府による就職支援プログラムへの参加期間の基準は様々となっている（Cohen et al., 2016）。その他の要件の違いとしては，第一子を身ごもっている（他に子どもがいない）妊婦の資格（これはさらに，母親，父親及びまだ生まれていない子どもが給付を受けられるかどうか，またいつ給付を受けられるか等に細分化される），両親がいる家庭の労働時間に関する規定，18歳未満の親に対する規定，世帯単位の所得に義理の親や祖父母の所得を含めるかどうか，合法的な外国人や亡命者にも受給資格を認めるかどうか等がある（同上）。

　次のTANFに関する重要な問題は，その世帯が現金給付を受けることができる期間である。州政府は，① 連邦政府の定める生涯有効のタイムリミット（最長受給期間）に従うか，② 州政府が定める間欠的なタイムリミットを使用するという2つの選択肢のいずれかを選択することができる（同上）。連邦政府は，TANFの給付を受ける成人が世帯主となっている世帯の，生涯を通じた受給期間の上限（タイムリミット）を最長60カ月（5年）と定めている。2015年には，一部の州がこれより短い，もしくは長いタイムリミットを採用したが，38州がこの連邦政府が定めるタイムリミット規定を採用し，連続的または非連続的にタイムリミットに達した世帯への支援を停止した（同上）。給付を受ける世帯が支援を受けられる期間の上限に達すると，州政府の多くがその世帯全員に対

する TANF 給付を終了するが、いくつかの州は成人に対する給付のみ終了し、受給資格のある子どもについては支援を継続する。これは、TANF が家族の基本的なニーズを満たすための唯一の支援の源であるため、問題となっている (Floyd, 2017)。また、労働時間の増加やより高い所得を得たことで TANF プログラムを受けられなくなった世帯向けの、移行期の TANF 給付を提供する州の間でもとくに規定がない状態となっているが、移行期の支援がない場合には、それらの家族は、将来 TANF の現金支給を必要とすることになる可能性が高い (Acs and Loprest, 2007) (Cohen et al., 2016)

　TANF プログラムが最も効果的に実践されているかどうかを判断するには、プログラムが目的を果しているかどうかを確認することが重要である。連邦政府は毎年 TANF に 165 億ドルを費やしているが、1997 年以降、包括的補助金額は増加していないため、インフレにより、その実際額は約 3 分の 1 程度少ないことになる (Hahn, Adams, Spaulding and Heller, 2016) (Floyd, 2017)。この年間予算と州が提供する予算のうち、TANF の現金支給の支払いに使われるのは、予算総額の約 4 分の 1 のみである (Hahn, Adams, Spaulding and Heller, 2016)。

　さらに、州は連邦予算と州予算の合計の約半分しか中核的な福祉改革分野（貧困家庭への基本的な支援、低所得世帯へのチャイルドケア、就労支援）に割り当てず、一部の州は 20％未満しか割り当てていない (Schott and Floyd, 2017)。約 16％の予算がチャイルドケアに、また約 8％が雇用関連の活動や交通サービスに使われる (Hahn, Adams, Spaulding and Heller, 2016) (Office of Family Assistance, 2016)。残りの連邦・州を合わせた予算の大半は、「州の税額控除や、低所得者のための児童保護サービスや大学奨学金等、他の分野」に費やされている (Hahn, Adams, Spaulding and Heller, 2016, 5) (Schott and Floyd, 2017)。州政府は貧困層を支援するため、基本的な支援、チャイルドケア、及び就労プログラムを提供するのに最も効果的な分野において、TANF 予算を柔軟に割り当てる選択肢を持っている。しかし、時間が経つにつれ、現在の州政府の割り当て方では、支援できている貧困状態の家族や子どもが少なくなってきている

ことが明らかになった (Hahn, Adams, Spaulding and Heller, 2016) (Floyd, Pavetti and Schott, 2017) (Schott and Floyd, 2017)。

州政府が連邦政府の TANF 拠出金を TANF の中核的な福祉プログラムではなく，他のプログラムやサービスに割り当てることは，連邦政策立案者が TANF に対して掲げた目標を後退させてしまうことになる。州政府が，TANF 拠出金の多くを TANF の中核プログラムに割り当てなかった結果，2015 年において，TANF の現金支給を受けられず，20 万人以上の世帯が貧困ラインの半分以下の所得という深刻な貧困生活を余儀なくされた (Floyd, Pavetti and Schott, 2017) (Schott and Floyd, 2017)。 このため，前述したように，TANF を受給している貧困家庭 100 世帯のうち約 23 世帯しか TANF の現金給付を受け取れていない状況となっている。しかし，州政府に対して連邦政府による TANF 拠出金を TANF プログラムにより多く割り当てるよう規定されていれば，より多くの世帯が現金給付を受けられるのである (Schott and Floyd, 2017)。1996 年に TANF プログラムが創設された際には，100 世帯のうち 68 世帯が支援を受けると想定されていた (同上)。

TANF は，現金支給を継続して受け取る受給者が就労していることを要件としているにもかかわらず，雇用関連の活動やプログラムへの予算削減によって，就職活動のための支援を得ている TANF 受給者数が減少した (同上)。低所得の成人のほとんどは，限られた教育，職歴，技能訓練しか得ておらず，また身体的または精神的な問題，慢性的に病気の子ども，特別なケアが必要な子ども，犯罪歴，家庭内暴力の経験等，その他の困難に直面していることもある。そのため，彼・彼女らが，支援なしに仕事を見つけることがさらにむずかしくなっている (Hahn, Adams, Spaulding and Heller, 2016)。

子育て向けの支援や補助金に関しても，TANF 受給者は同様の課題を有している。TANF を受給している両親が仕事を見つけた場合，子どもの世話をしない時間帯のチャイルドケア代を，補助金に頼ることができる。しかし TANF の受給者は，育児支援の追加の補助金を申請することができるものの，自力で探して申請しなければならない (Hahn, Adams, Spaulding and Heller, 2016)。また，

たとえ他の補助金の資格があったとしても，TANF を受給している働く両親が子どもを託児施設に送り，自身の勤務時間に合った開所時間を見つけたり，子どものニーズに合った質が高く適切なリソースを活用したケアを見つけたり，可能であれば世帯内の複数の子どもに適したケアを見つけるということは難しい。保育所は，TANF の規定要件や適性維持の確認をし続ける際の面倒さから，TANF を受給する家庭を引き受けたがらない（同上）。このため，TANF を受ける成人が仕事を見つけたとしても，仕事を維持しつつチャイルドケアを確保するのに苦労することがある。

　研究によれば，TANF は，前身である要扶養児童家庭扶助（AFDC）よりも，深刻な貧困に陥った世帯を救えておらず，そして TANF の政策下で深刻な貧困状態にある（つまり連邦貧困水準の半分以下の所得）世帯数はより多くなった（Floyd, Pavetti and Schott, 2017）。こうしたことから，オバマ大統領が 2017 年度大統領予算案を発表した際，連邦政府の TANF 包括的補助金の増額と，中核となる現金給付とサービスに対する州政府の支出の最低基準を設けた一連の条件を要求し，TANF プログラムに目的を付け加えた。この予算案では，1997 年から 2015 年の間の TANF の金銭的な価値の 32％の下落に対応する手段として，連邦 TANF 予算を向こう 5 年間で 80 億ドル増加することとしたが，これは包括的補助金に対して州政府の負担分を増加することを要求することでもある。この新しい計画では，州政府が，就労プログラム，チャイルドケア，現金給付等の中核となる給付とサービスに対して，最低でも 55％を州政府が支出することを義務付け（最終的にはこれは 60％まで引き上げられる），州政府による TANF 予算の使い道を再編成することを課した。こうした改正は，主に予算に関するものであったが，TANF プログラムそのものを将来的に改良する計画も盛り込まれた（Office of Family Assistance, 2016）。

　その最大の提案のひとつには，よりしっかりとした TANF の説明責任の枠組みが含まれている。この新しい枠組みでは，TANF の目的に「子どもの貧困削減」を加えることにより，子ども及び家族の貧困により重点を置く。また，TANF 予算が，「連邦貧困レベルの 200％以下の所得を得る世帯」と定

義される「困窮する世帯 (needy families)」に対しても使われることを要求した (Office of Family Assistance, 2016, 3)。この他，研究による証拠に基づいた，TANF を通じたイノベーションの支援にも焦点を当てた。最後に，この予算案では，さまざまなプロジェクトを通じて「イノベーション，研究，管理」をより良く支援するために，現在 6 億 800 万ドルに相当する TANF 臨時費 (TANF Contingency Fund) の大規模な用途変更を求めた (Office of Family Assistance, 2016, 4)。これらのプロジェクトには，補助金が割り当てられている雇用を検証するための「Pathways to Job（イニシアチブ）」や，必要に応じて改良できるよう，TANF プログラムを追跡し，その効果を継続的に評価するための様々な研究プロジェクト等が含まれる。TANF プログラムの有効性を評価することで，子どもとその家族のためのより良い支援につながることが期待される。貧困を抱える家庭の大部分は TANF の給付を受けていないため（そして，給付を受けていても未だ連邦貧困水準を下回っている家族は），SNAP のような他の社会保障プログラムに頼っていることがよくある。

2) 補助的栄養支援プログラム（SNAP）

　補助的栄養支援プログラム (SNAP) は，TANF 支援を受けている家族に通常提供される，国家社会保障制度のうちの，もうひとつの重要な連邦支援プログラムである。SNAP は，すべての資格のある低所得，貧困，または無所得の世帯に，食料品購入の支援と栄養に関する知識を提供する。アメリカ内の飢餓対策関連社会保障[6)] のなかで，SNAP は食料・栄養局 (Food and Nutrition Service office: FNS) が提供する最大のプログラムとなっている。同プログラムは，子どもがいない世帯も利用可能だが，SNAP 受給者の 70％近くが子どものいる世帯となっている (Center on Budget and Policy Priorities, 2017)。

　平均して，SNAP は「毎月 4 千万人以上の低所得のアメリカ人が，栄養面で適切な食事を提供するのに役立っている」とされる (Center on Budget and Policy Priorities, 2017)。2016 年の連邦会計年度では，連邦政府は SNAP 向けの包括的補助金に 730 億ドルを拠出し，そのうち 93％が，食料を購入するた

第2章　アメリカの子どもの貧困政策　69

めに費やされた。残りの予算のうち，6.5％が，資格の有無の決定，詐欺防止のための活動，SNAP 世帯向けの雇用，訓練，栄養に関する教育等といった州政府による管理費に回され，残りの 0.3％は連邦政府による管理費として使われた。州政府や地方自治体も，SNAP の運営維持管理費も負担している (Gray, Fisher and Lauffer, 2016)。さらに，SNAP 予算は 25 億ドルを，他の食料支援プログラム (プエルトリコとアメリカ領サモアの食料プログラムを支援)，緊急食料支援プログラムの生活必需品の購入 (ナショナルフードパントリーとスープキッチン[7] の支援)，ネイティブアメリカン自治区における食料配給プログラムに割り当てている (Center on Budget and Policy Priorities, 2017)。

　SNAP は，余剰食料を使った，大恐慌時の飢餓を軽減するために設置された，1939 年のフードスタンププログラムに基づいている。連邦余剰救済公社 (Federal Surplus Relief Corporation) は，失業者の救済策を補完し，また一般国民が余剰分の食料を消費して無駄を防ぐことを促すために余剰品を購入した。同プログラムでは，公的な支援 (その性質は TANF に似ている) を受ける人は誰でも，食品を買うのに使える 1 ドルのオレンジ色のスタンプを購入することができた。彼・彼女らには，オレンジ色のスタンプの購入ごとに 50 セント分の価値のある青いスタンプが与えられた。これらの青いスタンプは，利用可能な連邦農務省の余剰食料を購入するために利用できる。このプログラムは，増加する食料を買う余裕のない失業者を救済するために，余剰農作物を活用する方法として考案された。フードスタンププログラムは，ピーク時には月に 4 百万人に提供することに成功した。加えて農業従事者の支援に役立ち，大恐慌時の失業者に健康的な食事の機会をより多く提供し，大規模な景気後退中において経済を安定させるのに寄与したと評価されている。このプログラムは，戦争の開始とともに余剰食料もなくなり，1943 年に終了した。戦争関連の雇用により，男性と女性の両方の失業率も低下した (Institute of Medicine and National Research Council, 2013)。

　その後 1960 年代には，このプログラムの成果を見極めるため，多数の地域 (最終的には合計 43 市町に達した) で，一連のパイロットプログラムとして再び

導入された。ジョンソン大統領は 1964 年，既存のモデル地区のフードスタンププログラムを恒久的に設置する法に署名した。スタンプは食料クーポンに差し替えられたが，世帯の規模に合わせた健康的な食事のコストにベネフィット（給付）が等しくなるよう，その後も受給者はクーポンを購入する必要があった。州政府の福祉当局は受給資格を所管し，公的救援支援を受けていない世帯に対してこのプログラムに申請するよう，地方事務所を開設した。フードスタンププログラムは 1974 年に全米にその範囲を拡大した。改革によりプログラムは大きく変化し，今日の SNAP 支援につながっている（同上）。

　現在，資格のある受給者が受けられる最大の SNAP のベネフィットは，倹約食料計画モデル（Thrift Food Plan model：TFP）を使って決定される。このモデルは，栄養価の高い食事になる食品の市場価値のバスケットを表す。TFP は，低所得であっても，SNAP 受給者が SNAP の最大限の給付で購入できるはずの食料の量と種類を決定する。TANF と同様，最も必要とする受給者が最大の給付を得られるよう，給付額は当該世帯の人数と所得水準によって決定される。最も低い収入または所得のない世帯は最大の TFP 額を受け取り，他の世帯は純所得から 30％減額した TFP 額を受け取る。30％の減額は，低所得世帯でも食料購入のために純所得の 30％は拠出することができる，という仮定に基づいている（同上）。

　2017 年の平均的な SNAP 受給者は，月額 125 ドルの補足給付金を受け，これは平均して 1 日当たり 4.16 ドル，もしくは 1 食当たり 1.40 ドルであった。無所得の 3 人世帯は，その規模の世帯の TFP である，最大給付額の 504 ドルを受け取る。これに比べ，月 600 ドルの純所得を得る 3 人家族は，最大給付額の 504 ドルから純所得の 30％（180 ドル）を差し引いた，324 ドルを SNAP 給付（月額）として受け取る（Center on Budget and Policy Priorities, 2017）。

　TANF と同じく，何らかの給付を受ける資格があるかどうか判断するため，SNAP 受給者はまず選考過程を経る必要がある。受給資格の規定は，食料・栄養局のウェブサイトに記載されている（2017）。申請する世帯はすべて，特定規模の世帯は，月ごとの純所得（月額）が貧困水準の 130％を下回り，かつ月

第2章　アメリカの子どもの貧困政策　71

ごとの総所得が貧困水準の 100％を下回るという，所得テストの要件を満たさなければならない[8]。すでに TANF，社会保障給付，その他の一般的な支援を受け取っている世帯は，すでに資格を取得していると仮定されているため，所得テストを受ける必要はない（Food and Nutrition Service, 2017）（Center on Budget and Policy, 2017）。3 人家族の場合，月額総所得の上限は 2,213 ドル，月額純所得は 1,702 ドルである。さらに，高齢者や身体障がい者のいない家族の資産または資金（銀行口座等）は 2,250 ドル以下，またそうした家族がいる世帯は 3,500 ドル未満でなければならない（同上）。

　TANF と同様，SNAP の資格要件にも雇用要件がある。同プログラムでは，プログラム申請者が現在失業中の場合は就職活動をし，提案された仕事を引き受け，州政府が割り当てる雇用及び訓練プログラムに参加しなければならない。申請者が現在雇用されている場合，その仕事を続けることが要求され，勤務時間を短縮することはできない。この規定は子どものいない成人にも適用され，さらに，障がいのない成人が 36 カ月の期間内に 3 カ月以上 SNAP 給付を受けるためには，少なくとも週 20 時間勤労するか，就労プログラムに参加しなければならない（同上）。州政府がその資格要件を決めるため，州ごとにそのタイムラインは異なるものの，SNAP 受給者は，定期的に再度申請しなければならない。Center on Budget and Policy Priorities の SNAP の政策概要によれば，ほとんどの州では 6 カ月から 12 カ月ごとに，また高齢者や障がい者は 12 カ月から 24 カ月ごとに再申請しなければならない（Center on Budget and Policy Priorities, 2017）。

　家族の SNAP の受給資格が認められると，EBT カード（electronic benefit transfer card，電子的な給付譲渡のためのカード）でその月ごとの SNAP 給付を受け取る（Food and Nutrition Service, 2017）（Center on Budget and Policy Priorities, 2017）。カードは専用のデビットカードシステムとして機能する。クーポンの取引や盗難によるプログラム詐欺と，クーポンを使用することで社会的な烙印を押されてしまうことの両方に対応するため，2002 年に全米で SNAP クーポンは EBT カードに差し替えられた（Institute of Medicine and National Research

Council, 2013)。さらに，カードに切り替えることで，クーポンを印刷する必要がなくなり，政府の予算削減も可能となった。また，受給者がクーポン集を郵便で受け取るのを待ったり，地元の福祉事務所に行って受け取ったりすることなく，毎月即座に受給者が受け取れるようになった（Food and Nutrition Service, 2017）。

　受給世帯が SNAP の受給資格を認められて EBT カードを受け取ると，次はこのプログラムが対象とする食料品の規定を見る必要がある。連邦会計年度2016 年において，26 万 115 社の小売業者が SNAP に参加し，SNAP 規約を満たした製品を販売する許可を得ている。SNAP 受給者がこれらの許可された店舗に EBT カードを持って行くと，SNAP のベネフィットで 特定の商品を購入することができる。2008 年食料・栄養法（Food and Nutrition Act of 2008）では，これら食品の種類をより明確に定義している。SNAP のベネフィットは，パンやシリアル，果物や野菜，肉，魚，鶏肉，乳製品，トマトのような食料になりうる種子や植物等の食品を購入するために利用することができる。ホームレスや高齢者，特別な許可を得た障がい者のために廉価な食事を購入するために特定のレストランで SNAP 給付が使える地域もある。この規定は，台所に行くのが難しい人や自分で料理するのが難しい人のために設けられている。SNAP のベネフィットは，アルコールやたばこ，食品以外（ペットフード，紙製品，家庭用品等），ビタミンや医薬品，温かい食品，店で購入して食べることができる製品を購入することには使用できない（同上）。

　これら基本的な制約が，適格な食品のリストのほとんどとなっているが，以下のような説明も設けられている。すなわち，栄養表示のあるエナジードリンクは対象となるものの，サプリメント表示のあるエナジードリンクはアメリカ食品医薬品局（FDA）がサプリメントとして取り扱っており，不適格である。また生きたシーフードは適格であるが，生きている他の動物や鳥は不適格である。食用カボチャ，少なくとも 50% は食用品でできているギフトバスケット，及びケーキ購入価格の 50% 未満であれば食べられない飾りのついた特別な日のためのケーキも適格である（同上）。こうした例外と特別な場合の制約条件

は，低所得や貧困水準を下回る状況下の家庭であっても，健康的な選択を促進するというこのプログラムの目標の課題を際立たせている。

SNAP の歴史を通じて，「ジャンクフード」または「贅沢品（ソーダまたはキャンディー等）」と見なされる特定の種類の食品を制限してはどうかという提言がされて来た。これまでのところ，アメリカ議会と農務省は，個人の自由を制限するという理由でこれらの提案を拒絶してきている（同上）。「ジャンクフード」に特別な制限を設けることは，健康な食事とは何か，食料・栄養局がより複雑な食品制限をどのように実現するのか，そして SNAP においてそうした食品制限が何を意味するのかについて，決めることになる。「対象となる食品（Eligible Food Items）」のウェブページに掲載された報告書では，食料・栄養局（2007）は，「栄養価が限られている食品」を SNAP 給付から制限することの意味について論じている。同局は，「ジャンクフード」と贅沢品が SNAP 給付購入に適しているかどうかを決定できない主要な理由として，個別の食品が「健康に良い」と判断するための連邦政府による食事基準がないことを挙げている。

2016 年の研究によれば，研究におけるデータの分類の仕方にかかわらず，SNAP 世帯と非 SNAP 世帯が購入した品目には，大きな違いはなかった。実際には，上位 10 分類（肉・鶏肉・魚介類，乳製品，甘味飲料，パン・穀物を含む）は，その順位は多少異なるものの，同じであった。どちらの世帯でも支出の最上位は肉・鶏肉・魚介類となったが，SNAP 世帯では甘味料が第 2 位（非 SNAP 世帯では第 5 位），野菜は第 3 位（非 SNAP 世帯では第 2 位），冷凍食品が第 4 位（非 SNAP 世帯では第 8 位）となった（Garasky, Mbwana, Romualdo, Tenaglio and Roy, 2016）。SNAP 世帯と非 SNAP 世帯はそれぞれ同様に健康でない「ジャンクフード・贅沢品」を購入・消費する可能性が高いという証拠があるにもかかわらず，低所得世帯に健康的な食事を促進する，という SNAP をその目的に沿ったものにしようとする動きは引き続き存在する。

WIC プログラムをモデルとして SNAP を改革すべきだと考える研究者もいる。WIC プログラムの正式名称は，女性，乳児及び子どものための特別な補足的栄養プログラム（Special Supplemental Nutrition Program for Women, Infants, and Children）であり，食料・栄養局が国内の飢餓に関する社会保障政策の一環として展開している連邦政府の補助金計画であり，低所得の妊婦や母乳で育てている女性，乳児，5歳以下の子どもに対して，栄養とヘルスケアを提供するために，運営・管理されている。WICには独自の要件と規定があるが，アメリカでは初めての誕生日を迎える前の乳児の53％にそのベネフィットが提供されている。そのベネフィットには，栄養補助食品，WICクリニックにおける栄養教育とカウンセリング，その他の健康・福祉・社会サービスへの適性審査や紹介が含まれる（Food and Nutrition Service, 2015）。

　栄養補助食品の観点でみると，WICは独自のEBTカードを使い，90の州政府機関と約4万7,000社の認可された小売業者を通じて管理されている。WIC認可食品の給付には，「乳児用シリアル，乳児用食品，鉄分が補強された成人用シリアル，果物及び野菜，ビタミンCが豊富な果物または野菜ジュース，卵，ミルク，チーズ，ヨーグルト，大豆ベースの飲料，豆腐，ピーナッツバター，乾燥もしくは缶詰の豆類，全粒小麦を使ったパン，その他の全粒粉を使った食品」，鉄分を強化した乳児用調製粉乳（これは，母乳が奨励されているにもかかわらず，母乳で育てていない女性を対象とし，その場合でも，医学的に禁忌でない場合に限られる）等が含まれる（Food and Nutrition Service, 2017, 1）。このようにWICは，医療サービス面での給付はSNAPとは異なるものの，食品給付については SNAP同様，制限を設けている。

　Levin, Barnard, Saltalamacchia（2017）は，貧困を抱える家族らの栄養価の高い食料の購入を増やすというSNAPの目標を実現するための指針として，WICプログラムの枠組みを用いることを提案している。SNAPは栄養学的観点でプログラム評価されていないが，WICプログラムは農務省の要請により，受給者の栄養と健康をとくに留意して，継続的にプログラム評価されている点を，彼・彼女らの研究は指摘している。その結果，WICは栄養価が高いとみなされる食品のみを提供しており，受給者全員の健康に良い影響を及ぼしていることが，その評価にも表れている。こうした考察は，より高いBMI値（ボディマス指数），胴回り，より質の低い食事内容，といったSNAPの考察と対照的

である。Levin, Barnard, Saltalamacchia（2017）の提言は，WIC プログラムで実施されているように，何が健康的な食品なのかを判断し，SNAP 給付で購入できる食べ物はそうした食品のみとする点に焦点が当てられている。

　栄養価に基づいて購入可能な SNAP 対象食品のリストに制限を加えるという議論は，まだプログラム内での大きな改革にはつながっていない。しかし，将来，Levin, Barnard, Saltalamacchia の提案やそれに似た提案が実を結ぶ可能性はある。SNAP がその規定にヘルスケアの要素を持たないという事実は，同プログラムの栄養に関する規制と実践がプログラム評価に含まれていないことの主な理由である。この評価軸の欠落は，連邦農務省がこのプログラムに変更を強いていないことを意味している。WIC プログラムとは異なり，SNAP は医療面の支援は提供していないため，SNAP 給付（そして潜在的には TANF）を受給する多くの家族が，子どもの健康保険のために，下記で説明する，メディケイド・児童健康保険プログラム（CHIP）にも加入している。

3）メディケイド・児童健康保険プログラム（CHIP）

　医療面での支援（ヘルスケア）は，必要最低限の収入，子どもやその家族のための食料に加えて，アメリカの子どもの貧困政策と実践における主要 3 策の一角を担う基本的なニーズである。

　メディケイドは，児童健康保険プログラム（CHIP）とともに，「子ども，妊婦，両親，高齢者，障がい者を含む，7,250 万人以上のアメリカ人に医療保険を提供する」連邦及び州の共同プログラムであり，アメリカで最も活用されている医療保険となっている（Centers for Medicare and Medicaid Services, 2017）。国民健康支出データでは，約 5,451 億ドルがメディケイドに拠出されたと推定されている（同上）。その推定額のうち，約 156 億ドルが CHIP に費やされた（Kaiser Family Foundation, 2017）。メディケイドと CHIP の登録データによれば，2016 年にメディケイドと CHIP の両方でカバーされた子どもは約 4,600万人で，うち 3,708 万 521 人の子どもがメディケイドで，また 890 万 74 人の子どもが CHIP でカバーされた。これは 2015 年から 1.6％増の加入率で

あった。2016年，アメリカ国勢調査局は，91.2％のアメリカ人が，「1年間のどこかの時点で」医療保険に加入しており，その37.3％が政府による医療保険（メディケイド，CHIP，ベーシック・ヘルス・プログラム[9]）に加入し，残りの67.5％が民間の医療保険に支払っていた（Barnett and Berchick, 2017）。医療保険でカバーされていない保険未加入の子ども（19歳未満）の割合は5.4％で，これは2015年と有意に異なるものではなかった。このデータからは，貧困の子どもの方が貧困ではない子どもよりも保険に入っていない可能性が高いことがわかった。また，2016年に医療保険でカバーされている子どものうち，62.9％が民間の医療保険に入っていたが，41.5％はメディケイドまたはCHIPによって医療保険に入っていた。

　メディケイド・CHIPサービスセンター（Center for Medicaid and CHIP Services: CMCS）は，連邦保健福祉省に所属する連邦政府組織であり，メディケイドとCHIPの運営と関連する政策の策定を担当している。TANFとSNAPの場合と同様，連邦政府は 州政府が倣うよう連邦のパラメータと基準を設定するものの，各州政府はメディケイド プログラムを異なるやり方で管理できる柔軟さを与えられているため，受給資格者の範囲に差が出ている。州が連邦ガイドラインに準拠している場合は，州がプログラムに支払わなければならない金額と一致する拠出金を受け取る。連邦政府の拠出金の負担率は，各州の一人当たりの所得に基づいて決定される。最も豊かな州に対する連邦政府の負担率は50％までだが，より貧しい州に対しては，一人当たりの所得に応じてより大きな負担率となっている。CHIPは，メディケイドの資格はないものの，民間の保険に加入する財力はない低所得世帯の子どもに対して，より多くの支援を提供するために設計された，メディケイド拡張プログラムである（同上）。

　メディケイドは，アメリカ全州，ワシントンDC，アメリカの海外領土の低所得者に対して医療保険を提供するため，1965年に連邦プログラムとして法制化された。1965年以降のこのプログラムの変遷は，メディケイドのウェブサイトに説明されている。65歳未満の低所得層のほとんどのアメリカ人に医療保険を提供するため，医療保険制度改革法（Affordable Care Act: ACA，通称オ

バマケア[10]）を通じて 2010 年にその対象範囲が拡大された[11]。2014 年には，ACA により，65 歳未満の連邦貧困水準の 133％の所得を持つほとんどの世帯に対して，州がメディケイドの資格を与えることが可能となった。また，受給資格を決定し，メディケイドと CHIP の両方のベネフィットを提供するための規定を標準化した。一方，児童健康保険プログラム（CHIP）は，メディケイドの拡大プログラムとして 1997 年に法制化された。CHIP は，メディケイドの受給資格よりは高い所得を得ている，低所得家庭の子どもに対して医療保険を提供する。各州は CHIP プログラムを拡大し，そのほとんどの州が，少なくとも連邦貧困水準の 200％で生活する子どもをカバーしている。CHIP の拡大により，貧困とはみなされていないが依然として困窮している低所得の子どもにも提供することで，より多くの子どもが医療保険を受けられるようになった（同上）。

　メディケイドプログラムには，連邦法に基づいて州政府が管理しなければならない義務付けられた一連のベネフィットと，州政府の裁量で選択できる任意の一連のベネフィットがある。義務的給付には，入院・外来の病院サービス，早期及び定期的検査，診断及び治療サービス（EPSDT），看護施設の利用，在宅医療，及び医師サービス，農村医療診療所サービス（Rural Health clinic services），連邦政府が認定する保健センターサービス，家族計画サービス，看護助産師サービス，医療サービスを受けるための移動，が含まれる。これらの給付にもかかわらず，州は，処方薬，作業療法，発話・聴覚・言語障がいサービス，呼吸療法サービス，足病学，検眼，歯科，カイロプラクティック，その他の専門医療サービス，ホスピス，在宅看護サービス，等のサービスについても提供する選択肢を持っている。ACA は州政府に対して，連邦貧困水準の 133％以下の低所得の成人に対しても給付を提供できる選択肢を与えており，これにより大多数の州がそうした成人にも医療保険を拡大している（同上）。

　TANF または SNAP とは異なり，メディケイド受給資格者が現金給付を受け取ることはないが，メディケイドが医療機関に直接医療費を支払うため，医療保険がカバーされることになる。一部の州では，メディケイドの受給者が医

療サービスを受けるたびに少額の自己負担金を支払う仕組みを選択している。CHIP はメディケイドと同様の連邦政府による拠出があるが，負担率は通常メディケイドよりも 15％高くなっている。つまり，たとえば連邦政府が 50％の負担を拠出している豊かな州に対しては，CHIP ではこれが「さらに強化」されて 65％の連邦政府の負担率になることを意味する。子どものみを対象とした CHIP に連邦政府による高い負担率が設定されていることは，医療保険については子どもが優先事項であることを意味している（同上）。

　同プログラムのウェブサイトの「受給資格」ページに記載されているメディケイドの受給資格では，所得基準を満たすことが要求されているが，一部の州は，希望者個人がどのように「医療面で必要としているか」，また特定の分類群（年齢，妊娠，育児状況等）に受給資格者数の制限を設けるかどうかについても決定する。ACA が方法論面で管理している財務面に関する受給資格は，修正調整後総所得（Modified Adjusted Gross Income：MAGI）基準[12]に基づいている。MAGI による方法論では，資産・資金テストを除外し，課税所得と税務申告を考慮する。大半の子ども，両親，妊婦，及び成人の所得面での受給資格は，州が各州の受給資格を MAGI 基準に変換することによって決定される。たとえば，アラバマ州では，メディケイドの資格を得るには，子どもの家族の世帯収入が連邦貧困水準の 141％以下でなければならないが（CHIP は 312％以下が必要），ワシントン DC では子どもの家族の世帯収入が連邦貧困水準の 319％以下であれば，メディケイドと CHIP の両方が提供される。コロラド州，ミズーリ州，ニュージャージー州，ロードアイランド州，バージニア州では，CHIP の適用範囲を妊婦にまで拡大している。メディケイドの適用範囲を低所得の成人に対して拡大しないことを選択したのは一握りの州だけである（Centers for Medicare and Medicaid Services, 2017）。

　いくつかの州では，メディケイド・CHIP の資格を得るには所得が高すぎ，また他の受給資格グループ（たとえば，妊婦，子ども等）に適合しないが，深刻な健康面でのニーズを抱えた個人のために「医療面で困窮している人のためのプログラム」を設置した。この仕組みでは，そうした個人は，医療費の支払い

第2章　アメリカの子どもの貧困政策　79

金額が，その人の所得と州が定める「医療面で困窮している人の所得水準」との差額以上に達すると，メディケイドの受給資格を得ることができる。一度個人がメディケイド資格を取得すると，申請日もしくは申請月の初日から適用され，資格要件を満たさなくなった場合にはその月の終わりまで適用される（同上）。

メディケイド・CHIP は，貧困世帯や低所得世帯の何百万人もの子どもに医療保険を提供してきた。メディケイドと CHIP の拡大の効果を測るためには，何人の子どもが対象となり，どのくらい彼・彼女らが継続して質の良いケアを受けられているかを見極めることが重要になる。Johnston, Gates, Kenney による 2017 年の調査では，国民健康聞き取り調査（National Health Interview Survey: NHIS）のデータを使用した場合，メディケイド・CHIP のもとで，子どもの医療保健に関する肯定的な結果が得られた。2008 年から 2015 年にかけて，メディケイド・CHIP の対象となる子どもの数は 8.9％増加し，保険未加入の子どもは 49.5％減少した。

また，メディケイド・CHIP で医療保険がカバーされた子どもは，ケアを受けるために金銭的な障壁に直面することが少なくなったこともわかった。これはつまり，家族に金銭的な余裕がなかったためにケアを受けられなかった子どもが減ったことを意味している。また彼・彼女らの家族が，医療費の支払いに問題があったと報告することも少なくなった。2015 年までに，メディケイド・CHIP の対象となっている子どもの 85％が定期的な診察を受け，過去 1 年間の間に 81.2％が歯科に行っている。このデータは，ACA を受けてメディケイド・CHIP が拡大されたことにより，より多くの子どもが医療保険に加入することができ，対象となった子どもの大半はプログラムが意図したケアを受けていることを示している。全体として，メディケイド・CHIP は，可能な限り多くの子どもが質の高い医療サービスを受けていることを保証しているようである。

3 受給するプログラムが重複することについて

　TANF，SNAP，メディケイド・CHIP は，低所得や貧困の家庭に暮らす子ど
も（及びその家族）にサービスを提供する，社会保障における主要なプログラ
ムであり，資格要件が非常に類似しているため，同じ受給者が重複する支援
を受けているであろうことは納得できる。2014 年には，TANF を受けている
家族の 84％が SNAP のベネフィットも受けていた（Office of Family Assistance,
2016）。所得が増加したり，連邦または州が設ける制限時間に達したり，その
他の理由から TANF を離れる多くの家族は，資格基準が異なるため，SNAP の
ベネフィットを引き続き受けるかもしれない。ある世帯が雇用により TANF を
離れたとしても，「家族を支えるには不十分な低賃金のエントリーレベルのポ
ジション」では経済的に安定してはおらず，継続的な追加のベネフィットは
TANF 支援なしで生活していく上での手助けとなる（Office of Family Assistance,
2016, 2）。Urban Institute は，2015 年のアメリカコミュニティ調査（American
Community Survey）のデータを用いると，約 2,270 万人の子どもが，SNAP と
メディケイド・CHIP の両方の資格を有することになると推計しており，これ
は全米の子どもの約 29％に当たる（Lynch, Loprest and Wheaton, 2017）。これ
は，両方のプログラムの資格を持つすべての子どもが実際に給付を受けている
ことを意味するものではないが，両方の資格に適合する子どもが重複している
ことを示している。

4 各政策の将来像

　ドナルド・トランプ大統領が 2016 年に就任し，政権が交代したことで，上
記 3 つのすべてのプログラムに関して，政策・規制内容の一部や予算を大幅に
変更する予算案が打ち出された。トランプ大統領の 2018 年度予算は，TANF
連邦政府の包括的補助金を 11 億ドル削減し（165 億ドルのうち），6 億 800 万
ドルの TANF 臨時費は削除することを要求した（Child Welfare League of America,

2017)。この TANF の予算削減は，「子どもや大人をネグレクト，虐待，搾取から守る」ことを目的とした社会サービス包括的補助金 (Social Services Block Grant: SSBG) を撤廃する決定と抱き合わせでトランプ政権が支持しており，自立を促す一方で連邦と州による支援の依存度合いを減らし，自立できない個人が自宅にとどまるか，最良の代替組織を探すのを支援する。SSBG の予算削減は，「確固たるパフォーマンスの評価手段がなく，対象がよく絞れておらず，連邦政府の中核となる機能でもない」ため，犠牲にしても良い，という連邦政府の論拠に基づいている。もうひとつよく引用された削減理由は，SSBG を通して予算が付いているサービスの多くは，連邦政府の他のプログラムからも予算が充てられている，というものだった (Office of Community Services, 2017)。

　トランプ政権は，SSBG そのものを撤廃することにより，州政府は資金の一部を SSBG サービスにあてがうことができなくなるため，TANF にもっと多くの予算が割り当てられることになると期待している。前述の通り，州政府は，TANF 予算を TANF の中核となるプログラムに使うのではなく，子ども向けの社会保障サービスやその他の類似したプログラムに振り分けることができ (Hahn, Adams, Spaulding and Heller, 2016) (Schott and Floyd, 2017)，実際，TANF 予算の 10％までを SSBG のサービスに使うことができる。同政権は，SSBG を撤廃すれば，州政府は TANF 予算の最大 10％までをそれに割り当てることができなくなり（従って 10％は TANF に使われることになるため），連邦政府による 10％の TANF 予算削減案は，実際には予算削減ではない，というロジックを展開している。しかし，これは全州が毎年，TANF 予算の一部を SSBG に再配分することを前提としたロジックでしかない。

　トランプ政権はまた，プログラム内容の改革を要求すると共に，SNAP 向けの連邦予算の削減も提案した (Child Welfare League of America, 2017)。TANF 同様，同政権は，SNAP の支出は 2008 年の景気後退時に大幅に増えすぎ，その後も減少していないと感じている人が一般市民のなかにいる，という主な批判を理由として挙げている。同政権は，障がいも，扶養者もいない成人には働くことを促す一方で，最も必要としている世帯のみに SNAP のベネフィットの

対象を絞ろうとしている。具体的には，プログラムの受給者に対する労働要件を厳しくし，受給資格そのものも制限し，プログラム内のベネフィット に上限を設けたり排除したりする，等である。予算は，「2018 年に施行された場合には，向こう 10 年で 1,910 億ドルの節約を連邦政府にもたらすような，給付に対する州政府の負担率を徐々に確立することで，連邦・州政府のパートナーシップの均衡を再調整する」ことを目指している。この 2018 年度の予算削減案は，年間予算の約 46 億ドル減，もしくは 6.5％減である（Child Welfare League of America, 2017）（Waxman and Schwabish, 2017）。

　トランプ政権は，もっぱら「オバマケア」と揶揄している医療保険制度改革法（ACA）を，アメリカ医療保険法案（American Health Care Act of 2017：AHCA）に，部分的に「撤廃，差し替え」ようと取り組んで来た。この法案は連邦下院議会を通過したが，2017 年 12 月現在では，幾度にもなる修正にもかかわらず上院を通過してはいない。トランプ政権は，2020 年までにメディケイド予算を，連邦政府によるマッチングによる負担から，包括的補助金方式にすることを提案している。それにより，州政府は，連邦政府からの拠出金を，定額の包括的補助金として受け取るか，上限付きの一人当たりの頭割で受け取るかを選べることになる。Urban Institute は，Robert Wood Johnson Foundation と共同で，プログラムの受給資格がまったく変更されなかった場合，2019 年から 2028 年の間に，AHCA は連邦政府によるメディケイド支出を 3,736 億ドル（もしくは 8.2％）削減することになるだろうと推測している。この研究のシナリオでは，連邦政府による負担率を下げたり，ACA で拡大された貧困層への一人当たりの上限額を減らす等すれば，さらに 2,726 億ドルの連邦予算を削減できるという（Holahan, Blumberg, Buettgens and Pan, 2017）。そうした連邦政府による拠出額の削減は，各州政府が受け取るメディケイド・CHIP に使える予算が減ることを意味する。予算不足は究極的には，最貧困層のみに提供する資金しかないために，より厳しい受給資格等に繋がる可能性がある。

　AHCA によるメディケイドの変更は，ケンタッキー州，オレゴン州，ネバダ州，ニューメキシコ州，ウェストバージニア州等，ACA による拡大でその受

給者数（高齢者でないメディケイド受給者）が増加した州に対して大きな影響をもたらすだろう。所得額その他の点からメディケイドを受給する資格がない低所得の人々等の，ACAで拡大したメディケイド受給者への医療保険を外すことが，州政府がその支出を大幅に増加しなくて済む唯一の方法となるだろう。Urban Instituteは，州政府がACAで拡大したグループへの資格を廃止すれば，1,270万人の人がメディケイドを失うことになり，また州政府が一人当たりの上限額や，ACAで拡大する前の層に対する低い連邦負担率を相殺するために，受給者数をさらに削減する場合には，95万1,000人の人がさらにメディケイドを失うことになると推定している。つまりこのシナリオの場合，2028年までに1,360万人がメディケイドを失うことになる。この医療保険の喪失は，主に高齢者ではない成人が対象になるが，メディケイド・CHIPで資格を持つ子どもに医療保険を継続して提供するためには，低所得の成人に対する医療保険も大幅に削減されなければならないだろう（Holahan, Blumberg, Buettgens and Pan, 2017）。この提案は，貧困生活を送る子どもに対する医療保険を脅かすものではないが，彼・彼女らの両親には影響する可能性がある。

　アメリカの社会保障において不可欠であり，貧困生活を送る子どもにとってきわめて重要なベネフィット（給付）を提供するこれら3つの主要な政策プログラムは，提案されている政策と予算改革が実現した場合には，変化する可能性がある。政策の変更は，間違いなく，プログラムのやり方を変え，貧困生活を送る子どもとその家族への支援を減らすことになると思われる。

おわりに

　貧困は，連邦政府による主要な政策・プログラムによる，改善に向けた努力にもかかわらず，アメリカの多くの子どもを苦しめている大きな問題である。アメリカ政府が子どもの貧困と戦い，支援するために打ち出した政策やプログラムは，貧困家庭一時扶助（TANF），補助的栄養支援プログラム（SNAP），メディケイド・子どもの健康保険プログラム（CHIP）を分析することで最も良くその全貌を俯瞰することができる。これら3つのプログラムは，金銭的支援，栄

養的支援，医療保険の提供を通じて，アメリカの社会保障に最も大きく貢献している。こうした主要な連邦プログラムによる改善のための努力にもかかわらず，子どもは貧困生活を送る市民の大部分を占め，そして最も弱い立場にある。本章は，その挑戦について理解する出発点となり，より詳しい視点への道しるべとしての役割を果たすことを願うものである。

注

1) この特徴は，とくに子どもの貧困だけに注目せずに，貧困全般に関わる統計と比べた時に，興味深いものとなっている。年齢にかかわらず，2015 年に貧困状態であった人の大半は，白人であった (Proctor, Semega and Kollar, 2016)。しかし，有色人種，もしくはマイノリティとされる民族の一員は，より貧困を経験しやすい（同上）。

2) 訳注：work-family support の訳。アメリカでは，1993 年育児介護休業法 (Family and Medical Leave Act of 1993) によって従業員に与えられるべき子育て・家族支援が定められているが，従業員の要望に合わせ，その法律で定められた範囲以上の支援を提供するプログラムを "work-family support" という。(https://blog.shrm.org/workforce/work-family-support-programs-as-a-strategic-human-resource-initiative-shrm, https://aspe.hhs.gov/basic-report/work-family-supports-low-income-families-key-research-findings-and-policy-trends#_Work-Family_Policies_in 2017.10.15 アクセス)

3) 後述するが，TANF の前身は，各州政府の予算の半額を連邦政府がマッチング・負担する仕組みであった要扶養児童家庭扶助 (Aid to Families with Dependent Children：AFDC) である (Schott and Floyd, 2017)。

4) Urban Institute の Welfare Rules Databook で使われているデータでは，全米 50 州とワシントン DC を指して「州」としている (Cohen *et al.*, 2016)。

5) 所得に関する上限に加え，ほとんどの州は，その世帯が保有できる金銭的な資産や資源に関しても受給資格を設けている (Hahn, Adams, Spaulding and Heller, 2016)。資産や資源とは通常，銀行口座に預けている金や保有する車等を指す。

6) 農務省の食料・栄養局は，SNAP に加えて様々な栄養に関する支援プログラムを提供している。それらに，女性，乳児及び子どものための特別な補足的栄養プログラム (Special Supplemental Nutrition Program for Women, Infants, and Children：WIC)，アメリカ学校昼食・学校朝食プログラム (National School Lunch and School Breakfast Programs, これには夏季休暇で子どもが学校に登校しない間の夏季食料サービスも含まれる)，子どもと大人のケアフードプログラム (Child and Adult Care Food Program：CACFP)，「災害地向け食料支援 (Food Assistance for Disaster Relief)，緊急食料支援プログラム (Emergency Food Assistance Program)，ネイティブアメリカン特別保留地に対する食

第2章　アメリカの子どもの貧困政策　85

料配給プログラム（Food Distribution Program on Indian Reservations），その他，農作物・補助食品プログラム（Commodity Supplemental Food Program）等の食品配給プログラムが含まれる（Institute of Medicine and National Research Council, 2013）。

7）フードパントリー（food pantry）もスープキッチン（soup kitchen）も，貧困層に対して無料で食料や食事を配給・提供する場所を指す。

8）食料・栄養局の受給資格規則によれば，総所得は，税控除前の世帯内の総所得であり，純所得は総所得から許容控除を差し引いたものを指す。許容される控除には，児童扶養の支払い，仕事・訓練・教育等の特定の場合の扶養家族の養育費，ホームレス世帯のための一定額のシェルター費用，及びその世帯の規模に基づく標準控除等が含まれる。

9）医療保険制度改革法（ACA）の一部として実施されているベーシック・ヘルス・プログラム（Basic Health Program：BHP）は，州に，民間の医療保険を購入する資格のある低所得者に対して，医療保険を提供するという選択肢を与えている。廉価な医療保険は，メディケイドと CHIP の資格を得られる所得水準前後で変動する所得を持つ，個人及び家族を支援するように設計されている。連邦貧困水準の133％から200％の所得を有する個人は，この BHP の対象となる。この医療保険では，民間の医療保険を利用した場合に支払う保険料を超えないよう，ケアを受けるのに支払う必要のある月額保険料が低めに設定されている（Centers for Medicare and Medicaid Services, 2017）。

10）患者保護並びに医療費負担適正化法と2010年医療及び教育費負担適正調整法からなる，医療保険制度改革法（ACA）は，受給資格と加入に関する規定，削減された医療コスト，より質の高いケアに関する抜本的な改革と，プログラムの実施における州政府の枠組みに関するより多くの規定によって，メディケイドと CHIP を通じて，数百万の低所得のアメリカ人に医療保険の提供を拡大した（Centers for Medicare and Medicaid Services, 2017）。ACA は，オバマ大統領によって法律に署名されたため，通称「オバマケア」としても知られている。「オバマケア」の別称は，保守的な共和党のメンバーによって，同法を攻撃し，批判する手段として作られたが，その後，リベラルな民主党がこの名称を，むしろ同法の評価を取り戻すために使用した。

11）障がいのある成人等の特定のグループと，65歳以上の高齢者に対しては，国が提供する医療保険としてメディケア（Medicare）プログラムがある。このプログラムは，メディケイドと CHIP と同様の概念で運営されている。

12）メディケイドは，1996年に AFDC が TANF に取って代わられるまで，AFDC で使われていた手法によってその所得面での受給資格を規定していた（Centers for Medicare and Medicaid Services, 2017）。

引　用　・　参　考　文　献

Acs, Gregory and Pamela Loprest（2007）"Helping Women Stay Off Welfare：The Role of Post-Exit Receipt of Work Supports". The Urban Institute. Available at：https://www.urban.org/sites/default/files/publication/46586/411513-Helping-Women-Stay-Off-Welfare.pdf 2017.11.7 アクセス

Barnett, Jessica C. and Edward R. Berchick（2017）"Health Insurance Coverage in the United States：2016". *Current Population Reports*, pp.60-260. United States Census Bureau. Available at：https://www.census.gov/content/dam/Census/library/publications/2017/demo/p60-260.pdf 2017.11.7 アクセス

Bitler, Marianne（2004）"The Impact of Welfare Reform on Marriage and Divorce". *Demography* 41（2）：213-236.

Burt, Martha R., Nancy Pindus and Jeffrey Capizzano（2000）"The Social Safety Net at the Beginning of Federal Welfare Reform: Organization of Access to Social Services for Low-Income Families." The Urban Institute, *Assessing the New Federalism, Occasional Paper*, Number 34. Available at：https://www.urban.org/sites/default/files/publication/43746/309309-occa34.pdf 2017.11.7 アクセス

Burton, Linda M., Marybeth Mattingly, Juan Pedroza and Whitney Welsh（2017）"Poverty." from *Pathways: State of the Union*. Stanford Center on Poverty and Inequality. Available at: http://inequality.stanford.edu/sites/default/files/Pathways_SOTU_2017.pdf 2017.11.7 アクセス

Cauthen, Nancy K. and Sarah Fass（2008）*Measuring Income and Poverty in the United States*. New York, NY: National Center for Children in Poverty, Columbia University, Mailman School of Public Health.

Center on Budget and Policy Priorities（2017）"Policy Basics: Introduction to the Supplemental Nutrition Assistance Program（SNAP）". Available at: https://www.cbpp.org/research/policy-basics-introduction-to-the-supplemental-nutrition-assistance-program-snap 2017.11.7 アクセス

Centers for Medicare & Medicaid Services（2017）"CHIP State Program Information." United States Department of Health and Human Services. Available at：https://www.medicaid.gov/chip/state-program-information/index.html 2017.11.7 アクセス

Centers for Medicare & Medicaid Services（2017）"List of Medicaid Benefits." United States Department of Health and Human Services. Available at：https://www.medicaid.gov/medicaid/benefits/list-of-benefits/index.html 2017.11.7 アクセス

Centers for Medicare & Medicaid Services（2017）"Medicaid: Eligibility." United States Department of Health and Human Services. Available at：https://www.medicaid.gov/medicaid/eligibility/index.html 2017.11.7 アクセス

Centers for Medicare & Medicaid Services（2017）"Medicaid and CHIP Enrollment Data." United States Department of Health and Human Services. Available at：https://www.medicaid.gov/medicaid/program-information/medicaid-and-chip-enrollment-data/

index.html 2017.11.7 アクセス

Centers for Medicare & Medicaid Services（2017）"National Health Expenditure Fact Sheet." United States Department of Health and Human Services. Available at：https://www.cms.gov/research-statistics-data-and-systems/statistics-trends-and-reports/nationalhealthexpenddata/nhe-fact-sheet.html 2017.11.7 アクセス

Centers for Medicare & Medicaid Services（2017）"Program History." United States Department of Health and Human Services. Available at：https://www.medicaid.gov/about-us/program-history/index.html 2017.11.7 アクセス

Children's Defense Fund（2016）"Child Poverty in America：2015：National Analysis." Available at: http://www.childrensdefense.org/library/data/child-poverty-in-america-2015.pdf 2017.11.7 アクセス

Child Trends Databank（2016）"Children in Poverty." Available at: https://www.childtrends.org/?indicators=children-in-poverty

Children's Welfare League of America（2017）"The President's Fiscal Year 2018 Budget Request." Available at：http://www.cwla.org/wp-content/uploads/2017/05/CWLA-Summary-of-Presidents-FY-2018-Childrens-Child-Welfare-Budget.pdf 2017.11.7 アクセス

Cohen, Elissa, Sarah Minton, Megan Thompson, Elizabeth Crowe and Linda Giannarelli（2016）"Welfare Rules Databook：State TANF Policies as of July 2015." The Urban Institute, OPRE Report 2016-67. Available at：http://wrd.urban.org/wrd/data/databooks/2015%20Welfare%20Rules%20Databook%20(Final%2009%2026%2016).pdf 2017.11.7 アクセス

Falk, Gene（2014）"Temporary Assistance for Needy Families（TANF）：Eligibility and Benefit Amounts in State TANF Assistance Programs." Congressional Research Service. Available at: https://fas.org/sgp/crs/misc/R43634.pdf 2017.11.7 アクセス

Floyd, Ife（2017）"TANF Cash Benefits Have Fallen by More Than 20 Percent in Most States and Continue to Erode." Center on Budget and Policy Priorities. Available at：https://www.cbpp.org/research/tanf-cash-benefits-have-fallen-by-more-than-20-percent-in-most-states-and-continue-to-erode

Floyd, Ife, LaDonna Pavetti and Liz Schott（2017）"TANF Reaching Few Poor Families." Center on Budget and Policy Priorities. Available at: https://www.cbpp.org/research/family-income-support/tanf-reaching-few-poor-families#_ftn6 2017.11.7 アクセス

Food and Nutrition Service（2007）"Implications of Restricting the Use of Food Stamp Benefits United States Department of Agriculture." Available at: https://fns-prod.azureedge.net/sites/default/files/FSPFoodRestrictions.pdf 2017.11.7 アクセス

Food and Nutrition Service（2015）"Women, Infants, and Children（WIC）：About WIC-WIC at a Glance." United States Department of Agriculture. Available at：https://www.fns.usda.gov/wic/about-wic-wic-glance

Food and Nutrition Service (2017) "Women, Infants and Children (WIC)：About WIC-WIC's Mission." United States Department of Agriculture. Available at：https://fns-prod. azureedge.net/sites/default/files/wic/WIC-Fact-Sheet.pdf 2017.11.7 アクセス

Food and Nutrition Service (2017) "Supplemental Nutrition Assistance Program (SNAP)." United States Department of Agriculture. Available at: https://www.fns.usda.gov/snap/ supplemental-nutrition-assistance-program-snap 2017.11.7 アクセス

Food and Nutrition Service (2017) "Supplemental Nutrition Assistance Program (SNAP)： Eligibility." United States Department of Agriculture. Available at：https://www.fns.usda. gov/snap/eligibility 2017.11.7 アクセス

Food and Nutrition Service (2017) "Supplemental Nutrition Assistance Program (SNAP)： Eligible Food Items." United States Department of Agriculture. Available at：https:// www.fns.usda.gov/snap/eligible-food-items 2017.11.7 アクセス

Garasky, Steven, Slava Katz, Kassim Mbwana, Samuel Ampaabeng and Joseph Llobrerra (2016) "Feasibility Study of Capturing Supplemental Nutrition Assistance Program (SNAP) Purchases at the Point of Sale：Final Report." Food and Nutrition Service, Office of Policy Support, United States Department of Agriculture. Available at: https://fns-prod. azureedge.net/sites/default/files/ops/CapturingSNAPPurchases.pdf 2017.11.7 アクセス

Garasky, Steven, Kaasim Mbwana, Andres Romualdo, Alex Tenaglio and Manan Roy (2016) "Foods Typically Purchased by Supplemental Nutrition Assistance Program (SNAP) Households". *Food and Nutrition Service*, Office of Policy Support, United States Department of Agriculture. Available at：https://fns-prod.azureedge.net/sites/default/ files/ops/SNAPFoodsTypicallyPurchased.pdf 2017.11.7 アクセス

Grey, Kelsey Farson, Sarah Fisher and Sarah Lauffer (2016) "Characteristics of Supplemental Nutrition Assistance Program Households：Fiscal Year 2015". *Food and Nutrition Service*, Office of Policy Support, United States Department of Agriculture. Available at: https://fns-prod.azureedge.net/sites/default/files/ops/Characteristics2015. pdf 2017.11.7 アクセス

Hahn, Heather, Gina Adams, Shayne Spaulding and Caroline Heller (2016) "Supporting the Child Care and Workforce Development Needs of TANF Families." Urban Institute. Available at：https://www.urban.org/sites/default/files/publication/79046/2000692-Supporting-the-Child-Care-and-Workforce-Development-Needs-of-TANF-Families. pdf 2017.11.7 アクセス

Hess, Cynthia and Stephanie Román (2016) "Poverty, Gender, and Public Policies." Institute for Women's Policy and Research. Available at：https://iwpr.org/publications/ poverty-gender-and-public-policies/ 2017.11.7 アクセス

Holahan, John, Matthew Buettgens, Clare Wang Pan and Linda J. Blumberg (2017) "The Impact of Per Capita Caps on Federal and State Medicaid Spending." Urban

Institute, Robert Wood Johnson Foundation. Available at：https://www.urbaninstitute. org/research/publication/impact-capita-caps-federal-and-state-medicaid-spending/ 2017.11.7 アクセス

Institute of Medicine and National Research Council（2013）*Supplemental Nutrition Assistance Program: Examining the Evidence to Define Benefit Adequacy*. Washington, D.C.: The National Academies Press. http://doi.org/10.17226/13485.

Irving, Shelley K.（2008）"State Welfare Rules, TANF Exits and Geographic Context： Does Place Matter?" *Rural Sociology* 73（4）：605-630.

Jiang, Yang, Maribel R. Granja and Heather Koball（2017）"Basic Facts about Low-Income Children：Children Under 18 Years, 2015." *National Center for Children in Poverty*. Available at: http://www.nccp.org/publications/pub_1170.html 2017.11.7 アクセス

Johnston, Emily M., Jason A. Gates and Genevieve M. Kenney（2017）"Medicaid and CHIP for Children：Trends in Coverage, Affordability, and Provider Access". Urban Institute. Available at:https://www.urban.org/sites/default/files/publication/91321/2001371-medicaid-and-chip-for_children-trends-in-coverage-affordability-and-provider-access_0. pdf 2017.11.7 アクセス

Kaiser Family Foundation（2017）"State Health Facts：Total CHIP Expenditures." Available at：https://www.kff.org/medicaid/state-indicator/total-chip-spending/ 2017.11.7 アクセス

Levin, Susan M., Neal D. Barnard and Rose E. Saltalamacchia（2017）"A Proposal for Improvements in the Supplemental Nutrition Assistance Program" *American Journal of Preventative Medicine* 52（2）：186-192.

Lichter, Daniel T. and Rukamalie Jayakody（2002）"Welfare Reform：How Do We Measure success?" *Annual Review of Sociology* 28：117-141.

Lynch, Victoria, Pamela Loprest and Laura Wheaton（2017）"Joint Eligibility and Participation in SNAP and Medicaid/CHIP, 2011, 2013, and 2015, The Urban Institute. Available at: https://www.urban.org/sites/default/files/publication/93031/joint_elig_participation_0.pdf 2017.11.7 アクセス

Patten, Eileen and Jens Manuel Krogstad（2015）"Black child poverty rate holds steady, even as other groups see declines." Pew Research Center. Available at：http://www. pewresearch.org/fact-tank/2015/07/14/black-child-poverty-rate-holds-steady-even-as-other-groups-see-declines/ 2017.11.7 アクセス

Pearce, Diana（1978）"The Feminization of Poverty: Women, Work, and welfare." *Urban and Social Change Review, Special Issue on Women and Work*, 11（1-2）：28-36.

Proctor, Bernadette D., Jessica L. Semega and Melissa A. Kollar（2016）"Income and Poverty in the United States：2015." Current Population Reports. Available at：https:// www.census.gov/content/dam/Census/library/publications/2016/demo/pp.60-256.

pdf 2017.11.7 アクセス

Ratcliffe, Caroline（2015）"Child Poverty and Adult Success." The Urban Institute. Available at：https://www.urban.org/sites/default/files/publication/65766/2000369-Child-Poverty-and-Adult-Success.pdf 2017.11.7 アクセス

Renwick, T. and L. Fox（2016）"The Supplemental Poverty Measure：2015." Current Population Reports, Series P60-258, Table 5a. Available at：http://www.census.gov/content/dam/Census/library/publications/2016/demo/p60-258.pdf 2017.11.7 アクセス

Schott, Liz and Ife Floyd（2017）"How States Use Funds Under the TANF Block Grant." Center on Budget and Policy Priorities. Available at: https://www.cbpp.org/research/family-income-support/how-states-use-funds-under-the-tanf-block-grant 2017.11.7 アクセス

Office of Community Services（2017）"Social Services Block Grant（SSBG）". Administration for Children and Families. Available at: https://www.acf.hhs.gov/ocs/programs/ssbg 2017.11.7 アクセス

Office of Family Assistance（2016）"The President's Fiscal Year 2017 Budget：Strengthening the Temporary Assistance for Needy Families（TANF）Program." Administration for Children and Families. Available at：https://www.acf.hhs.gov/sites/default/files/ofa/tanf_fy2017budget.pdf 2017.11.7 アクセス

Office of Family Assistance（2017）"About TANF." Administration for Children and Families. Available at：https://www.acf.hhs.gov/ofa/programs/tanf/about 2017.11.7 アクセス

Office of Family Assistance（2017）"Data & Reports." Administration for Children and Families. Available at：https://www.acf.hhs.gov/ofa/programs/tanf/data-reports 2017.11.7 アクセス

U.S. Census Bureau（2017）"How the Census Bureau Measures Poverty". Available at: https://www.census.gov/topics/income-poverty/poverty/guidance/poverty-measures.html 2017.11.7 アクセス

Office of Family Assistance（2017）"Data：Poverty Thresholds". Available at: https://www.census.gov/data/tables/time-series/demo/income-poverty/historical-poverty-thresholds.html 2017.11.7 アクセス

U.S. Congress. House of Representatives（2017）*American Health Care Act of 2017.* H.R. 1628. 115th Congress. Available at：https://www.congress.gov/bill/115th-congress/house-bill/1628 2017.11.7 アクセス

Waxman, Elaine and Jonathan Schwabish（2017）"What would happen to SNAP if proposed $191 billion cut became law?" Urban Wire：Food and Nutrition, Urban Institute. Available at：https://www.urban.org/urban-wire/what-would-happen-snap-if-proposed-191-billion-cut-became-law 2017.11.7 アクセス

第3章 イギリスの子どもの貧困対策

はじめに

2015年に，筆者らがイギリスのロンドンで行った面接調査をもとに，イギリスの子どもの貧困対策の現状について明らかにする。調査対象は，非営利組織（チャリティ）である① Barnardo's，② The Children's Society，③ 2 カ所のシュアースタート・チルドレンズセンター（Sure Start Children's Centres），タワーハムレッツフードバンク（Tower Hamlets Foodbank）であった。

1 Barnardo's と The Children's Society による子どもの貧困政策（ライフチャンス法）に対する考え

1) 子どもの貧困法（Child Poverty Act 2010）からライフチャンス法（Life Chances Act 2010）へ[1]

2015年，イギリスの子どもの貧困率は，11.2％であった[2]。「福祉から仕事へ」というスローガンのもと，アメリカのクリントン政権のもとでなされた1996年の福祉改革に影響を受けながら，1997年に誕生した，イギリスのブレア首相は，ベネフィット（給付）を受ける稼働能力のある人に，就労支援（職業教育）を強化するワークフェア政策を積極的に展開した。この政策では，ジョブセンタープラスに行かない等，決められた条件を満たさないと，ベネフィットが停止される等，制裁が課されるものであった。また，ブレア首相は，2020年までに子どもの貧困を撲滅すると宣言し，子どもと家族に対する社会支出を増額させ，就学前の子どもに対するプログラムや親に対するペアレン

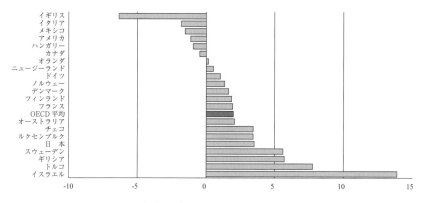

図 3-1 1990年代半ばから2010年の子どもの貧困率の推移
注：この図は，0より右は貧困率のポイントの増加を示し，左はそのポイントの減少を示す。
出所：OECD（2014）(http://www.oecd.org/social/soc/CO2_2_ChildPoverty_Jan2014.pdf#search=%27OECD+child+povery+rate+UK%27 2017.11.10 アクセス)

ティングプログラムを導入したり（ロンドンに，ペアレンティングに関する研究所も設立された），チャイルド・タックス・クレジットを導入する等，積極的に子どもの貧困対策をとったため，イギリスの子どもの貧困率はかなり減少した（図3-1）。たとえば，1990年代半ばから2010年の間に，子どもの貧困率は6.3ポイント減少した。

　ブレア首相の政策は，① 大人の職業教育や親へのペアレンティングの教育，② 子どもの教育に投資する，つまり人的資源に投資する政策であった。この政策の前提には，社会学者のA・ギデンズが『第三の道』で提唱したような，現金給付だけに依存するのではない，人的資本に投資する能動的福祉（positive welfare）にもとづく「社会投資社会」像があった（Giddens, 1998：1999）。つまり，ここで看過してはならないことは，ブレア首相の子どもの貧困政策の中心には，「教育」があったという点である。その後，ブレア政権の流れを引き継ぐ形で2007年に誕生したブラウン首相は，2010年に，子どもの貧困法を制定した。そして，政府は子どもの貧困率削減の目標値を具体的に設定し（① 相対的貧困所得10％未満，② 絶対的貧困所得5％未満，③ 低所得と物質的剥奪の組み合わせ5％未満，④ 持続的貧困率7％未満），政府の子どもの対策に関して

意見を言う子どもの貧困委員会（Child Povery Commission）も設置した（内閣府，2015：伊藤・阿部，2016）。

その後，2010年に誕生したキャメロン政権でも，積極的に子どもの貧困政策が展開された。具体的な子どもの貧困対策は，『子どもの貧困戦略』によって規定されるのだが，たとえば，2014年の『子どもの貧困戦略2014-2017年』では[3]，低所得の2歳児の場合に，1週間に15時間の教育を無償提供する政策，5歳から11歳のすべての子どもに対して無料給食を提供する政策，本を無料で配布する政策等について書かれていた。ここで注目したいことは，この報告書では，貧困の連鎖を断ち切る手段は「教育」であると，教育の重要性が強調されている点である。

しかし，財政難を背景に，子どもの貧困の数値目標を達成できない，キャメロン首相は，2016年に福祉改革及び就労法を制定し，それにより，子どもの貧困法を，ライフチャンス法と名称変更した。新しい法律名では，これまでの子どもの貧困率の数値目標を廃止した。そして，子どもの貧困の背景に着目し，貧困の原因である状態を変えるという考えのもと，国は，「無業の世帯（workless households）」と「教育達成（educational attainment）」に着目する，以下の4つの指標をもとに報告書を発表しなければいけないことにした[4]。

① イギリスにおいて，無業の世帯で暮らす子ども（children living in workless households in England）
② イギリスにおいて，長期間無業の世帯で暮らす子ども（children living in long-term workless households in England）
③ イギリスにおける，16歳の時点での子どもの教育の達成（the educational attainment of children in England at the end of Key Stage 4）
④ イギリスにおける，16歳の時点での不利な状況の子どもの教育達成（the educational attainment of disadvantaged children in England at the end of Key Stage 4）

2) Barnardo's のスタッフの子どもの貧困政策に対する考え

　Barnardo's は，150 年の歴史をもつ，約 24,000 人のバルネラブルな状態（社会的に弱い状態）にある子どもに対してサービスを提供しているチャリティである。このチャリティは，子どものチャリティのなかでは，イギリスで最大規模のチャリティである。スタッフは約 6,000 人で，ソーシャルワーカー，ユースコミュニティワーカー，教育学や医療の専門家，Barnardo's が経営する店のスタッフ，研究者である。Barnardo's には，子どもたちに直接サービスを提供する部門，ロビー活動を含めた調査・政策提言（キャンペーン）を行う戦略部門，そして店を運営する部門等がある。

　Barnardo's の政策を担当している戦略部門のスタッフは，現在の子どもの貧困政策について次のように述べた。「約 370 万の子どもが貧困の状態にある。1997 年に，ブレア首相は，子どもの貧困政策を積極的に進め，2020 年までに子どもの貧困を撲滅すると述べた。その後，2010 年に子どもの貧困法が成立し，この間，子どもの貧困委員会もできた。多くの財源をもとに，多くのプロジェクトができた。たとえば，子どもの親が収入を得ると税金を免除するチャイルド・タックス・クレジットの制度もできた。そして，子どもの貧困率は減少した。しかし，キャメロン政権では，子どもの貧困に対する見方が変わった。不況で財源が足らないことがキャメロン政権の考えに影響を及ぼしているが，キャメロン政権は，子どもの貧困は，親が仕事をすることで解決するという考え方をもっている。子どもの貧困法も消える。2016 年からは，子どもの貧困法が，ライフチャンス法へと名称変更される。だから，今，政策提言をしなければならず，とても忙しい。現在，チャリティに対する補助金がカットされている。全国でチルドレンズセンターの数が減ったのは，補助が減らされたからである。その他，ベネフィットの凍結やベネフィットの上限設定の問題もあり，このままで行くと，子どもの貧困率は高まるであろう。また，イギリス全体の子どもの貧困を見なければならないにもかかわらず，政府はイングランドしか見ていない。スコットランドとアイルランドはカバーできていない」と述べた。

3) The Children's Society のスタッフの子どもの貧困政策に対する考え

　The Children's Society は，250 年前に，教会に通っていない，ホームレスの子どもたちを救うために，英国教会の信者の富豪がはじめた子どものためのチャリティである。このチャリティは Barnardo's ほど大きなチャリティではないが，イギリスでは大規模な子どものチャリティである。このチャリティは，約 5 万人の子どもたちを直接支援しており，スタッフは，約 2,000 人のソーシャルワーカー，調査研究・政策提言をするスタッフ，広報を行うスタッフ等からなる。このチャリティは，Barnardo's や，国際的に活躍する NGO の Save the Children 等と連携し，子どもの貧困に関して活動している。

　The Children's Society の調査研究部門のスタッフは，現在の子どもの貧困政策について次のように述べた。「過去，子どもの貧困を撲滅するという政策により子どもの貧困率は減少したが，今は経済状況も悪く，政府の政策も変わり，福祉の削減がなされているために，子どもの貧困率は上昇している。過去においては，経済的な側面から子どもの貧困を理解していたが，現在子どもの貧困の定義が変わってきている。子どもの貧困の背景を見るという視点に変わってきている。経済的な側面から貧困を理解するという視点から離れて行っている。福祉の削減のなか，政府は子どもの貧困の見方を変えることで，人々の見方を貧困から離そうとしているのではないか思う。福祉の削減とは，ベネフィットの受給額に上限を設けたり，ソーシャルなプロジェクトへの投資を減らしたり，タックスクレジットのシステムを廃止すること等である。現在，住宅事情も良くない。十分にソーシャルハウジング（公営住宅）がない。ロンドンはとくにそうであり，緊急問題となっている。たとえば，ロンドンのある地域では，約 2 万人がソーシャルハウジングのウェイティングリストに入っている。それは，15 年くらい待たなければソーシャルハウジングに入れないことを意味する」と。

2 シュアースタート・チルドレンズセンターによる支援

1) シュアースタートプログラム

　イギリスの小学校の入学は 5 歳からであるが，1999 年にブレア政権は，アメリカのヘッドスタートプログラムも参考にしながら 0 ～ 4 歳までの就学前の子どもと家族（妊婦も妊娠をすると，すぐに以下のセンターで登録をする）を対象に，シュアースタートプログラムを開始した。シュアースタートプログラムは，シュアースタート・チルドレンズセンターで実施されている。シュアースタート・チルドレンズセンターは，すべての子ども，親，子どものケアをしている人を対象に，① 子どもと家族の健康，② ペアレンティング，③ お金，④ トレーニングや仕事に就くための支援をしている。多くのセンターでは，就学前の子どもに対する教育や保育も提供している[5]。また，食事をとっていない人を見つけた場合，フードバンクにフードバウチャーを申請する手続きを行ったりもしている。

　筆者らが調査した 2 つセンターには保育学校（nursery school）があるとともに，そこでは，11 名のファミリーソーシャルワーカー等により，① 貧困状態にある子どもと家族，② 障がいのある子どもと家族，③ 少人数の保育をするチャイルドマインダー（child minder）と子ども等に対する支援が行われていた。

2) 対象者の選定とすべての子どものケースマネジメント

　筆者らが訪れた 1 カ所目のチルドレンズセンターがある地域は，移民や貧困層が多く住む地域である。このセンターを利用している子どもと家族の約 20％は，移民である。約 47％が白人のイギリス人，約 20 ～ 25％がアフリカあるいはカリブから来た黒人，それ以外は，東欧，ドイツ，スペイン等からの移民である。また，このセンターを利用しているひとり親家族は約 50％であり，かなり高い割合である。ただし，若いひとり親が多いというわけではない。また，結婚はしていないがパートナーと住んでいる「アローンペアレント」と呼ばれる親もいる。

第3章　イギリスの子どもの貧困対策　97

このセンターの管轄地域には5歳未満の子どもは3,000人が住んでいるが，センターは地方自治体が指定した1,136人の子どもと親に接触している。その後，アセスメントシートを使い，子どもと親がどのくらい支援が必要か，社会的排除に関わるサービスの必要性の優先順位を理解する。アセスメントシートは，基本的属性を聞く項目以外に，①仕事をしていない，②低所得者への給付制度としてのユニバーサルクレジット（universal credit）を受けている，③移民である，④住宅問題がある，⑤子どもへのサポートの必要性等について聞く項目からなる。たとえば，子どもに障がいがあったり，親が非常に若い，親にうつの症状がある，周囲から孤立している親と子どもが存在するが，センターのスタッフは，これらの人にどのような支援が必要かについて検討し，実際に支援を行っている。

もう1カ所のセンターにおいても，支援が必要なすべての子どもと家族を対象にしているのだが，ここで注目すべきことは，センターでは，対象になるすべての子どもと家族のケースをデータベース化し，支援をし，1カ月ごとに，センター内の複数の専門家でケースの検討を行う，ケースマネジメントを行っている点である。

まず，以下では，1カ所目のセンターにおける実践について述べる。

3）多様なプログラム

センターでは，子どもと家族に対して様々なサービスを行っている。たとえば，①2歳児の検診を行う「ベイビークリニック」，②親と子どもが遊んだり，お茶を飲んだりする「ステイ・イン・プレイ」，③子どもを他の人の家で一時的に預かる「ドロッピングサービス」，④親のトレーニングのための「ペアレンティングクラス」（子どもに対する態度，言葉の課題，寝ない子どもへの対処法，食事の教育等に関する，10人くらいの親たちによるグループワーク），⑤25歳までの若い親に対する「ペアレンティングクラス」（14〜16歳くらいの親のためのクラスもある）等である。

そして，スタッフは，「このように様々なサービスがあるので，1,136人の

親に対してサービスを提供できる。これだけ多くの活動があるので，1,136人というと多数に聞こえるかもしれないが，対応できる」と述べた。

4）体験活動（文化的活動）支援

センターでは，海を見たことがない子どももいるので，夏に，118家族を寄付金により海水浴に連れて行ったりしている。スタッフは次のように述べた。「私たちにとっては普通のところであっても，貧困状態にある家族はお金がないためそこに行けない。だから，近辺で散歩をしたり，バスで行けるところにだけ子どもを連れて行っている。それゆえ，夏には少し遠出の日帰り旅行に行った。今まで，長期休暇に旅行に行ったことがない子どもがいる。たとえば，牛も見たことがないので，牛乳は牛の乳であることを全然知らず，店から来るものと思っている子どもがいる。だから，農場に連れて行く等，親が連れて行けず，子どもが体験していないようなところに連れて行く。また，最近は親が子どもを外に出さない傾向があり，子どもたちもiPadで遊んでばかりで，子どもの肥満が問題になっている。こうしたなか，国は，とにかく子どもたちが活動的になれるように改善しようとしている。体を動かすことは子どもの発育にとって非常に大切なので，私たちは，雨でも雪でも子どもたちを外に出して遊ばせ，それで様々なことを学んでもらうようにしている」と。

また，スタッフは次のようにも述べた。「まずは，貧困かどうかにかかわらず，子どもに同じチャンスを与えることが大切で，今，政府は，早い時期に子どもに様々な体験をさせることで，それが後々非常に良い影響を与えると考えている。たとえば，介入することにより，子どもが学校に行くようになり，学校に行かないという状況が軽減される。また，14～16歳になってから課題がある方が，結局，国家としてもお金がかかるため，政府は子どもに早くから介入した方が様々な意味で良いと考えている。私たちもチャイルドアクトの考えに基づいて行動している。生まれたときから愛されていると感じることで，子どもは自分が安全な環境にいると考えることができ，大人になってから良い方向に行くと思う」と。

第3章　イギリスの子どもの貧困対策　99

5) 2歳児からの無償教育

政府は，義務教育が始まる前に，早い段階から教育をはじめると，若い妊娠や，不登校等の子どもたちの抱える課題が軽減されると考えている。それゆえ，貧困である，特別支援教育が必要である，保護が必要なバルネラブルな状態にある子どもは，2歳から，1週間に15時間無料で，センターのなかの保育学校で教育を受けることができる。ただし，決められた基準に満たない条件の子どもが保育学校で教育を受けるためには，料金を支払わなければならない。

また，イギリスでは，3歳，4歳のすべての子どもは週15時間無償教育が受けられるが（それ以上の時間に教育を受ける場合には，料金を支払う必要がある），調査当時，政府は，その時間を25～30時間に増やすことを検討していた。スタッフは，「その目的は，就学前の子どものいる親が安心して仕事に就くようにすることにある。親にとって，子どものケアのためのお金が一番かかる。とくに，ロンドンでは，子育てに非常にお金がかかる。それを助けるために，政府はそのことを検討している」と述べた。

6) ファミリーアウトリーチワーカーによる家庭訪問

ファミリーアウトリーチワーカー[6]は，先ほどのアセスメントシートで，課題が多くあると判断された家族の家に訪問し，支援を行う。その後，支援が上手くいけば，その時点で家庭訪問は終わりになる。たとえば，アルコール依存症の親に，アルコール依存症の対策をとり，その症状が良くなった場合，訪問は終了となる。また，家賃が払えないという住宅の問題の相談があった場合，まずファミリーアウトリーチワーカーがアポイントを取ってその自宅を訪問する。そこで，ファミリーアウトリーチワーカーは親と話をして，解決策を探る。たとえば，ファミリーアウトリーチワーカーが，「住宅オフィス」に電話をして，家賃の分割払いや支払いの延期について話し合ったり，フードバウチャーを支給する手続きを行っている。

7) 親への支援 ①：家庭訪問によるペアレンティング

　ファミリーアウトリーチワーカーは，対象者の自宅でペアレンティングを行っている。ファミリーアウトリーチワーカーは，親の育て方は，その親の親による育て方が大きく影響しているという前提に立ち，子どもにとって良い子育ての仕方を親に教育している。自宅の方が，親がリラックスして相談できる面があるためである。

　一方で，親は，専門家から「ああしなさい」「こうしなさい」と言われるよりは，親同士で様々な情報を交換しながら，悩みを解決することを望んでいる面もあるため，子どもがなかなか寝ない，親の言うことを聞かない，野菜を食べないといった親の様々な悩みにファミリーアウトリーチワーカーが対応するだけでなく，同じ悩みを抱えた親がお茶でも飲みながら，センターに集まってグループワークができるように誘っている。スタッフは，「親たちは専門家の質問に正直に答えたら，子どもが公的機関の人に連れて行かれるのではないかという不安を抱えがちであるが，他の親と一緒にお茶でも飲みながらいろいろな話をしたり，自分の体験談を話したりすると，親から本当の話が聞ける」と述べた。

8) 親への支援 ②：仕事に就くための親に対するトレーニング

　センターでは，① 履歴書の書き方の教育，② コンピューターで仕事を探す支援，③ 申込書の書き方の教育，④ トレーニングを行っている。トレーニングに関しては，たとえば，教育の仕事に就きたい人がその関連の資格が取れる大学に行くためのトレーニングをしている。それ以外に，数学や英語等の授業も行っている。イギリスでは，成人の約60％の人の英語の能力は，10〜15歳のレベルにあるからである。スタッフは，「驚くような数字と思われるかもしれないが，対象の人は名前とか住所等を普段に書いているので気づかないが，仕事の申込書等を書いてもらうとしたら，急に字が書けなくなったりすることがある。実際にそういう問題があることを知らずに，何かを渡したときに『あっ，この人読めない』ということが分かり，びっくりすることがある。

数学ができないということも，その親の親から来ている。親の親が十分な教育を受けていないと，その子どもに教育を支援できないという悪循環が生まれるのである」と述べた。また，スタッフは，「職業教育をすることは私たちの役目ではないので，まずは資格を取るためのアクセスができるような基本的なトレーニングをしている。英語・数学・コンピューターのスキルを教えて，そこから大学に行くとか，そういう風に支援している。私たちが行うのは，基本のところだけである」と述べた。

また，2010年にキャメロン政権において導入が決定され，2013年から開始されたユニバーサルクレジットの制度になってから，就労の義務が厳しくなった。以前はこのセンターで行っている数学のコースをとった場合，職業訓練を受けていると見なされ，給付を受けることができたが，現在は，このセンターで行っている数学のトレーニングを受けても，本格的なトレーニングと見なされず，給付が受けられなくなった。現在は以前のように仕事の情報をこのセンターに掲載するようなことはせず，英語があまり話せない親がジョブセンタープラスに行く場合，スタッフがその人に同伴する程度で，チルドレンズセンターは以前ほど密接にジョブセンタープラスと連携していない。

9）親への支援 ③：虐待を受けた経験のある子どもとその親

虐待を受けた経験のある子ども（保護の必要性があると公的に認定された子ども）の場合，センターは，当該の子どもが保育学校に通っているかを確認し，もし子どもが保育学校に通っていない日がある場合，その理由を親に確認する。また，たとえば，ネグレクトの経験があるケースの場合，子どもの服装，食事の状態等について確認をしている。

そして，子どもと親がセンターに来た際に，限られた家計のなかで，どのように健康的な料理をつくることができるかについて教える料理コースのプログラムに参加してもらったり，自宅に洗濯機が無い場合，「センターに汚れた服等を持ってきてくれたら洗濯をしますよ」と言ったり，中古の洗濯機を提供したりしている。その他，中古の調理器や冷蔵庫も提供している。スタッフは，

「これはとても簡単なことであるが，その簡単なことで，親の生活が少しでも改善でき，その結果子どもにも良い影響がある」と述べた。

10）支援の難しさ

　近年は，様々な福祉サービスが削減されているため，サービスにアクセスできないという問題が生じている。それゆえ，センターのサービスを拒否する人はほとんどいない。そして，支援を拒否する人も，「お茶を飲みに来ませんか」と何度か誘うと，このセンターに来る。

　スタッフは，「子どもへの支援よりも，親への対応が大変である」と述べた。そして，「たとえば，子どもを保育学校に時間通りに連れて来ないとか，子どもの発育の大切さを理解していない親が多いように思う」と述べた。また，スタッフは，支援が必要な親が，自ら助けを求めない傾向があるため，親が抱えている課題が何であるかに気がつくことが難しいと考えていた。そして，「たとえば薬への依存症とか，アルコール依存症であっても，まずその人自身が自らの依存症を認めない限り，その問題を解決することは難しい」と述べた。

11）財源の削減

　センターは地方自治体から1年間に23万ポンドの予算を得て，スタッフの給料，運営コストも含め，その使用方法を独自に決定している。以前は，50万ポンドくらいの予算があったが，その予算は2年ごとに削減されている。それゆえ，スタッフは「プログラムの優先順位について考え，やりくりをしている。給料，運営コストを除いた，残った予算で親に対するトレーニングをしている。昔は，調理台，ベッド，洋服等，対象者が必要なものがある時には買うことができたが，今はできない」と述べた。

　最近では，寄付金で，様々なサービスをしている。たとえば，ベネフィットが受けられないバルネラブルな状態にある移民の子どもが保育学校に朝から夕方までいる場合，その家庭はスクールミール（給食）代が支払えないのだが，センターでは寄付金を募り，その寄付金を就学前の子どものスクールミール代

等に使用している。

次に，以下では，もう1カ所のセンターにおける実践について述べる。

12）様々なプログラム

① 親を対象にした「ラーニング」(履歴書の書き方，就職面接の仕方，適合的な仕事についての検討)，② チャイルドマインダーへの「トレーニング」(子どものケアの仕方，レポートの書き方等)，③ 親と子どもがセンターで遊ぶ「ステインプレイ」，④ 課題を抱えている人の相談 (たとえば，言語障がいがある子どもにスピーチセラピストを紹介したりする)，⑤ 親同士のグループワーク，⑥ ヨガ (初心者用ヨガとメディテイションのヨガがある。精神障がいのある親は，ヨガによって気持を楽にするようにしている)，⑦ ベイビーマッサージ，⑧ 音楽プログラム (歌ったり，歌いながらジェスチャーをするプログラム)，⑨ 言語に障がいのある子どもたちのための日替わりのプログラム (たとえば，赤ちゃんのときからコミュニケーションをとるトレーニングをする)，⑩ 初めて子どもが生まれた親のグループワーク (ご飯の食べさせ方等，子どものケアの仕方について教育するプログラム等)，⑪ 助産師による出産のプログラム，⑫ 子どもの検診である「ヘルスクリニック」，⑬ 他の人に子どもを一時的に預ける「ドロップイン」等である。

このセンターでも，ファミリーアウトリーチワーカーが，子どものいる家庭に家庭訪問をし，① 日常生活，② 子どもの発育，③ 寝かせ方，④ 母乳やミルクのあげ方，⑤ トイレの行かせ方等を親に教育している。また，15時間の無料の保育の権利があることを伝えている。また，心理学の専門家等が，親の支援をしている。また，すでにこのセンターの保育学校の定員が一杯のため，近所の保育学校やチャイルドマインダーを紹介している。スタッフは，「子どもだけをインクルージョンするのではなく，親も含めた家族全体を支援するようにしている。親が仕事を開始したり，勉強をすることができるようにしている」と述べた。

このセンターの保育学校での教育について，スタッフは以下のように述べ

た。「夏には子どもたちのアートの作品を展示する。カリキュラムのなかでは、アートが大きな部分を占めており、子どもたちをギャラリーに連れて行ったり、いろんなアートの作品を見せたりしている。アーティストのところに子どもたちを連れて行って、そこで子どもたちはアートを習って作品をつくる。たとえば、マイクロスコープを使って見えたものを表現している作品、丸を使ってつくった作品（子どもが、蝶が卵から成長していく様子を観察し、蝶のライフサイクルを考えた時に作ったもの）等、様々な作品がある。出来上がったものよりも、それまでの過程が大切である。作品を作る前に様々なものに触れさせ、様々な体験をして、様々なことを学んでから作品を作る。また、庭では、子どもたちと一緒に野菜を栽培したり、鶏を育てたりしている。食事にも気をつけており、お菓子とか砂糖を使ったものは一切使用しない」と。

3 Barnardo's による支援

1）バルネラブルな状態にある子どもと家族への支援

　先にも述べた、Barnardo's では、ソーシャルワーカー等が、900 のプロジェクトをコミュニティベースで行っている。具体的には、150 のチルドレンズセンターの運営による就学前の子どもと家族の支援、16 〜 18 歳の若者に対する、電気・トイレ工事、プログラミング等のインターンシップを通じた就労支援、養子縁組やフォスターケアに関する支援、性的虐待をされた子どもの支援、ケアシステム（社会的養護）が必要な子どもの支援、アメリカやフランス等でも行われている、刑務所に入所している親の子どもの支援、学校で上手くいかない子どもが学校に戻れるようにするための支援、課題のある子どもの親に対するトレーニング等を行っている。Barnardo's は様々な支援を行っているが、それらの支援における共通点はそれらがバルネラブルな状態にある子どもの支援であるという点にある。スタッフは、「養子縁組やフォスターケアの支援は全般的に行っているが、とくに、養子縁組やフォスターケアの担い手が見つかりにくい、障がい児や年齢の高い子どもの支援を行っている。性的虐待に

第3章　イギリスの子どもの貧困対策　105

関しては，被害者は女の子が多いが，施設ケアを受けている男の子が性的虐待の被害者になる場合もある。ケアシステムが必要な子どもに関しては，施設でのケアのみならず，18歳になると施設を出なければならない子どもたちのために家や仕事を探す支援もしている」と述べた。子どもや親は，地方自治体からの紹介により，Barnardo's にやってくるが，スタッフは「地方自治体に対しては拒否感をもっている親もいるが，このチャリティは子どもや親から信頼を得ていて，私たちの支援を拒否する人はいない」と述べた。

Barnardo's は，地方政府や中央政府から補助金を得たり，マラソンを走り寄付金を募ったり，商品を売って，財源を確保している。スタッフは，「Barnardo's は地方自治体から補助金をもらって活動を行っているため，サービス後の評価を子どもの出席率によって行う等し，結果を出さなければならない。チャリティによっては，資金がなくなり，閉鎖しなければならないところもある」と述べた。

2）子どもの貧困政策に対するアクション

Barnardo's には，ロビー活動を含めた調査・政策提言を行う戦略部門があり，政府に子どもと家族がどのような問題を抱えているかについて伝えている。子どもの貧困に関する調査や政策提言活動は，ブレア政権が子どもの貧困に関する政策を打ち出した約20年前から行っている。その際，The Children's Society や Child Poverty Act 等のチャリティと連携しながら子どもの貧困に関するキャンペーン活動を行っている。

スタッフは，「私たちは，サービスの結果，どのようなインパクトがあったかを調べる。ベネフィットが変わった結果，子どもと家族の生活がどのように変わったのか，聞き取りによるケーススタディをし，それを報告書にし，政府に政策を変えてもらうように政策提言をしている。その際，国会議員とも接触する。こうして，福祉は変わる」と述べた。また，「政府は，貧困状態にある人に対して仕事をすることを推進するが，貧困の状態にある家族の65％はすでに仕事をしている。だから，私たちは，仕事をしても解決にならないと考え

ている。国は，数年前から，フードバウチャーを提供しているが，とくに，ク
リスマスシーズンは，食べ物のない人を支援している」と述べた。

4 The Children's Society による支援

The Children's Society では，子どものウェルビーイングのために，虐待や
ネグレクトを受けた子どもの支援，性的虐待を受けた子どもの支援，人身売買
の被害を受けた子どもの支援，麻薬やアルコール依存症等の課題を抱えた親の
ケアをしている子ども（ヤングケアラー）の支援，難民の子どもの支援，危険に
晒された若者の支援，また，ケアシステムの対象の子どものなかから年長者に
集まってもらい，彼・彼女が必要としていることについて話し合い，提言する
プロジェクトをする等，多くのプロジェクトを地方政府や中央政府の補助金を
もとに実施している。このことについて，スタッフは，次のように述べた。「ヤ
ングケアラーの子どもへの支援は国のレベルで行っているものであるが，私た
ちのチャリティでは，専門的なサポート以外に，何千人の子ども同士が交流を
する場を設けている。また，ロンドンには，昔から難民が来て，難民が多く住
む地域がある。子どもだけで来る場合や家族で来る場合もあるが，私たちは難
民の支援をしている。難民の支援に関しては，50 くらいのプロジェクトがあ
る。ケアシステムの対象の子どもが何を必要としているのかについて，若者が
声に出して提言するプロジェクト等，とても多くのプロジェクトを運営してい
る。イギリスでは，ほとんどの子どもはフォスターケアをされているが，ケア
システムの対象の子どもは一番苦しい状況にある子どもたちである」と。また，
スタッフは，「私たちの活動により，子どもがエンパワメントできている。多
くの子どもが，最初は，『自分のことは誰もわかってくれない』と思っていた
が，支援の後，未来に対して希望を持てるようになるポジティブな結果が出て
いる」と述べた。

このチャリティでは，様々な調査研究を行っているが，たとえば，過去に，
フリースクールミール（無料給食）に関する研究をし，その調査結果をもとに

第3章　イギリスの子どもの貧困対策　107

したキャンペーンによって国の政策が変更され，後でも述べるように，2014年から5歳から11歳までのすべての子どもを対象にしたフリースクールミールの制度が始まった。以前の制度では，親が働いていない貧困状態の子どもだけがフリースクールミールの対象となっていたが，親が働いている場合，貧困状態にあってもフリースクールミールの対象にならなかった。しかし，この調査研究に基づくキャンペーンの後，すべての子どもにフリースクールミールが提供されるようになった。スタッフは，「キャンペーンは上手くいった」と述べた。

　このチャリティでは，直接的な子どもの支援の資金は地方政府から得ているが，それ以外の資金の大半は，このチャリティが連携している英国教会の信者の個人的寄付で成り立っている。スタッフは，資金面の課題として，①若者に対する資金援助や協力を得ることが難しい点と，②地方政府の補助金の支給は最大3年の契約であるため，安定した資金の獲得が難しい点を挙げた。そのことについては，スタッフは次のように述べた。「年齢が高い子どもの場合，反社会的な行為をすると，人々はその子どものことを理解してくれない。年齢の低い子どもの場合には，人々はその子どものことを理解してくれる。だから，年齢の高い子どもに対する資金や協力を得ることが難しい。また，国の政策が変わったり，地方政府からの補助金も最大3年で，3年ごとに申請しないといけないため，安定した支援が難しい」と述べた。

5 タワーハムレッツフードバンク(Tower Hamlets Foodbank)による支援

1) タワーハムレッツとフードバンク

　ロンドンの東に位置するタワーハムレッツは，ロンドンでは2番目，イギリスでは3番目に高い貧困率となっている貧困地域である。再開発によりタワーハムレッツのキャナリーワーフには世界的な金融街がつくられたため，大学卒業の初任給が10万ポンドの人たちが，昼間だけこの地域で働いて，夜は

別の地域に帰るという生活をしている。一方で，この地域には，1年間に1万5,000ポンドで暮らす貧困状態の移民やひとり親家族等が多く暮らしている。この地域の人口は約30万人であるが，そのうち4分の3の人が貧困状態にある。この地域にあるシェルターのようなところでは，150年前からホームレスのひとり親家族等を支援している。また，教会や住宅の供給等をするソーシャルハウジングプロパイダー等が支援活動を行っている。

　イギリスでは2000年代からフードバンクの活動が活発化したが，タワーハムレッツフードバンクは，イギリスの大規模なフードバンクから誘われて，2009年に，銀行員だった女性と夫が，貧困問題に対処するためにタワーハムレッツに創設したチャリティであり，この地域に2カ所の支援場所をもっている。

　スタッフは次のように述べた。「今，ロンドンの最低賃金は9ポンドくらいである。イギリス全体では7ポンドである。この1万5千ポンドの収入による生活がどれだけ大変かということがわかる。ホームレスの人が住宅を支給された場合にローカルガバメントが払う額は1週間に350ポンドで，年間で1万8,200ポンドである。ベネフィットの受給額には上限があり，合計は2万3千ポンドまでと決まっている。ほとんどの場合，1つもらえなくなると他のももらえなくなるが，皆さんは，そうなった場合アドバイスをもらう方法を知らない。それゆえ，たとえば，家賃が滞り，どうしようもなくなって初めて助けを求めるようになるという状況がある」と。

2) サービス内容

　このフードバンクでは，10時〜13時と11時〜14時に支援を行っているが，この時間帯では，仕事をしている人は支援を受けられないため，今後は，夕方の支援も行う予定である。また，貧困状態にある子どもに，食事の支援をしている。

　クリスマスには，ある会社からの寄付をもとに，シングルの人，重い病気の人等600人以上の人たちを対象に，パーティーの開催をしている。クリスマ

スの時には，家族でクリスマスを過ごせない人の自殺数が増えるため，シングルの人を支援している。子どもたちへのおもちゃも寄付で買っている。その際，スクールソーシャルワーカーや金融街のビジネスマンもボランティアとして参加している。

　食料を支給される対象者は，医者，ソーシャルワーカー，学校，精神科病院等，260カ所の組織から紹介された人々である。フードバンクが対象者を選定するのではなく，これらの専門家たちが対象者を決める。そして，当該の人々はフードバウチャーをもって，このフードバンクを訪れる。以前は，世帯単位でフードバウチャーが支給されていたが，現在は，個人単位で支給されるようになっている。それゆえ，以前よりもフードバンクの仕事は忙しくなっている。また，年間20万ポンドの補助金を支給されて活動しているため，結果を出さなければならない。

　フードバンクでは，長期間食料を支援するのではなく，あくまでも短期間，緊急的に支援している。フードサービスの支援は，あくまでも，公的支援につなぐ，緊急的支援だからである。スタッフは「食べる物がない人がフードバンクに来て，その問題が何であるかについて聞く。そして，インフォメーションを渡すとともに食べ物も渡す。最初にここに来られてから大体3週間の間に公的サービスが受けられる様にする。もちろん，ケースバイケースで，その期間は少し伸びることもある。だが，基本的には短期でサービスをするというのが私たちの活動のあり方である」と述べた。このフードバンクで支援しているものは，生鮮食品ではなく，すべて保存食である。1週間に1回，3日間くらいの食料を支援している。

　なお，子どもに対しては，1日1回の食料支援をしているほか，寄付金により，貧困状態の家庭の学習障がいがある子どもたちのために本や筆箱を寄付したり，映画館に連れて行ったりしている。

3) タワーハムレッツの子どもの貧困と食事

　タワーハムレッツでは5万7千人の子どもたちが住んでいるが，タワーハ

ムレッツの子どもの貧困率は49％と，イギリスで1番高い値となっている。以前の貧困率はもっと高く，2009年から2010年の子どもの貧困率は57.7％であった。

　タワーハムレッツに住んでいるほとんどの子どもは，朝食を食べないで学校に行く。2014年9月から，イギリスでは，所得にかかわらず，小学校入学後の5歳から11歳まで，すべての子どもを対象に無料給食（フリーミール）がはじまった。それ以前は，低所得の子どものみが無料給食であったが，その当時，スタッフによれば「タワーハムレッツにおいて，低所得のため無料給食を受ける子どもの割合は極めて高かった。ここから二駅行ったところに中学校と高校があり，2014年9月以前にそこの校長先生と話したところ，1,200人のすべての子どもが無料給食を受けていた。そこは，イギリスでフリーミールを受けている子どもの割合が2番目に高い地域であった」。

4）長期休暇期間中等の食事

　先生がトレーニングを受けるために学校が休校になったり，学校が半日の日，あるいは6週間の長期休暇になると，子どもたちはフリースクールミールがないため十分な食事ができないという状況がある。こうしたなか，このフードバンクは，子どものために，コミュニティの人々と一緒に活動している。たとえば，スタッフが，コミュニティのなかのスーパーマーケットや個人に，支援をお願いし，寄付された食料を，1日1食，子どもに配布している。

　スタッフは次のように述べた「学校が休みの時はさらに状況が悪化するという問題がある。フリーミールがもらえないということだけでなく，困っている家族はなかなか自分たちから助けを求めることがない。それゆえ，私たちは小学校に行って，食料支援が必要な家庭を選択してくださいと伝え，どの家族が食料支援を必要としているのかについて理解する。6週間の長期休暇中，食べ物を支援するために家庭訪問するが，その時に，親がベネフィットの権利があることを理解しているかをアセスメントしている。たとえば，子どもに障がいがあるため，支援を受ける権利があるにもかかわらず，そのことを知らない

第3章　イギリスの子どもの貧困対策　111

人がいる。たとえば，19軒の家庭訪問をしたところ，そのうちの12軒の家庭が最高で週に70ポンドを受給する権利があるにもかかわらず，そのことを知らなかった。しかし，いくら貧しくても，子どもは将来に対して明るい夢を持っている。それゆえ，文化を変えて，子どもたちが前に向かって進んでいけるような状況に変えていければ良いと思う」と。

5) フードバンクに来る人の事例

このフードバンクに来る人の事例について見てみると，たとえば，職業訓練の指示に従わなかったためにベネフィットが凍結された人，精神疾患のため，ヒーター，ベッド，ソファーもない部屋で1年以上ひきこもっていたが，家賃を滞納し，ホームレスになった人，ドメスティック・バイオレンスにより，逃げてきたが，支給された住宅には家具もなく，寒い床で寝なければならなかった難民の親子，友達からお金を貸してもらえなくなったため，1週間近く何も食べなかったため，栄養失調と脱水状態になり，病院に入院した人，子どもに食事を与えるために自分はご飯を食べなかった人，1年以上，1週間にリンゴ4個と一斤のパンだけで生活した人，1年間ベネフィットがもらえなかったので，パンと水だけで生き残った人，ゴミ箱をあさった人等が挙げられる。スタッフは，難民の親子について，「貧困のなかで裕福なキャナリーウォーブを見ながら生活をしていたわけだが，ヒーターもない中で寒く親子はひっついて寝ていた。子どものベッドを買うこともできなくて，寒いなかで，床で寝ていた」と述べた。

6) Child Poverty Action Group, OXFAM, Unilever 等との連携

このフードバンクのパートナーは，チャリティである，Child Poverty Action Group や OXFAM，大企業の Unilever 等である。

Child Poverty Action Group に関しては，2012年に，Child Poverty Action Group が，フードバンクの利用者が急激に増加しているため，その理由を調査しに来たのがきっかけで，このフードバンクのパートナーとなった。たとえば，

112

Child Poverty Action Group では，貧困状態にある子どもと家族が，福祉の権利にアクセスできるようにする支援を行っている。失業保険が切れると，本当はハウジングベネフィットが 100％支給される権利があるにもかかわらず，ほとんどの人がそれを知らない。そのため，このフードバンクは，ハウジングベネフィットが受けられる権利があることを当該の人に伝えている。

　また，このフードバンクは，世界で子どもの貧困対策を行っている OXFAM や国会議員とも連携をとっている。

　その他，このフードバンクの近くにヘッドオフィスがある Unilever は，人々を持続的，継続的に支援するという理念を有しており，このフードバンクは，Unilever から財政的支援を受けている。

7) 他団体と連携をした，福祉の権利にアクセスするための支援とソーシャルアクション

　このフードバンクは，食料を支援するだけでなく，人々が福祉の権利にアクセスできるように情報提供することを自らの大きな役割だと考えている。その際，このフードバンクは，Child Poverty Action Group や OXFAM と貧困問題の解決法を見出し，人々の意識改革ができるように活動している。スタッフは，「たとえば借金を抱えていて問題がある場合に，その人たちに様々な情報を提供して，他の団体の支援も受けながら当該の人が自ら紹介された場所に行き，自ら解決する。私たちの役割は，解決をするというよりもインフォメーションを提供している点にある。現在，このフードバンクを訪れる 3 分の 2 の人は，1 回ここに来るだけで問題を解決できるようなシステムになっている。とにかく，私たちは，人々が収入を確保するための活動を目的としている。たとえば，収入が少なく問題があるのであれば，最低賃金を上げることが解決法になるだろうし，ベネフィットのシステム自体に問題があるならば，法律をチェックしてそれを変えなければならないと思う」と述べた。

　たとえば，他の団体の専門家が当該の人にフードバウチャーを渡して，「フードバンクに行って食べ物をもらってください」といわれ，当該の人はフードバ

第3章　イギリスの子どもの貧困対策　113

ンクに来る。その際，お茶を飲みながら様々な話をし，「どのような問題がありますか」と聞き，情報の提供をしたり，実際に関連する公的機関に電話をして支援をしている。スタッフは，「モットーは，とにかく高水準のアドバイス，ハイスタンダードのアドバイスをするということである。地方自治体はどんどん予算が削減されており，アドバイスをもらうところが少なくなっている。しかし，ここでは，そういうところでもらえないような役に立つアドバイスができるようにすることをモットーとしている」と述べた。

8）仕事の紹介とボランティア

　このフードバンクには職業訓練の機会を得ることが難しい25歳以上の人が良く来るが，この人たちがフードバンクを訪れた際に，仕事に関する支援を行い，場合によっては，フードバンクでの仕事を紹介している。スタッフは次のように述べた。「皆さん，最初はフードバウチャーを持ってここに来るが，お茶を飲みながらいろいろな話をしていて，『こういうスキルは使えるのではないか』とか，『それではどんな仕事ができるか』といった話をしている。仕事をしたいと思っている人がほとんどであるが，機会がなかったり，どうしたら良いかわかならい人がほとんどなので，こうした支援をしている」と。

　このフードバンクのスタッフ数は5人であるが，近年ボランティアも増えて10人くらいのボランティアが来ている。ボランティアのなかには，精神的疾患のある人も含まれており，そうした人のなかには，ここで働くことより，いつか他の仕事ができるようになることを願っている人もいる。

　その他，大企業に勤めている人が，ボランティアで，他の企業とコネクションをつくり，その結果，企業がオフィスや家具等を寄付している。スタッフは，「企業に，今これが欲しいですとか，これが足りませんと伝え，寄付をしてもらっている。だから，キャナリーワーフのお金がここを通じてこの貧困のエリアに流れているといえる」と述べた。

9) 食料支援を超える CSR（corporate social responsibility）

　イギリスでは，ブレア政権後，CSR 政策が積極的にとられており，このフードバンクも様々な企業から支援を受けている。スタッフによれば，「企業は地域のために何かをしなくてはならなく，CSR を無視することはできない状況になっている。企業は何か社会に還元したいと積極的に考えており，そのような機会を探している。財源もあるし，何かをしたいと思っている人が多数存在する。企業の規模にかかわらず，皆さんが，持続的な支援をしたいと思って来られる。最初は，食料支援の資金を提供しますよといわれるが，話しているうちに，このフードバンクが食料だけでなく，他の支援も必要としていることを理解され，様々な支援をしてもらっている」と述べた。

　具体的には，IT 企業がフードバンクの利用者を対象に IT のトレーニングの機会を提供したり，別の企業がオフィスを提供したりしている。先に述べた Unilever は，このフードバンクに「私たちは何をしたらよいか」と質問してきたが，「ウェッブサイトが必要だ」というと，ウェッブサイトを作った。また，フードバンクに来た人の記録のためのシステムを，Unilever のカスタマー・リレーションシップサービスシステムをもとに作った。その結果，このフードバンクでは，そのシステムを使って，すべての記録が上手くできるようになっている。

10) 公的機関へのアクション

　スタッフによれば「現在，ベネフィットが必要な人は，その申請の後，5 週間後にならないとベネフィットがもらえない状況が起きている。たとえば，7 月 27 日にベネフィットを申し込んだ人は，9 月にならないとそれをもらえない状況が起こっている」。こうしたなか，スタッフはジョブセンタープラスに電話をし，当該の人がハードシップペイメントのような制度を使えるように交渉している。

　また，以前は，住宅手当は家主に直接払われていた。また，ベネフィットも 2 週間に 1 回の支給だったが，現在では，すべて，1 カ月に 1 回，本人に直接

渡されるようになった。こうしたなか，家賃が支払えない人が出現している。
このフードバンクでは，食料支援を入り口に，対象者の抱えている様々な問題
を他の団体と連携しながら解決している。スタッフは「食料というのはきっか
けづくりであり，その背後にはいろんな問題があり，それに対して対応しなけ
ればならない。もし対応しないでいると，その人は，またフードバンクに戻っ
てくる。だから，私たちがやらなければならないことは，その問題を解決する
ことである」と述べた。

　また，次のようにも述べた。「食料支援は教会から始まり，現在も，教会は
食料支援を行っている。大切なことは，人々の意識を高めること，意識を変え
ていくことであると思う。2, 3年前から，ようやく企業も私たちのことを知っ
て，私たちの所に来て，何か企業でできることはないかと聞かれるようになっ
た。最初は食料支援だと思われていたが，話をしているうちに他にも問題があ
るということで，その問題解決の支援をしてもらうようになった。だから，大
切なのは，コミュニティベースでスタートして，そこから発展していったら企
業等もそこに加わっていくものだと思う」と。

注

1）ブレア政権以後のイギリスの子どもの貧困政策の記述については，イギリス政府の文献
　以外に，（伊藤・阿部，2016，4-16）や（内閣府，2015）を参照した。
2）子どもの貧困率に関しては，OECDのウェブサイトを参照した。（http://www.oecd.org/
　social/income-distribution-database.htm 2017.12.10 アクセス）
3）この点については，イギリス政府のウェブサイト，*Child Poverty Strategy 2014-17* を参
　照した。（https://www.gov.uk/government/uploads/system/uploads/attachment_data/
　file/324103/Child_poverty_strategy.pdf 2017.12.10 アクセス）
4）この点については，イギリス政府のウェブサイトを参照した。（http://www.legislation.
　gov.uk/ukpga/2010/9/part/A1）（https://www.gov.uk/government/publications/
　workless-households-and- educational-attainment-statutory-indicators 2017.12.10 アク
　セス）
　また，イギリスにおける改革については，（伊藤・阿部，2016，4-16）も参照した。
5）この点については，イギリス政府のホームページを参照した。（https://www.gov.uk/
　find-sure-start-childrens-centre 2017.12.10 アクセス）

6) インタビュー調査によれば，ファミリーアウトリーチワーカーの資格は，カレッジにおいて，① 子どもの発育，② 個人的な発達，③ 社会問題，④ 英語や数学（子どもにも教育するため）等について 2 年間学んだ後に取得できる国家資格である。子どもと関わる仕事をする人には，この資格が必要とされている。レベルは 1 〜 4 まである。政府は，マネージャーになる人にレベル 3 以上を要求している。インタビュー対象者のマネージャーは大学に行き，レベル 4 の資格をとっている。

引用・参考文献

Giddens, A.（1998 = 1999）佐和隆光訳『第三の道』日本経済新聞社

伊藤善典・阿部彩（2016）「イギリス：行き詰った子どもの貧困対策—自由主義レジームにおける限界—」『貧困研究』vol.17，pp.4-16

所道彦（2015）「イギリス—子どもの貧困対策の到達点—」埋橋孝文，矢野裕俊編著『子どもの貧困／不利／困難を考える I 』ミネルヴァ書房，pp.189-203

内閣府（2015）「英国」『諸外国における子供の貧困対策に関する調査研究』

OECD（2017）（http://www.oecd.org/social/income-distribution-database.htm 2017.12.10 アクセス）

OECD（2016）（http://www.oecd.org/social/soc/CO2_2_ChildPoverty_Jan2014.pdf#search=%27OECD+child+povery+rate+UK%27 2017.12.10 アクセス）

UK Government（2014）*Child Poverty Strategy 2014-17*（https://www.gov.uk/government/uploads/system/uploads/attachment_data/file/324103/Child_poverty_strategy.pdf 2017.12.10 アクセス）

UK Government（http://www.legislation.gov.uk/ukpga/2010/9/part/A1 2017.12.10 アクセス）

UK Government（https://www.gov.uk/government/publications/workless-households-and- educational-attainment-statutory-indicators 2017.12.10 アクセス）

埋橋玲子（2009）「イギリスのシュア・スタート—貧困の連鎖を断ち切るための未来への投資・地域プログラムから子どもセンターへ—」『四天王寺大学紀要』第 48 号，pp.377-388

山本隆・山本惠子（2017）「英国の最貧困地域の挑戦」『賃金と社会保障』1686，旬報社 pp.34-44

第4章 ドイツの子どもの貧困対策
―マインツ市の取り組み―

1 ドイツにおける子どもの貧困対策

　ドイツにおける子どもの貧困対策について述べておきたい。ドイツでは1990年代半ばから，貧困をめぐる議論が行われるようになった。第2次シュレッダー政権（2002年から2005年）では大規模な労働市場政策と公的扶助制度の改革（いわゆるハルツ改革）が進められた。その結果，公的扶助は稼得能力がある生活困窮者を対象とする「求職者基礎保障」と稼得能力のない生活困窮世帯を対象とする「社会扶助」とに再編成された[1]。

　ドイツでは，貧困が子どもにどういう影響を及ぼすのか，子ども自身が貧困をどのように受け止めるのかに関心を集めているという。また，貧困が子どもの現在の幸福と将来の展望や機会の両方を損なうことも認識されるようになっている。

　子どもの貧困対策を所管する主な省庁は，連邦家族省と連邦労働社会省である。貧困に関する基礎統計としては，EU加盟国として連邦統計局が実施するEU-SILCがある。連邦統計局がドイツ各州統計局を通じて行うEVS（収入と消費に関する抜き打ち調査）のほか，国と各州の予算でドイツ経済研究所が実施するSOEP（社会経済パネル）がある。また連邦統計局は，等価可処分所得を得るため，EU及びドイツ国内の調査では，OECDスケールを採用し，等価可処分所得の中央値の60％が貧困線と定義している。子どもの貧困率は，この貧困線以下の所得に暮らす子どもの割合を示している。

　以下の表に見られるように，2013年時のドイツ全体で「貧困の危険性が

表 4-1　EU-SILC/LEBEN IN EUROPA 大人と
18 歳未満の貧困率比較（2013）

	ドイツ（%）	EU28（%）
全　　体	16.1	16.7
男	15.0	16.1
女	17.1	17.2
18 歳未満（全体）	14.7	20.3
18 歳未満（男）	14.2	20.2
18 歳未満（女）	15.4	20.4

出所：内閣府，平成 27 年度『諸外国における子供の貧
　　　困対策に関する調査研究』報告書，ドイツにお
　　　ける子供の貧困対策より

ある」の人の割合は 16.1%（男：15.0%，女：17.1%）であり，18 歳未満では
14.7% となっている。

　子どもの貧困は世帯の貧困として捉えられる。世帯の所得状況に依存するか
らである。ドイツでは全国民に対する最低限度の生活の保障を目的として社会
保障制度が設けられている。子どもを対象とする給付等もその世帯の経済的負
担を補助することが有効と考えられていることから，政府による子どもの貧困
のための施策は実施されていない。したがって，子どもの貧困率の削減目標は
設定されていないという。

　子どもの貧困リスクで最も高いのがひとり親世帯の子どもであり，逆に最も
低いのがフルタイムで就労している両親の世帯である。そのため雇用促進，失
業率の低減が最大の貧困対策になると考えられているという。

　また外国人世帯の貧困リスクも高いと指摘されている。貧困な外国人世帯
は，子どもの教育に影響が出てくるといわれている。ドイツでは高等教育機関
への進学資格を得る中等教育機関「ギムナジウム」に入学できるかどうかは，
初等教育の時点でほぼ決定される。つまり，初等教育の成績がその後の進学
や就労に影響することから，外国人世帯は子どものドイツ語習得の面で不利な
状況となり，貧困の連鎖に直面すると考えられているからである。すこし古い
データとなるが 2006 年の OECD の生徒の学習到達度調査でも，親の職業上の
地位によって子どものギムナジウム進学率に大きな差があることが示されてい

る。上層で70%，下層では12%となっている。

　子どもに関する社会保障については，まず子ども手当 (kindergeld) は，18歳までまたは高等教育等の修了まで支給される。これは所得により加算されることになっている。また出生から1年支給される育児手当，ひとり親世帯支援のための支援金，教育に関わる物品や実費の支給等がある。

　2016年の子ども手当の支給額は，1人目，2人目の子どもに対して月額190ユーロ，3人目の子どもに対して月額196ユーロ，4人目以降の子どもに対しては月額221ユーロとなっている。

2 マインツ市の子どもの貧困対策

　マインツ市 (Mainz) はドイツ南西部のライラント＝プファルツ州の州都である。ローマ時代に起源を持ち，古くから軍事上，政治上の拠点として，また宗教，文化，商工業の中心として発展した人口約21万人の都市である。フランクフルトの約30km，西南西に位置し，フランクフルト空港中央駅からマインツ中央駅までは快速電車で約20分である。ライン川とマイン川との合流点付近に位置している。また，ライン川渓谷のブドウ産地の中心を占め，ラインワインの集散地となっている。「印刷の父」グーテンベルクの生地としても有名である。

【マインツ市の教育システム】

　最初にマインツ市の10歳以下の子どもに関する自治体規模での教育システムについて概観しておきたい。マインツ市は15地区に分かれている[2]。

　マインツ市役所の教育に関する組織としては，「家族・青少年省 / 社会保障給付局 / 教育庁」が所管している。また基本的教育機関としては，① 幼稚園は，公立52施設・私立67施設，合計119施設がある。幼稚園は，ラインラント＝プファルツ州の教育カリキュラムを実施している。幼稚園では，連邦プログラムとして12言語に対応しており，66の幼稚園が言語対応のための推進

事業に取り組んでいる。これは連邦・州プログラムとして実施されている。また，15 の施設が「幼稚園プラス事業」を遂行している。具体例としては，保護者交流カフェ，家族政策，朗読会等である。さらには，幼稚園と小学校の一貫教育推進事業も行っている。その他，新設の小規模の家族センター開設，社会ネットワークプログラムへの参加などを実施している。

②小学校は，公立 22 校，カトリック系小学校 4 校，合計 26 校がある。社会福祉活動に取り組むソーシャルワーカーをこれらの学校に配置している。また，幼稚園と小学校の一貫教育推進事業，社会ネットワークプログラムへの参加を推進している。

③青少年福祉活動・教育事業 (Freiwillige Angebote der Jugend- und Bildungsarbeit) として，青少年文化センター (Kinder, Jugend und Kulturzentren) を設置している。公立 10 施設，私立 6 施設が設置されている。

④青年福祉ボランティア活動団体 (Jugendverbandsarbeit) が取り組んでいる公共福祉事業 (Gemeinwesenarbeit) がある。ノイシュタット地区で 2 カ所，フィンテン地区で 2 カ所，その他，ヴァイゼラウ，レルヒェンベルク，マリーエンボルン，ゴンゼンハイム，ラウベンハイム地区で取り組まれている。具体例としては，学校機関外の教育プログラム，小学校と共同運営の午後のプログラム，宿題・授業の補習学校，そして学校休暇中のプログラムを実施している。

⑤早期支援及び家族政策 (Familienbildung und Frühe Hilfen) としては，早期支援，家族政策，子どもの保護プログラム，プロテスタント系及びカトリック系の家族教育施設設置，子ども保護連合連邦協会に委託している El Kiko: 親子プログラムがある。ここでは，保護者コース，多言語対応サポート，幼稚園との共同運営で運動と栄養等を実施している。

第4章　ドイツの子どもの貧困対策　121

⑥ 学校機関でのソーシャルワーカーによる社会福祉活動（Schulsozialarbeit）としては，小学校に常勤ソーシャルワーカーを 10 人雇用している。また非常勤ソーシャルワーカーも雇用して，保護者交流カフェ，社会学習，カウンセリング，社会生活に馴染むためのサポート等に取り組んでいる。

⑦ 社会ネットワーク（Netzwerke）としては，教育におけるネットワークの重要性から次のようなネットワークづくりを実践している。たとえば，社会生活ネットワーク（Sozialräumlich）として，自治体規模（市）の公共福祉事業ネットワーク，「社会福祉の街（市）」のネットワークである。具体例としては，教育ネットワーク・レルヒェンベルク地区，保護者ネットワーク・ノイシュタット地区，教育グループ・モンバッハ地区，等である。

また，2017 年より自治体規模の社会奉仕団体（ASD：Allgemeiner Sozialer Dienst）主体の社会生活団体ネットワークが立ち上げられた。また，幼稚園と小学校の一貫教育事業会合ネットワークがある。

さらには，テーマ別企画（Themenbezogen）として，子どもの言語のネットワーク，保護者教育ネットワーク／早期支援グループ，幼稚園と小学校の一貫教育グループ，貧困と社会生活研究団体 GWA（コミュニケーションエージェンシー）等がある。さらには，現在立ち上げ段階になっている教育マネージメント団体がある。

最後に，マインツ市が取り組んできたこれまでの構想として，次のようなものがある。たとえば，青少年・家族の教育推進事業の構想（市役所，2014 年），マインツ市：子どもの貧困防止策（市役所　2009 年），マインツ市立小学校の学校機関における社会福祉活動（ソーシャルワーカー）の構想（JHA：Jugendhilfeausschluss：公共青少年福祉局　2003 年 /2010 年），「家族政策におけるネットワーク」構想案の改訂（公共青少年福祉局　2016 年），青少年・家族省の社会生活団体（公共青少年福祉局　2017 年）等である。

【マインツ市役所社会サービス＆社会計画課（Landeshauptstadf Mainz）訪問】

　マインツ市で子どもの貧困対策を担当している 4 人の社会計画官の中から，Ｑ氏にインタビューすることができた。また，説明資料『マインツ市の貧困状況―子どもの貧困と防止策』(Armut in Mainz　Schwerpunkt　Kinderarmut und Präventionsansätze) の贈呈をうけた。この資料に基づいた説明，そして質疑応答が行われたマインツ市が取り組んでいる現状の理解のために，これらの内容を紹介したい[3]。

【マインツ市における貧困の認識】

　『マインツ市：子どもの貧困防止案』(2009) によれば，子どもの貧困は，低所得世帯の男児・女児を対象としている。しかし，物質的困窮状態にある貧困だけでなく，多種多様なケースが考えられることから，貧困基準を一様に定めることは難しいとのことであった。たとえば，物質的支援が必要ということになれば，食料品や衣料品，あるいは住居提供が必要となる。また教育や言語能力，理解力の向上を目指す文化的支援が必要な場合もある。また社会的状況から社会との繋がり，社会への適応能力を身に付けさせる必要が要求される場合もある。最後に，健康状況から身体能力や心理状態を考慮する取り組みが必要となる場合もある。このようなことから，子どもの貧困は，子どもの精神安定や安心感を育むことを防いでしまうとともに，自分自身の可能性や能力を発揮することをも困難にする。すなわち，Ｑ氏によれば，マインツ市としては，貧困層の子どもに社会参加する機会を創出しているかどうかの認識がとても重要であるとのことであった。

【地方自治体としての可能性と限界に関する見識】

　マインツ市のような地方自治体レベルでは，世帯収入額による貧困層の基準を定めていない。日本のハローワーク的機関である「ドイツ連邦職業安定所」によれば，社会法典第Ⅱ編（求職者基礎保障）に則り，各市町村の基準によって細分化された評価や利用法がある。たとえば，以下のような「相対的低所得層

第4章　ドイツの子どもの貧困対策　123

表4-2 相対的低所得層と最低社会保障の指標」(2015)

2015	単身世帯（ユーロ）	一般世帯（ユーロ）（夫婦あるいはパートナーと14歳以下の子ども2人）
ラインラント＝プファルツ州の貧困層（欧州基準による：中間階級の等価収入の60％）	967	2,031
マインツ市の最低限所得保障（社会法典第Ⅱ編／ハルツ法Ⅵに該当：住居を含む）	870	2,073

出所：「マインツ市の貧困状況―子どもの貧困と防止策」より
　　　Armut in Mainz Schwerpunkt Kinderarmut und Präventionsansätze

と最低社会保障の指標」(2015) がある。

　しかしながら，「要請の原則」により，申告者だけが認知されている問題点も指摘されている。また，過去の記録を調べてみると，15歳以上の未成年雇用者の人数が，稼働能力を有する失業手当受給対象者（上乗せ受給者／積み上げ受給者）の人数に含まれていない問題が出てきている。

　マインツ市の「社会法典第Ⅱ編に基づく失業手当受給者の数値の変動」については次のような変動となっている。

　この表は，過去6年間の恒常的な変動値である。2015年末，マインツ市における社会法典第Ⅱ編に基づく生活保護Ⅱ受給者の数は合計15,616人であっ

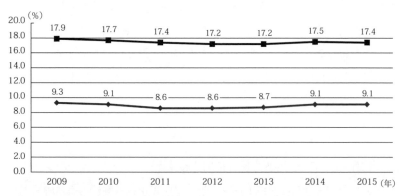

図4-1　社会法典第Ⅱ編に基づく失業手当受給者の数値の変動（マインツ市）
出所：マインツ市の貧困状況より

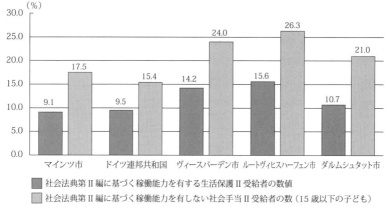

図 4-2　マインツ市と近郊都市との比較

出所：図 4-1 に同じ

た。そのうち 15 歳以下の子どもの人数は 4,483 人であった。かつ，ひとり親家庭の生活保護受給者の数値は，2009 年から恒常的に約 50％にとどまっている。

　さらに，マインツ市と近郊都市との比較では，マインツ市の数値はドイツの平均値とあまり差がないといえるが，15 歳以下の子どもの数値は平均値よりやや高めであることがわかる。また，マインツ市は，近郊のダルムシュタット市に比べると低く，さらにヴィースバーデン市やルートヴィヒスハーフェン市に比べると大幅に低い。

　次に，貧困の定着について述べてみる。マインツ市の「社会法典第Ⅱ編に基づく生活保護受給者の受給期間」（図 4-3）から，生活保護受給者の受給期間は年々長くなっていることがわかる。また，子どもに関しては，この統計に該当する子どもの 2 人毎に 4 年以上，社会手当を受給していることがわかる。

　次に，マインツ市における地域格差についてである。

　表 4-3 からは，マインツ市のレルヒェンベルク，モンバッハ，フィンテン，マリーエンボルン及びノイシュタット地区に貧困層が多く生活していることが分かる。ノイシュタット地区の割合の低下は，南地区の改善によるものと考えられる。なお，2009 年と 2015 年の比較において（表 4-4），ほとんど変化が

第 4 章　ドイツの子どもの貧困対策　125

表4-3　マインツ市における地域格差（2009年12月）

市区町村	社会法典第Ⅱ編に基づく 生活保護受給者の割合（%）
レルヒェンベルク	18.9
モンバッハ	14.9
フィンテン	13.7
ノイシュタット	12.9
マリーエンボルン	12.0
エバースハイム	9.7
マインツ	9.3
ハルテンベルク＝ミュンヒフェルト	9.2
アルトシュタット	8.9
ヴァイゼラウ	8.9
ゴンゼンハイム	7.0
オーバーシュタット	6.7
ヘヒツハイム	5.6
ブレッツェンハイム	5.5
ラウベンハイム	5.2
ドライス	1.9

出所：マインツ市における地域別ランキング

表4-4

ランキング		地　区	社会法典第Ⅱ編に 基づく生活保護受給者 の割合（％）
Dez 2009	Dez 2015		
1	1	ノイシュタット―車庫前	34.7
2	2	レルヒェンベルク―ミッテ（中央）/ZDF（ドイツ第2テレビ）	30.7
4	3	フィンテン―北	22.7
3	4	ノイシュタット―バルバロッサリング	21.4
5	5	ゴンゼンハイム―野外公園前	20.7
6	6	モンバッハ	17.0
8	7	ハム―タウバースベルグ	16.6
9	8	ノンシュタット＝ゴーデプラッツ	15.9
7	9	エバースハイム	15.8
12	10	モンバッハ―ヴェストリング/ヘメ	15.7
11	11	マリーエンボルン―北	15.4
13	12	アルトシュタット―シュテファンベルク	14.6
14	13	アルト―モンバッハ	14.6
10	14	モンバッハイム　ズダー	12.6
15	15	フィンテン―東	12.6

注：2015年も都市名は同様。
出所：表4-3に同じ

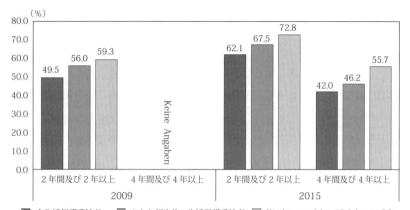

図 4-3 マインツ市の社会法典第Ⅱ編に基づく生活保護受給者の受給期間
出所：図 4-1 に同じ

なかったのが市区ランキング 15 位にランクインしているフィンテンである。フィンテンは，社会法典第Ⅱ編に基づく生活保護受給者の割合が高い。また，モンバッハの全 4 地区に貧困層が集中していると判断できる。

次に，子どもの貧困と教育への影響についてみていく。この図 4-4 は「子

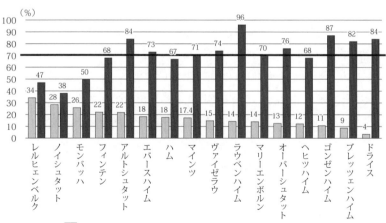

図 4-4 子どもの貧困と言語について（2015/2016）
出所：図 4-1 に同じ

第4章 ドイツの子どもの貧困対策 127

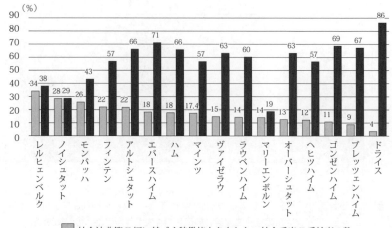

図 4-5　子どもの貧困とギムナジウムへの進学率（2014/2015）
出所：図 4-1 に同じ

どもの貧困と言語について」(2015/2016) である。子どもの貧困率が高い地区（レルヒェンベルク，ノイシュタット，モンバッハ）では，就学前の子どもの言語及びドイツ語能力が他の地区に比べて圧倒的に低いことがわかる。

　また，子どもの貧困と教育への影響についての中で，「子どもの貧困とギムナジウムへの進学率」(2014/2015) について調べている（図 4-5）。これでは，貧困層が多く生活をしている地区：レルヒェンベルク，ノイシュタット，モンバッハでのギムナジウムへ進学率は平均値と比較すると非常に低いことがわかる。マリーエンボルンの低い進学率は，ギムナジウム児童が総合学校（Integrierte Gesamtschule：IGS）へ移動したことが理由であると考えられる。

【子どもの貧困防止策】

　これまでも，あるいは今後も，マインツ市における予算額試算は，基本的に社会学研究分析の結果及び貧困状況データに基づいて行われる。以下，① 就学前教育としての幼稚園，② 学校機関での社会福祉活動，③ 公共青少年育成

活動，④ 早期支援及び家族政策，⑤ 公共福祉事業，⑥ 福祉のまちづくり（都市計画），の予算化にかかわる具体的な各活動及び事業は，市区町村の状況に合わせて計画し，提供されている。しかしながら，共通目標としては，互いに協力し合い，貧困層拡大の防止に努めていることであるといえよう。

　子どもの貧困防止策の具体例を挙げてみる。

　① 幼稚園（就学前教育）：12 言語対応の幼稚園（連邦プログラム）／ 66 の幼稚園が言語に対応するための推進事業を遂行（連邦州プログラム），15 の施設が「幼稚園プラス事業」を遂行（例：保護者交流カフェ，家族政策，朗読会），幼稚園と小学校の一貫教育推進事業，新築の小規模の家族センター開設

　② 学校機関での社会福祉活動：保護者交流カフェ，社会学習／情報共有，子どもの福祉，またすべての公立小学校と中学校（レアールシューレ），総合学校，職業訓練学校で福祉事業活動を提供

　③ 公共青少年育成活動：学校の休暇中プログラム，小学校連携の午後のプログラム，宿題や授業の補習学校・塾

　④ 早期支援及び家族政策（家族・青少年省プログラム）：活動主催者のネットワーク，活動内容の調整・管理，各活動プログラムの必要性の明確化，参加のしやすさ，幼稚園との共同活動，様々なターゲットに合わせたプログラムを企画する

　⑤ 公共福祉事業：活動拠点づくりとしては，ノイシュタット（2 カ所），フィンテン（2 カ所），ヴァイゼラウ，レルヒェンベルク，マリーエンボルン，ゴンゼンハイム，ラウベンハイム，家族政策，宿題や授業の補修学校，活動場所の提供等，ボランティア活動

第4章　ドイツの子どもの貧困対策　129

⑥ 福祉のまちづくり（都市計画）：地域に適したプログラムのコーディネート（例：教育ネットワーク・レルヒェンベルク），宿泊施設と小規模の家族福祉施設の建設

　ここまでのまとめをしておきたい。マインツ市の貧困層は，中間階級層に集まっているとのことであった。社会法典第Ⅱ編に該当する生活保護受給者の受給期間が長期化したことは深刻な問題となっている。子どもの貧困率は，稼働能力のある生活保護受給者の増加率より高いと判断できる。また，貧困層の子どもは，どうしても社会参加する機会に制限がかかってしまう傾向にある。とくに教育分野に関して，その問題が顕著であると思われる。

　マインツ市の子どもの貧困防止策は，多様且つ地域に合わせた対策が考慮されてきた。福祉活動とのネットワークも充実していると考えられる。この防止策の主要な目的は，子どもとその家族の社会参加する機会を促すことにあるといえよう。マインツ市としては，今後の教育システムの影響や結果をデータ化することで，これからの子どもの貧困防止策に適用させていきたいとのことであった。

3 　民間団体による子どもの貧困対策

　ここでは，マインツ市の子どもの貧困対策として，民間団体によるサポート事業の現状を理解していくために，「ドイツ子ども保護連合連邦協会マインツ支部地域社会福祉団体」を取り上げてみたい。2017年9月，この団体が受託運営している施設訪問の際のインタビュー内容，質疑応答と，訪問時の説明資料として提供された『年間報告書（2016）』内容を活用しながら述べていく[4]。

　まず，ドイツ子ども保護連合連邦協会（Der deutsche kinderschutzbund Bundesverband e.V.）について紹介する。この協会は1953年にハンブルクにて設立された。現在約5万人の会員数であり，ドイツ最大の子ども保護団体である。この協会の目的は，暴力，貧困からの子どもの保護，子どもの権利の実現を目指すことである。子どもがすべての決断，計画，措置に参加すべきであると考

えていることが特徴としてあげられており，精神的，心理的，社会的，身体的な子どもの育成を推進しているという。

　協会組織としては，連邦協会を頂点として，16 の州支部があり，さらに430 の自治体下部支部を傘下に置いている。実際の活動は自治体下部支部が行っているが，その対応の取りまとめ，あるいは研修を州支部が中心になって行っている。また州支部は自治体下部支部が収集した情報をもとに各州政府に対するロビーイングに取り組んでいる。連邦協会は連邦政府に対するロビーイングに取り組み，かつ協会全体の広報やキャンペーンの展開，協会員への支援と助言を行っている。これらの活動は約 5,000 人のスタッフが担い，かつ 1万人のボランティアによって支えられている。なお，協会財源収入は会員会費，募金，公的助成金等から得られている。

Deutscher Kinderschutzbund Mainz：ドイツ子ども保護連合連邦協会マインツ支部

　マインツ市地域社会福祉団体は，1978 年より非営利の青少年及び家族のための社会福祉団体として活動している。様々な社会福祉的・社会教育的プログラムを，マインツ市内とマインツ＝ビンゲン郡の 20 カ所で展開している。2016 年 1 月，マインツ市地域社会福祉団体は，非営利団体として青少年のための「共同有限会社ドイツ子ども保護連合連邦協会」を立ち上げた。この有限会社は 100％マインツ市地域社会福祉団体の子会社である。事業の大半は，これまで社会福祉団体のボランティアたちが，募金や寄付でプロジェクトを運営していたように，非営利有限会社としてもほぼ同様の活動を提供している。

　2016 年はマインツ支部にとっては記念すべき年であった。親子インターナショナルプログラム "El Kiko-International" の 10 周年記念及び地域福祉活動団体設立 25 周年記念を祝ったからである。この 2 つの盛大な記念祭は，子ども保護連合連邦協会の存在と重要性を改めて感じる機会となった。

　先にも紹介したが，ドイツ子ども保護連合連邦協会の目標は，事業展開を通じて，① 子どもが持つ独自の力を伸ばす，② 子どもの民族的，国家的，社会的，

第 4 章　ドイツの子どもの貧困対策　131

宗教的な背景に関係なく子どもの権利を護る，③子どもの生活状況を改善し，将来のチャンスを実現させる，④家庭内の暴力から解放し，安全を確保する，等である。また，革新的な地域社会福祉団体として，青少年のための新しいコンセプトを考え，政治的レベルでも子どもの権利を護ることから，政党や宗派からは独立しているとのことであった。

運営のための財源については，年間予算の大半は補助金である。とくに青少年の福祉支援活動については，社会法典第VIII編（青少年の権利）に基づいた社会保険が財源になっている。その他は，会員会費，募金及び寄付金によってまかなわれている。また事業利益から活動資金を確保している。2016年の具体的数値としては，非営利の青少年支援有限会社予算は約3億ユーロ，地域社会福祉団体予算は14万ユーロとのことであった。

また，多くの活動で政府や地方公共団体の助成金を獲得する等の経済的支援を受けて運営している。しかし，非営利団体としては，大部分は自分達で運営し，サービスを提供していかなければならない。そのため，寄付金やボランティア活動は，活動の質を落とさずに継続するため，大きな支えとなっている。マインツ市及びマインツ＝ビンゲン郡の子どもや家族の支援をするために，①個人及び企業の団体会員登録：年会費最低40ユーロより，②独立支援団体，③独自のスポンサー活動及び企業のメセナ活動，④様々な分野でのボランティア活動，を推進している。

子ども保護連合連邦協会マインツ支部は，他の支部に比較して活動規模が充実しているという高い評価を得ている。現在168人のスタッフが活動している。この内，80人以上が雇用スタッフであるが，大多数は非常勤スタッフである。また，ボランティアとして60人以上のスタッフが子ども保護連合連邦協会マインツ支部に従事している。2016年には，地域社会福祉団体のボランティア活動時間が総計7,545時間に達した。

以下，マインツ支部での具体的な諸事業をすこし詳細に紹介していきたい。

子どもと家族のためのカウンセリング事業

この事業では次のようなカウンセリング事業に取り組んでいる。① 教育に関する質問，② 学校での問題対応，③ 子どもの自立性の向上，④ 育児サービス，⑤ 家庭内危機の相談，⑥ 別居，離婚問題，⑦ 家庭内暴力問題，⑧ 貧困，社会的差別問題，等である。このカウンセリング事業は，様々な場所で行われており，サービスは無料で，誰でも利用可能である。教育学者及び心理学者によって，子どもにとって安心・安全，かつ専門的なアプローチ方法でカウンセリングが行われている。子どもはかけがえのない存在であることから，保護者と一緒に解決策を考え，新しい視点で物事を捉えるよう努めている。

マインツ＝アルトシュタット（旧市街）での青年支援活動サービス（Jugendhilfe Mainz Altstadt）

マインツ市の青年生活支援活動チームは大きく成長した。というのは，学生スタッフだった2人が大学卒業後に常勤スタッフとして雇用されたからである。現在は4人の常勤スタッフと5人の非常勤スタッフが勤務している。さらに，7人の学生スタッフ及び3人の経験豊富なフリーランスのスタッフが活動している。これらのスタッフが働くための事務所が狭くなったことから，2つ目の事務所を設置することになった。

支援活動チームは，現在，約100人の子どもと家族の世話と指導を担当している。社会福祉学・社会教育学的な家族支援の需要が年々増加している。

2016年に女の子向けのグループ活動を再開した。活動開始から間もなく，1グループでは足りないことが判明したからである。目下，女の子グループが2つ，男の子グループが3つ活動中である。さらに，注意欠陥障害及び多動性障害（ADS, ADHS）に対応するセラピーグループのサービスも提供しており，2人の女性スタッフが担当している。現在，子どもの教育担当者はすべて女性スタッフで，男性スタッフが不足しており，男性スタッフを募集中とのことであった。また，プレイグループプログラム，読み書き及び計算トレーニング等のプログラム活動にたいへん人気があるとのことであった。

第4章　ドイツの子どもの貧困対策　133

また，移民の教育対策プログラムに関しては，いくつかの学校や子どもの社会福祉機関で開催している。3人のスタッフが担当して家庭訪問も実施している。移民の教育対策プログラムは，学校や幼稚園からの問い合わせが多く，需要が高い。大学生（女性）が子どものサポートをしている。さらに，夏休みと秋休みの休暇中プログラムを実施した。具体例として，市民公園でのジオキャッチング（宝探しゲーム），動物園への遠足，一緒にプールに行く等のプログラム活動であった。これらの企画はすべて大人気で，青少年の参加者はたいへん満足していた。夏休み最終週は，1年に1回の青年支援チームと学校との会議が開催された。テーマは「子どもと精神障がいを負う保護者」であった。

　今後の課題としては，① プログラム実施や予算支出のための財源がまだはっきり定まっていないこと，② 活動部屋や事務所が，スタッフの人数に対して狭いこと，③ 建物内の水漏れなどの問題がまだ解決していない，ことが挙げられる。また，④ 柔軟性をもった青年支援活動が期待されていることから，これらの支援活動ができるスタッフを採用する必要があるという。

親子インターナショナルプログラム ノイシュッタット地区（El KiKo-international Neustadt）

　マインツ市ノイシュタット地区の El KiKo-international は，家族構成に関係なく3歳児までの親子のために 2016 年より継続している。具体的活動としては，① 家族及び子ども同士の交流の場を設ける，② 子どもや家庭の問題に関するカウンセリングの受付，状況に応じて専門家を紹介，③ 父母対象の教育プログラム（子どもも参加可能），④ 休暇中の日帰り遠足，⑤ 子ども服や遊具のフリーマーケット，⑥ 当プログラムで一定期間経過後のプレイグループ及び特別支援コースを準備，等がある。また，州のプログラムである KITA!Plus 企画内での託児所やゲーテ広場の幼稚園との協力・共同活動も続けている。

　次の図 4-6 は，2016 年に運営した通常の長期プログラム参加者の人数の統計である。大人の参加日数及び複数のプログラムを同時に受講していた子どもの人数も加算している。学校休暇中は特別プログラムのみの活動のデータであ

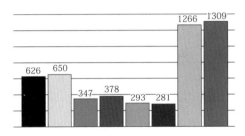

図 4-6　2016 年のプログラム（抜粋）参加者集計
出所：マインツ市の地域社会福祉団体：2016 年報告書，p.19

る。

　2016 年は 10 周年を記念して，マインツ市ノイシュタット地区で 6 月 3 日より 1 週間様々なアクティビティを企画した。家庭，スタッフ及び当プログラムの提携パートナーである El Kiko 参加者の全員と一緒に計画し，準備した。「ドイツ語を話そう」会，チェスクラブグループ，親子交流カフェ等において，チームミーティング，電話，メールを利用して，アイディアを話し合い，意見をまとめた。10 周年記念祭は盛大に幕を閉じた。今回の記念祭を通して，週毎のプログラム，その他の個別の企画，大小のプロジェクトの運営について，また様々な能力を持つすべての参加者や関係者が今後どのように El KiKo-international に携わっていくべきなのか将来像が見えてきた。

　今後は図の統計結果に現れているようなプログラム毎の参加人数に差があまり生じないように努力していきたいとのことであった。参加者人数は，大人と子どもを合わせておおよそ 250 〜 400 人で，これからもより多くの参加者を期待している。

　このように，親子交流センターの運営方法が大変評価され，センター運営は

継続している。その際，すでに活動してきた内容の反響を元に，次年度以降は
どこを改善し，変えるべきなのかを考え，補助金の獲得を目指したい。また，
KITA!plus プログラムの管轄が変更になるという州議会の決定により，活動を
する上での新しい心配の種が生まれてしまった。また，州議会での決断が下さ
れた当時は，実際の運営体制が今後どのようになっていくのかはまったくはっ
きりしなかった。この KITA!plus プログラムの継続及び，このプログラムがマ
インツ市内での他の幼稚園のモデルとなって，ますます発展していくことを
願っている。

El KiKo – international Ebersheim：親子インターナショナルプログラム
エバースハイム
親子インターナショナルプログラム（El KiKo-international）の親子交流カフェ

　親子交流センターでの親子インターナショナルプログラムでは，2016 年も
週に 1 回，親子交流カフェを定期的に開催した。この企画は，3 歳までの子ど
もがいるすべての家族対象となっている。この交流カフェでは，保護者の要望
に応じて，様々なテーマが話し合われ，経験や意見を交換し，共に解決策を考
える機会をつくりだすことが目的となっている。保護者が話し合いをしている
間，経験豊かな女性の保育士が子どもたちの世話をしている。

　また，この交流カフェでは，他の機関と提携を組んで様々なイベントが開催
されている。具体例としては，次のようなイベントがある

- 連邦職業安定所（日本におけるハローワーク）との提携
  ① 再就職希望者向けイベント，② 職業訓練希望者向け相談会
- Pro familia センターとの提携　① 避妊法，② 栄養と健康
- 教育カウンセリングとの提携
  ① 教育メソッド，② 睡眠習慣，瞑想，限界を作る，③ 「私」と「あなた」
  絆の効果，④ 2 言語以上を話す家庭のサポート，
- 活動ネットワーク

エバースハイム地区の様々な団体と施設が共同で「青少年のための活動グ

ループ（AG）」を立ち上げた。この地域の子ども及び家族のための迅速なサービスの向上を目指している。

このエバースハイム地区での具体的な活動を紹介してみると，野ねずみ幼稚園での保護者交流カフェ（KITA!plus 提携プログラム）が挙げられる。

ここ数年，野ねずみ幼稚園内で保護者交流カフェが運営されている。保護者は 5 〜 12 人，子どもは 3 〜 7 人参加可能である。この交流カフェに参加している保護者達のおかげで，野ねずみ幼稚園の 30 周年記念祭の計画を進めることができた。スタッフと保護者が一緒に机を囲むこの交流カフェにはたくさんの人が参加している。多くの保護者が参加し，関心を示していることで，今後の将来的な共同プロジェクトの実現に向けて前向きな計画が立案できる。

エバースハイム在住の家族にとって KITA!plus 提携プログラム及びすべての El KiKo 活動は，前向きな結果を出していると思われる。双方のプログラム運営者は，意見や現状を共有し，互いのサービスを共同で遂行することもある。

このように，El KiKo 交流カフェでは，保護者同士で自由に意見が交換できるよう，WhatsApp グループ（グループチャット）をつくった。保護者は，互いに地域で開催されるイベント情報，流行の病気や最新情報を共有している。交流カフェが幼稚園内で開催されているため，2 人の子どもとそれぞれの母親がこのカフェに気軽に参加することができ，そのおかげで子どもたちは幼稚園生活に問題なく馴染むことができた。

今後の課題として，親子交流カフェにテーマに合わせた専門家を招待したい。具体例として，教育カウンセラー（女性），幼少期の性の心理的発達を専門とする教育者（女性），助産師，婦人科医（女性の健康，家族計画），管理栄養士（妊娠中・授乳中の食事について），エバースハイムの青少年局局員（社会福祉士）等が考えられる。

また，El KiKo の参加者や子どもを幼稚園に通わせる保護者がノイシュタット地区で実現しているように「ドイツ語を話そう」会への資金援助が望まれる。2016 年はカウンセリングを希望する保護者がたいへん多かったため，交流カフェが始まる 1 時間前に個別のカウンセリングを実施する計画であるという。

カフェ参加者が，エバースハイム地区内や周辺での子ども保護連合連邦協会のプロジェクト「Wunschoma / Wunschopa」（「リクエストおばあちゃんとおじいちゃん」：子どもの世話をしてくれる高齢者のボランティア活動）や小さい子どもがいる家庭向けのプログラム情報を掴んでいくことを願っている。それによって「リクエストおばあちゃんとおじいちゃん」プロジェクトをエバースハイム地区の新しいボランティア活動のひとつとして組み入れる。しかし，残念なことに，州議会の決定により，最初の3カ月間は KITA!plus の予算が下りず，具体的な見通しが立っていないという問題が発生した。3月までは，提携パートナーとしてのプログラムを共同運営することができない状態であった。

子どもの家「青い象」：Kinderhaus BLAUER ELEFANT

子どもの家 BLAUER ELEFANT は，地域密着型の6～12歳の小学生のためのサービスである。自由時間の教育学的プログラム，学校生活のサポート，「社会生活」を学ぶためのグループ，特別支援学級等を企画・準備しており，進級・進学の際の問題をできるだけ少なくすることを目指している。この子どもの家の第一の目標は，子どもが遊びを通して学び，子どもが持つ能力を伸ばすことである。また，救急の応急処置の仕方，社会ネットワーク，移民問題などと取り組むことも念頭にある。「一つ屋根の下で助け合う」ことをモットーとして，この子どもの家は子どもたちと保護者に様々なサービスを提供している。

具体的には，① 自由時間の教育学的プログラム内での子どもたちとの活動，② 男の子・女の子向け特別プログラム，③ 学校休暇中のプログラム（宿題のサポート，南西ドイツ放送 SWR の休暇プログラム），④ グループ・クラブ活動：太鼓たたき，人形劇，料理，メルヘングループ，リラックス，スポーツと運動，工作，ダンス，劇，チェス，⑤ 学校生活のサポート：宿題補助，特別学習推進（Bildungs- und Teilhabepaket: BuT），識字障がい・計算障がいの児童のためのトレーニング，読書の時間，⑥ 運動能力の向上："Denken in Hochform" のメソッドを参考に，遊びながら身体を動かす勉強方法を取り入れる，⑦ 要望・必要に応じたサポート：たとえば，社会生活を学ぶグループ，運動グループ，

いらいらした時の対応を学ぶグループ（「手を出すのではなく，まずはクールに考えよう」），子どものための言語コース，等がある。

また，ゲーテ小学校及び4つの学校団体と提携を結んでいる。その他にもプロジェクト"KK"や7年前から「学校への準備コース」の活動をしている。

ノイシュタット地区のゲーテ・ライプニッツ・フェルトベルク学校及び13の幼稚園と共同で小学校入学前の子ども向けの「学校生活」プロジェクトを実現している。このプロジェクトには今年160人の子どもたちが参加した。また，親子教育のためのカウンセリングは毎日，また特別なプログラム「お父さんと子どものための遊び，スポーツ，運動」などの際にも開催されている。地方自治体と教育委員会との関わりを持つことは，政治的レベルで子どもに必要な政策を考案することができ，情報が政治家の耳にも入りやすくなるため，彼らと関係を保つことはわれわれにとっては重要である。そのため，ノイシュタット地区グループ（ノイシュタット区役所，幼稚園，青少年団体）と連邦レベル

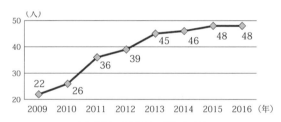

図 4-7　1日の子どもの人数
出所：図 4-6 に同じ

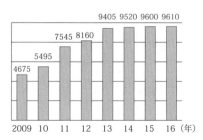

図 4-8　1年間の子どもの人数
出所：図 4-6 に同じ

表 4-5　曜日毎の子どもの人数（平均）

	2009	2010	2011	2012	2013	2014	2015	2016
月	22	25	30	33	40	41	42	42
火	18	19	25	26	30	30	32	33
水	22	24	30	31	35	35	35	35
木	28	30	32	38	45	47	49	49
金	34	35	55	66	75	75	76	76

出所：図 4-6 に同じ

の会議に参加している。

　2016 年に取り組んだ活動を挙げてみる。① 世界子どもの日にゲーテ広場で大きな子ども祭を開催，② 子どもの権利週間に，子どもの権利大使チームによる「個人の権利と人権教育」についての話し合い，③「ティピーを建てる！」というテーマで自由自在に工作，④ クリスマスプレゼントキャンペーンの実施（スポンサー：Entega 社，GE 銀行，Coface 社，LBBW 銀行），⑤ 走者としてたくさんの子どもたちがかけっこ大会 "Run for Children" に参加，⑥ 親子対象の子どもの権利を考えるイベント「家族の日」を実施，⑦ GE 銀行主催の Social Day でハーブの苗の植え付け，⑧ IKK（健康保険会社）の管理栄養士による健康な朝食を考えるイベントを実施，⑨「お父さんと子どものための遊び・スポーツ・運動」プログラム内での親子ロック・クライミング，⑩ 市民公園での子ども祭，サッカーブンデスリーガのマインツ 05 クリスマスマーケット，等がある。

　2016 年からは，ほとんど，あるいはまったくドイツ語が話せないたくさんの子どもたちが子どもの家に新しく入って来た。その子どもたちの大半が発達障がい，あるいは社会的な態度や人との関わり方に問題を持っており，子どもたちやスタッフにとっても今後の大きな課題となっている。また，継続的にソーシャルワーカーの人数を確保することが困難となっている。

　また，学校休暇中の世話や宿題の補助の問い合わせが多かった。効果的で即効性があり意義のあるプロジェクトのための資金を確保するには手間暇がかかる。共同有限会社への転換と新しいサーバーシステムへの変更に時間が取られ

たからである。

　子どもの利用者数の増加に伴い，サポートが必要な人の需要も高くなる。そのための解決策を考えている。難民の子どもたち向けに，既存のプログラムを提供するか，場合によっては新しいプランを練らなければならない。現状のままでは，これまでの活動の質を維持することが困難であると思われる。

　強い子どもを育てる家になっていくためには，どのように取り組んだらよいのか。それは，目標は以前と変わらず，これまでの結果より効果的なプログラムを安定させ，さらに改善させていくことである。そのため，子どもの積極的な参加姿勢が重要である。子どもの権利大使チーム，上級生が下級生の世話をする子どもメンター，子どもの読書会，社会適応能力について学んだ子どもが他の子どもの問題解決に手を貸す子どもヘルパー，発達障がいあるいは社会的な態度や人との関わり方に問題のある子どもたちのための態勢見直し，スタッフは研修を受けるなどの対策が必要になってくる。

　このように，新しいプログラムを通じて，この子どもの家の活動は改善し，子どもたち一人ひとりの能力を伸ばすことになると共に，現存の問題解決に向けて取り組む必要がある。文化的な教養を身につけるため，劇場や音楽学校との提携を組む必要がある。さらには，学習補助費の工面，「入学前の準備プロジェクト」，「お父さんと子どものスポーツプロジェクト」や週末の野外教育学習を運営するため，新しいスポンサーを探し，これまでのスポンサーからは今後も事業資金を支援してもらうように尽力したいとのことであった。

　今後の取り組みを考えると，長期的にスタッフを配備し，プランを維持，また内容を改善させていくため，「入学前の準備プロジェクト」や「学校生活」プロジェクトを実施は絶対必要であると思われる。そのため，支援団体との緊密な協力関係を築かなければならない。学習補助や休暇中の世話への問い合わせが多いため，要望に応えられるよう解決策を考えなければならない。ノイシュタット地区の社会福祉団体，学校，スポーツクラブとの提携により，元のプログラムがさらに質の高いものになると思われる。

親子プログラム　託児所（El-KiKo）（El KiKo Kinderkrippe）

　全日制の託児所では，1～3歳までの10人の幼児を預かっている。この託児所の構想は，レッジョ幼児教育学より学んだものである。子どもは自分の世界を形成し，知識や発達を独自で学んでいく能力を持って誕生する。スタッフは，子どもたちが安心できる社会との繋がりを作り，温かい愛情を与え，物事の善悪を教え，物事の決断を誘導し，適切な世話をする。子どもたちが自分の周囲で起こる様々な出来事や遊びの中で，自分が生きる社会や他の子どもたちとの協調性のある社会的生活について学ぶ環境を整えていく。子どもたちの年齢に応じた課題や1日の参加プランを決めることは我々の仕事である。

　また，活動を記録することは，子どもたちの状況や反応をスタッフチームでの話し合い，保護者と意見を共有する際に，重要な基礎情報となる。いかにして活動の質を落とさず，さらに発展していくため，教育学的な活動報告や展開中のプログラム状況を話し合うチームミーティングを毎週行い，かつスタッフはスーパービジョン教育を受けている。2016年2月には，主任及びひとりのスタッフ（共に女性）が教育者としての資格を得ることができた。

　区役所改装後の建物を利用し，さらに活動範囲を拡大することができた。2016年2月よりEl KiKoと共同で建物を利用している。子どもたちの朝食はここで摂っている。また，託児所にある大きな部屋は，工作部屋，アトリエ，運動部屋，更衣室などとして活用している。その他にも少人数の勉強グループや父母会活動などが行われている。このような活動は，子どもたちの参加率を高め，自立心を高めるのに効果的である。

　El KiKo10周年記念を祝って，以前に託児所を利用していた保護者や昔のスタッフが参加し，また協力してくれたことは，たいへん喜ぶことであった。

　その他，託児所では次のようなプログラムを実施している。たとえば，農園と野外アトリエ活動がある。これは，GE銀行のSocial Dayと連携して野外活動を行った。ボランティアと託児所の幼児は草むしりをした後，農園に新しい野菜を植えた。新しい木のおもちゃやジャングルジムを寄贈してもらい，子どもたちは嬉しそうだった。また，夏には，新しい野外アトリエを庭に作りたい

と思っている。子どもたちに自由に絵かきしたり，自然の中で見つけたものを貼り付けて工作してもらおうと思っている。子どもたちにはこのアトリエを通して，自然を観察し，実験して自分で新しい発見することを楽しく学んで欲しい。

また「ジャガイモちゃんとケバブ」という活動もある。託児所に子どもを預けている保護者及び El KiKo の保護者と一緒に料理するプログラムである。世界各地の食事，たとえばモーリタニア料理を食べながら健康について考える機会がこのプログラムでは考えられている。

残念ながら，8 月にインターンシップ生を社会福祉士研修生（Berufsanerken-nungsjahr：社会福祉を学んだ学生が卒業後に雇用されるポスト）として雇用することができなかった。また，連邦ボランティア制度（Bundesfreiwilligendienst：BfD）のボランティア活動者の週労働時間が少なく，人数確保が難しかった。2016 年は，8 人の子どもたちが幼稚園に移動したため，状況が一転した。その結果，託児所に新しく入った幼児は落ち着きがなく，彼らが生活に馴染むのに時間がかかった。

専門家と El KiKo-international 及び託児所の保護者の方々のサポートは，活動の質を落とさず，教育コンセプトをさらに発展させて継続するため，大きな力となった。

保護者の緊急電話：Elterntelefon

この保護者の救急電話は，保護者のためのカウンセリングサービスである。これによって，親子間の問題や悩みの解決をサポートする。2001 年に始まったこの保護者の救急電話は，保護者が抱える子どもの教育に関する疑問を匿名で相談でき，問題解決に導いている。ドイツ国内全土で提供している信頼できるサービスである。子ども保護連合連邦協会マインツ支部は，活動初期よりドイツ全土のネットワーク "Nummer gegen Kummer（哀しみ退治のためのナンバー）" に所属している。保護者が直面するたくさんの疑問や不安は，家庭生活につきものである。保護者がどんな状況であれ，マインツの保護者のための救

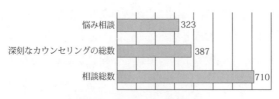

図4-9　2016年の悩み相談
出所：図4-6に同じ

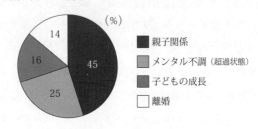

図4-10　相談内容
出所：図4-6に同じ

急電話には，いつでも14人のカウンセラーが対応している。固定電話からでも携帯電話からでも保護者の救急電話は，匿名かつ無料で利用できる。

　子ども保護連合連邦協会マインツ支部の保護者の救急電話カウンセリングチームは，ドイツ青少年・保護者の救急電話団体より支援金を得ている。また，"Nummer gegen Kummer（哀しみ退治のためのナンバー）"は，カウンセラー向けに下記のテーマで2日間の講習会を実施した：「子どもの性意識の芽生え」，「子どもが感じる心地よさ」，「違いと多様さ」について等の講習会が実施されている。この事業では「質の保証」が重要であることから，カウンセリングへのフィードバック，カウンセリングの効果，カウンセラーの姿勢等について，定期的スーパービジョン教育を実施している。

　電話の通話数と相談内容については，2016年は総計710件のカウンセリングが行われた。この内，387件の電話は深刻なカウンセリングであり，323件の電話は悩みの相談だった。

　ほとんどの電話相談は直接的あるいは間接的に子どもに関する相談だった。多くの保護者の救急電話には様々なテーマが背景に潜んでいる。電話をかけて

くる人はたいてい子どもの教育環境や教育に関する問題を抱えている。各カウンセリングは，保護者の救急電話のカウンセラーにより，だいたいの話の結論が傾向づけられている。つまり，カウンセラーとの相談で問題を明白にしていく，あるいは自分自身で問題解決できるように導かれていく。

教育・家族一貫カウンセリングセンター：Integrierte Erziehungs-und Familienberatungsstelle

　2016 年初頭，カウンセリングチームは，相互の意見交換を促し，結束を強めることを決定した。地域に根差したテーマを取り上げるチームミーティングは，マインツ市（一貫カウンセリングセンターマインツ）とニーダー＝オルム市（マインツ＝ビンゲン郡の教育・家族カウンセリング）でそれぞれに開催されている。

　オッペンハイムのカウンセリングセンターの開館時間延長が要望され，実現することになった。マインツ市とマインツ＝ビンゲン郡での一貫カウンセリング事業は，既存のカウンセリングサービスに追加された。教育カウンセリング，離婚カウンセリング，生活相談，過激な論争に関する相談，身の回りの悩みに関するカウンセリングの他に，保護者コース "Kinder im Blick（子どもの目）" も設けられることになった。4 人のトレーナーが研修を終え，このコースに専属で働くことになった。ここでは，2 つのコースが同時に開催されて，両親は別々にコースを受講する。このコースへの問い合わせは非常に多いことから，トレーナーチームの拡大が必要不可欠だった。最近では，このコースは家庭裁判所にも認知されている。

　また，スタッフグループは，子どもの保護のための訓練及び研修を終え，2016 年には子どもの保護に関する問題の専門家として，解決策を提案することが可能となった。その結果，ドイツ国内の状況と比較して，マインツ市及びマインツ＝ビンゲン郡でのカウンセリング事業の需要が高くなっていることがわかった。また，子どもが家庭内で危機的状況に陥っているケースが非常に増えていることもわかった。たとえば，幼稚園でのカウンセリング事業は，今年

大きな成長を遂げた。他の機関との提携を結び，カウンセリングの時間を延長し，また保護者交流カフェの時間を使ってカウンセリングをすることもあるという。

また，「幼稚園に通う子どもの心理的発達：年齢に応じた活動と影響」についての講演会で取り扱われた「トラウマ」と「ボランティア活動での子どもの保護」の2つのテーマの重要性を認識し，活動の新しいレパートリーやテーマとして取り入れた。6月にはマインツ市とマインツ＝ビンゲン郡で第一回目の合同イベントを開催した。この合同イベントの目的は，同じ領域で働くスタッフたち同士が顔見知りになることだった。イベント開催中，「異文化におけるカウンセリング／独自の文化の重要性」と題する講演会があった。参加者はこのイベントについて非常に満足していた。

カウンセリングの件数については，2016年は合計560件であった。家庭担当と個別担当に別れて11人がカウンセリングを担当した。そのうち315件はマインツ市からで，245件はマインツ＝ビンゲン郡からであった。マインツ＝ビンゲン郡の事業は，VAMV（Der Verband alleinziehender Mütter und Väter e.V.：ひとり親家庭団体）と提携を結んでいる。

また，131件は昨年からの相談を引き継ぎ，418件は今年新しく入ったものだった。11件は複数回問い合わせがあった。560件のうち382件は解決に導くことができた。大半は，家庭内での問題であったため，2016年にはマインツ市及びマインツ＝ビンゲン郡から，実質合計2,116人が問い合わせたことになる。

2016年では，6～9歳の子どものための両親の離婚カウンセリングコースに関する問い合わせが多くあった。早急に対応することが困難だった。離婚問題及び過激な論争の渦中にいる時のカウンセリングは多くの時間が必要である。

今後の課題としては，幼稚園の訪問活動を続けていかなければならないと思われる。そのためには，

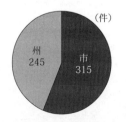

図4-11　2016カウンセリング件数
出所：図4-6に同じ

カウンセラーチームの安定した活動ができる環境づくりが必要である。社会法典第 VIII 編にもカウンセリングについて言及されているからである。

青少年生活支援：JuLe

青少年生活支援チームは，2009 年からマインツ＝ビンゲン郡の 5 つの学校で活動している。JuLe はマインツ＝ビンゲン郡青少年局の対策事業である。「教育ヘルパー」は，様々な学校機関で実施されている。そこでは，子ども連れの家族，教職員，スクール・ソーシャルワーカー，青少年局員及び現地法人の社会福祉関係者向けのプログラムが組まれている。子どもや青少年のための社会福祉学的ケースワーク，学校生活のサポート（授業の補習，宿題グループ，休み時間の過ごし方），グループワーク，教育カウンセリング，父母会，臨床心理士の紹介，余暇・休暇中のプログラムを企画・実施する等の活動をしている。

JuLe には 9 人の担当者を配属しており，270 時間のプログラムを準備している。今年は 6 〜 16 歳の 65 人の子ども（女児：15 人，男児 50 人）と家族が参加した。

今後の課題としては，子どもだけでなく家族も参加できるたくさんの余暇の活動プログラムが実施される必要がある。たとえば，① 週に 1 回の体育館での遊び・運動グループの活動，② サッカーチーム，③ ロック・クライミング場への遠足，④ ビンガーの森での休暇中プログラム「宝探し」，⑤ かけっこ大会 "Run for Children" への子どもとスタッフの参加等である。

また，子どもたちが進級・進学する際の準備対策は小学校や家族からも評価されている。小学校からの問い合わせにより，青少年生活支援活動を学校の時間割に 10 時間組み入れることになり，一人のスタッフが専任指導者として配属されることになった。JuLe での活動経験があるスタッフがインゲルハイムのペスタロッチ小学校に新しい拠点として 8 人のスタッフが配属できるように取り組んだ。

多くの活動拠点でサービスを提供し，様々な人々（子ども，家族，学校，青少年局，提携パートナー）と活動する際のコミュニケーションの取り方を今後改善

していく必要がある。

ツォッツェンハイムの新しい子どもの家（Das neue Kinderhaus in Zotzenheim）

　マインツ＝ビンゲン郡のツォッツェンハイムの子ども保護連合連邦協会は，子どもの福祉支援の高い需要に応えるため，2017 年に新しい子どもの家を建設することになった。入所予定の 3 〜 12 歳の子どもたちは，何等かの理由で家族の元で暮らすことができないため，青少年局から子ども保護連合連邦協会に困難な状況にいる子どもたちを青少年支援の一環として，監護するように要請があった。マインツ支部としては，よりよい住環境で子どもを養護し，保護者との関係を改善し，支援内容のニーズが高まったことを背景に，新しい建築を建てることとなった。

　新しい子どもの家の建設は，マインツ＝ビンゲン郡及び州の青少年局の同意によって決定され，特別支援施設として認定された。

ラッペルキステ保育所　ニーダー＝オルム　KiTa Rappelkiste Nieder-Olm:

　ラッペルキステは以前に放送されていた子ども番組の人形のことである。ラッペルキステでは，レッジョ幼児教育学に基づいて 2 〜 6 歳児の世話をみている。この保育所では合計 15 人の子どもを受け入れており，そのうち 12 人は全日制で過ごしている。半日保育には 2 つのプランを設けている。① 7：30-14：00（昼食を含む）　② 8：00-12：00, 14：00-16：30

　ラッペルキステでは，子どもたちが安心して過ごせる環境を作ることに尽力している。心優しく理解のある保育士は，子どもたちの面倒を見るだけでなく，保護者との良好な関係を築くよう努めている。その際，教育パートナーである保育士と保護者の定期的な情報交換や保護者面談が大変重要である。保育士が保護者との近い関係を築くことは，子どもたちが保育所に馴染む過程でも大きな役割を果たす。「ベルリンモデル」に基づいて，子ども一人ひとりの家庭状況を考慮して，少しずつ保育所に慣れる環境を作る。保育士は能動的に子どもたちとの人間関係を築き，子どもたちも企画プログラムに積極的に参加している。

その際，子どもたちは一緒になってディスカッションを繰り広げる。たとえば，どんなアイディアがある？　何が実現できる？　どのように置き換えられる？というようなディスカッションである。保育所の活動に保護者が参加することもある。保護者が加わることで活動に新しい風が吹き，それにより新しいアイディアを思いついたり，子どもたちが強力なサポートを得ることもある。

　保育士はバイリンガルで，普段は子どもたちと英語を話し，子どもたちの行為は彼らの母国語で誘導する。また，英語の歌を歌ったり，詩を朗読したり，英語で遊んだりすることもある。また，週に1回，ニーダー＝オルムの音楽学校と共同で開催する音楽の時間は，ラッペルキステの通常プログラムとして組まれている。ここでは，定期的に保育士のチームミーティングとスーパービジョン教育を実施している。

　このように，ラッペルキステに子どもを預けている保護者の素晴らしいサポートにより，夏に向けて庭を遊び場のように庭造りをする，春のキャンペーンも実施することができた。

　もうひとつの2016年のハイライトとして，入学前の子ども向けにたんぽぽ幼稚園（KITA Löwenzahn）と共同で森プロジェクトを実施し，入学前のテーマを設けたことである。「絶滅した動物」について調べ，次にフランクフルト動物園に遠足し，その後幼稚園に宿泊した。

　また，ある日の午前中は，子どもたちはDLRG-Niveaデイで過ごした。魔法の城幼稚園（KITA Zauberschloss）の子どもたちも参加していたので，子どもたちは合同でマスコットのナビーと一緒に，ライフガードから直射日光対策や水泳のルールなどを学んだ。

ご近所会ラウベンハイム（Nachbarschaftstreff Laubenheim）

　ご近所会は，子ども，青少年及び大人がコミュニケーションをはかる集合場所である。若者から高齢者までが出会い，余暇を過ごし，カウンセリングのための集合場所となる。

　ご近所同士で生活の悩みや疑問を共有する場所を作るためにすべての参加者

をサポートしている。この会合の参加者の年齢に条件はなく，老若男女誰でも訪ねることができる。自由時間の教育学的プログラムからは，私生活にも好影響をもたらす前向きな結果が期待できる。この地域コミュニティの形成を支援する立場から，カウンセリング，争いの仲介，女性向け余暇プログラム，親子プログラム，宿題の補助，インターネットカフェ，余暇のプログラム（仲良しグループ結成，四季の行事，遠足，休暇中のプログラム）を企画し，提案している。

このような企画プログラムや会話／相談から，争いがなく寛容な共同生活や地域の社会構造への参入を促す。さらに，住人の自主性や積極性を促し，家族の負担を減らすことを試みている。居住区の文化的な多様性を大きな可能性として認識している。

この居住区には，約100戸もの公営住宅があり，そこには主に子沢山の家族及び低所得世帯，そしてひとり親家庭が住んでいる。約300人の住人は約20の異なる国々からの移民であり，多国籍である。とくに，トルコ，モロッコ，ガーナ，コンゴそしてイラクからの移民が多い。このプログラムには約70家庭が参加している。我々は，一家庭辺りの人数によって住居を提供しているため，家庭内の状況が変われば居住区内で住居を移動しなければならないことを理解してもらう必要がある。

今年も，素晴らしい季節の行事，遠足，子ども向けのキャンペーンを実施した。女性向けには，様々な遠足やお祭り，また一緒にラマダーンの終了を祝うお祭り（イド・アル＝フィトル）を開催するなどのプログラムを企画した。母子遠足は非常に人気があったため，今後も定期的にTobolino屋内遊技場への遠足を実施することになっている。

今年の一番のハイライトは，ご近所会の25周年記念である。様々なプログラムが実施された多彩な記念祭には，住人の積極的な参加があった。そこには入念に練られた計画通りのプログラムはほとんどなく，動きがあり，遊びのある共同活動であった。

我々は昨年，SROI（社会的投資利益率）調査に参加した。青少年支援活動におけるこの調査結果によると，社会福祉機関は経済システムの一部で役割を果

たしていることが分かった。他方で，社会福祉プロジェクトは，公的資金によって運営しているだけでなく，地方自治体から補助金を受けることで，我々や利用者が負担するはずの家賃や青少年支援活動のコスト，カウンセリングのコストを下げることに成功していることが明白になった。最終的に，教育学的及び社会福祉学的活動における翻訳及び通訳代が一番高額であった。

小学生のための社会福祉：Schulinterventionsprogramm（SchIP）

ゲーテ小学校での小学生のための社会福祉活動は，青少年局と共同で行われる子どもとその保護者向けプログラムである。このプログラムでは，児童のグループワークの進め方や社会での協調性を学び，自分自身での問題提起，少人数グループでの宿題学習に参加する。学校の授業内での補助保護者の活動からは家族の家庭内での児童のサポートを促していることになる。我々の活動により，支援するすべての児童がいずれ高等教育を受ける際，社会福祉支援が要らないように準備し，トレーニングを実施している。

具体的には，主に休暇中の時間を使っていくつかの素晴らしい遠足及びラクレット（チーズ）を食べる会，スパゲッティパーティ，プール等のアクティビティを実施することができた。イースター休暇には，シネスター・マインツ（映画館）より素敵な案内があった。SchIPの児童のために映画館を貸し切って，ポップコーンを食べ，飲み物を飲みながら，映画「ズートピア」を鑑賞した。

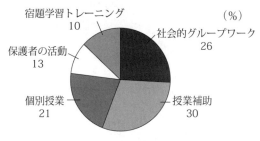

図4-12　プログラム利用者の統計
出所：図4-6に同じ

夏休みには毎年特別なプログラムを企画している。今年は，シュプレントリンゲンの青少年の放課後学級の活動場所を利用させてもらうことができた。児童が一番喜んだのは，マインツ＝エバースハイムの乗馬施設での乗馬体験だった。また，タウヌス・ワンダーランド（遊園地）への遠足も非常に満喫していたようだ。我々は，ゲーテ広場の世界子どもの日フェスティバルで工作ブースを設営し，子どもから大人まで楽しんでもらえたようだった。さらに，SchIPの児童は，年末のCoface社のクリスマスプレゼント交換会に参加した。児童と保護者はUDG（United Digital Group）社のお菓子を食べ，素敵なプレゼントをされた。

学校での福祉活動：Schulsozialarbeit

　学校での福祉活動プログラムは，児童，保護者，教職員向けである。児童向けのプログラムは，参加自由で，自発性を養い，中立の立場を維持し，守秘義務を護って，問題解決を目指す。また，保護者向けのプログラムは，主に教育や学校に関する相談に対応し，必要に応じて他の機関を紹介する。教職員向けのプログラムは主に社会教育学的分野でのカウンセリングで，さらに，よりよいクラス環境を作るため，5年生向けに週1回，社会生活を学習するための社会科プロジェクトを企画している。

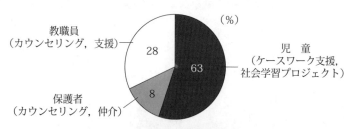

図4-13　プログラム利用者の統計
出所：マインツ市の地域社会福祉団体：2016年報告書，p.7

青少年の放課後学級・シュプレントリンゲン：Tagesgruppe Sprendlingen

　シュプレントリンゲンの青少年の放課後学級は，7～14歳の児童に向けに

企画され，最大 14 人までが利用できる。月曜日〜金曜日の放課後，夕方まで児童はこの施設で時間を過ごす。健康を考えた昼食の提供や宿題に取り組む他，児童は一緒に遊び，必要に応じてスタッフはサポートする。すべてのスタッフ（教育者以外のスタッフも含める）は，彼らが安心して会話ができるパートナーとして，また個人が持つ能力をさらに伸ばせるよう努めている。

保護者との共同活動は必須である。週に 1 回の保護者面談では，子どもが自宅でどのように過ごしているのかを知るための重要な情報であり，われわれの活動にも活かすことができる。活動の目的は，家庭の教育状況・条件を改善することである。週に 1 回開催されているトレーニングデイは，自宅で日常生活を両親と一緒に考え，見直すものである。自宅でのトレーニングは，緊張感をほぐすという利点もある。加えて，親子からの要望に応えて，学校等の別の施設でのトレーニングも可能である。

たとえば，イースター休暇にはシルクスクリーン印刷技術で T シャツと絵を印刷した。この活動は，マインツ＝ビンゲン郡の青少年センター（JUZ）との提携で実施された。夏休みのプログラムは「サッカー」をテーマに企画した。いくつかのサッカーゴールが建てられ，サッカーゴルフをし，Coface アレーナを訪ねた。また，スタッフの運転で，裸足ハイキングを実施するため，子どもたちはバート・ソーベルンハイムへ遠足に行った。秋休みには，「私たちのご飯はどこからくるのか？」というテーマでプログラムを企画し，ブドウ狩りや林檎狩り，また七面鳥畜産農場見学を実施した。クリスマス前には，午後に保護者参観日を実施し，子どもたちは歌の合唱や詩の朗読，また Stockbrot（棒に生地を巻き付けて焼いたパン）を食べたり，工作をした。

私たちの活動場所の地下室には，工具や設備が整えられた木材の工房があり，たとえばここで子どもたちの遊具が作られた。放課後学級の子どもたちも興味があれば自分でものを作り出すことができる。

シュプレントリンゲン – 外来の支援事業：Sprendlingen – Ambulante Maßnahme

社会法典第 VIII 編第 27 条の青少年支援活動に関する文書通り，シュプレントリンゲンの施設は下記の対策をしている。① 社会教育学的な家族支援（社会法典第 VIII 編第 31 条），② 教育補助（社会法典第 VIII 編第 30 条），③ 移民向け教育支援（社会法典第 VIII 編第 35a 条），④ クリアリング，等である。

マインツ・メンター制度：Mentoring Mainz

難民の子どもたちや青少年は，すべての支援が必要である。難民のほとんどは，トラウマ的な経験を持っており，両親と離れてまったく知らない国のまったく新しい文化の中に突然放り込まれてしまった。このプロジェクトは，若い移民達の基礎となるといえよう。

マインツ・メンター制度は，マインツに難民として来た子どもたちや青少年のためである。ボランティアで活動しているメンターは，未成年の難民と一緒に街を散策したり，案内している。メンターは，個人的にも仕事上でも信頼できるパートナーとして，生活に馴染めるようサポートしている。メンターは，定期的に未成年の難民たちと会う約束をし，美術館，劇場，映画館などに一緒に行ったりしている。彼らはまた，学校での学習のサポートをしたり，心配や不安，目標や要望があった時に対応する役目も果たしている。すべての人との出会いは，文化の交流でもあるといえよう。

このメンター制度では，メンター採用と教育が課題である。メンターに興味のある人は，セミナーを受講し，活動や課題の基礎知識を得て，活動に備える必要がある。参加者は，最初のセミナーを受けた後，両親のいない未成年の難民への法的な措置，外国人法，難民のための法律，親のいない未成年の難民の精神状態，難民政策，社会教育学的なメンターの役割及び里親制度など，様々な専門的な分野が勉強できる講習会に参加する。

メンターは，メンター制度の創始者と個人的な繋がりのある人か，地域の広告案内を見て応募してきた人である。ほとんどの場合，ひとりにつきひとりの

メンターがつく。しかし，家族のサポーターの場合は，家族全員のメンターになるというより，多くの場合は家族の中のひとりのメンターになることが多い。親のいない未成年の難民のメンターの場合は，様々な対策が考えられる：その人の現状，生活に馴染むためのサポート，総合施設でのハンディキャップ，メンターの能力によって変わる。教育や言語にフォーカスが当たる場合，難民として生活し，馴染むためのプロセスのサポートが必要な場合，また社会との関係を築くサポートやドイツの文化を知るサポートが必要な場合等，様々なケースがある。

親子プログラム（グループ）

「保護者クラス：強い両親—強い子ども」は，家族の日常生活にゆとりを生み出し，自主性を養うためのドイツ子ども保護連合連邦協会のプログラムである。子どもは愛情と両親からの注目・認知が必要で，子どもはまた，自分の限界を探し，両親を信頼している。子どもへの気遣いや温かい愛情があっても，育児教育がうまくいかないことがある。このコースのリーダーは，専門的な訓練を受けたドイツ子ども保護連合連邦協会の教育者である。この教育者たちは，様々に構成されている8回のコースの中でたくさんのアドバイスを与え，教育のテーマ全般の疑問に対応する。保護者コースへの参加は，対象者それぞれに大きな影響を与える。① 母親，父親及び子どもの自信をつける，② 家族の日常生活の負担を軽減し，互いに改善する，③ 喧嘩や論争の意見の妥協を促し，解決に導く，④ 考えるための部屋を準備し，他の父親や母親との情報や意見を共有する機会を作る，⑤ 自分のための部屋を作ることを薦める，⑥ 教育全般のテーマの情報を発信する。

子どもたちは状況の変化や両親の別居や離婚に際して悩みを抱えている。しばしば子どもたちは両親の離婚の原因を自分の責任だと思ってしまう。また，両親は別居や離婚についての話し合いをしている時，感情的になり，苦しんでいる。そのため，別居中あるいは離婚した両親を持つ7〜9歳の子ども向けのグループプログラムを企画している。ゲームや会話，創作活動を通して，子

どもたちは少しずつ強くなり，状況の変化に対応しやすくなる。また，同世代
で，同じような状況にいる子どもたちが共にグループで活動をすることで，両
親の離婚への怒りや哀しみを共有し，感情，願い，希望を表現することを一緒
に遊びながら学ぶ。

　子ども保護連合連邦協会マインツ支部は，現在別居中あるいはすでに離婚し
た両親が，より落ち着きのある日常生活を送れる方法を探すためのコースを企
画した。このコースは，ミュンヘン大学と提携している家族の救急電話によっ
て立ち上げられた。このコースのリーダーは，活動に必要な資格を有している。
このコースの活動は3つの基本的な問いから成り立つ。① わが子との関係を
建て直すには，子どもの成長を支えるにはどうすればいい？　② ストレスを
溜めないようにするには何をすればいい？　③ もう一人の親と子どもとの繋
がりはどのようにつくればいい？　このコースは毎回3時間，全7回で，両
親共に別々の日に参加できるよう2グループに分かれて実施される。

その他の外来の青少年支援活動

1) 社会的行動障がいを持った子どもや青少年のための社会的グループワーク：
　　性別を分けて活動，
2) 子どもと青少年のためのセラピー：学習障がい及び学校での社会的行動障
　　がいを持った子どもや社会的行動が他の子どもたちと異なる子ども向け
3) トラウマのある，あるいは苦痛な経験を持った子どものためのプログラム
4) 注意欠陥障がい及び多動性障がい（ADS, ADHS）を持った子どものためのグ
　　ループセラピートレーニングプログラム
5) 読書・書字・計算障がいを持った子どものためのトレーニングプログラム

マインツ支部の見直しについて

　厚生労働省のプログラム「企業の価値，人間（Unternehmenswert Mensch）」
の資金援助のおかげで子ども保護連合連邦協会体制の見直しができた。スタッ
フ同士のコミュニケーションを図る機会を増やすことやスタッフ間での専門知

識の共有をしやすくすることは我々の強い願いであった。スタッフはそれぞれ様々な活動拠点で活動している。しかし，スタッフの中には自分のパソコンを持っていない人や内線通信機器をもっていない人がいるため，スタッフ相互の交流は，一部の限られた人達のみが可能であった。異なる拠点で活動する 12 人がプロジェクトチームを立ち上げ，新しい機器やコミュニケーションツールを使って問題解決を導いた。スタッフ内部のコミュニケーションを図る機会を増やすことは，活動やプロジェクトの中でも非常に小さなことではあるが，今後の活動の質を保つ特別なことである。

おわりに

　2017 年 9 月にドイツ・マインツ市，ケルン，ベルリン市を訪問し，子どもの貧困サポート事業に取り組んでいる施設訪問と関係者へのインタビュー調査を実施した。今回はマインツ市の貧困防止サポート事業を中心に報告することにした。ドイツ子ども保護連合連邦協会はドイツで最大の子どもの保護団体であり，その中でもマインツ支部が取り組んでいる活動は代表的な内容であるとの高い評価であった。このマインツ支部の活動を詳細に明らかにすることで，ドイツの子ども貧困対策の特徴と対策が理解できると考えたからである。

　ドイツの特徴としては，まず貧困率の高い地域（州・地方自治体）が集中している点が挙げられる。東西ドイツの統一後の東側に集中していること，西側でも南ドイツ 2 州と他の州との格差があるとのことであった。マインツ市でも地域によって貧困率の高低が明らかであった。貧困率の高い地域には外国人世帯，近年の難民世帯が多く生活していた。また子どもの貧困は世帯の貧困として捉えられていることから，子どもの貧困に特化した政府の施策はないということであった。しかし，子ども手当，育児手当等の子どもに関する社会保障制度，支給額は充実している。

　子どもの貧困と教育システムとの関係では，初等教育後の進学や就労に，貧困世帯への影響が大きいといえる。ドイツ語の習得の面で不利な状況となり，貧困の連鎖に直面していくことになるからである。

マインツ市の子どもの貧困防止策は，それぞれの地域に合わせた対策が考慮されていた。とくに福祉活動とのネットワークも充実しているといえる。この防止策のねらいが，子どもとその家族の社会参加する機会を促すことにあるとの考え方は大いに学ぶべき姿勢だと考える。

注

1）内閣府，平成 27 年度『諸外国における子供の貧困対策に関する調査研究』報告書，ドイツにおける子供の貧困対策，http://www8.cao.go.jp/kodomonohinkon/chousa/h27_gaikoku/o_01.html.

2）"Stadt Mainz:Kommunale Bildungslandschaft im Bereich der U 10jährigen"（マインツ市：10 歳以下の子供の自治体規模教育システム概要）。

3）"Armut in Mainz Schwerpunkt Kinderarmut und Präventionsansätze"（マインツ市の貧困状況　子どもの貧困と防止策）。

4）"Der Orts-und Kreisverband Mainz berichter aus dem jahr 2016"（マインツ市の地域社会福祉団体：2016 年報告書）。

引用・参考文献

齋藤純子（2012）「ドイツにおける子供の貧困」『大原社会問題研究所雑誌』No.649，pp.16-29

嵯峨嘉子（2011）「ドイツにおける貧困の現状と対策の課題」『海外社会保障研究』No.177，pp.31-39

近藤正基（2014）「メルケル政権の福祉政治」『海外社会保障研究』No.186，pp.4-15

コラム フランスのアソシアシオンにおける体験活動（文化的活動）と信頼関係の構築

　筆者が訪ねたアソシアシオンは，100％パリ市からの補助金により，移民が比較的多く住む，パリ市の15区において活動しているアソシアシオンである。このアソシアシオンでは，学校や仕事に行かず，街でたむろしている12～25歳までの子どもや若者に話しかけ（他機関からの連絡により子どもや若者に接触する場合もある），子どもや若者が抱える家族問題，学校での問題，仕事上の問題，住居の問題，司法上の問題，病気等の解決を，相談や様々な体験活動を通じて行っている。家族への介入も行っている。スタッフは，心理学の専門家（psycologue），フランスの国家資格として教育ワーカー（éducateur），ソーシャルワーカー（assistant social）である。

1．子どもや若者に対する第1段階の関わり

　街にたむろしている子どもや若者は，複雑な家族関係を有していたり，大人のことが信じられなくなっている場合が少なくない。スタッフは，最初から，彼・彼女らに声をかけるのではなく，最初は，彼・彼女らの前を通ったり，握手をしたりして，自分たちのことを認識してもらう関係作りを目指す。子どもや若者が心を開いてくれるためには，最低2年かかる。スタッフは次のように述べた。「子どもや若者は，最初，『この人誰なの』というような警戒感を持っている。その警戒感は，肌の色のことであるかもしれないし，警察に対して抱くような警戒心かもしれない。私たちは，この地区に住んでいる住民ではないから，『外部者の人間が来て，何してるのか』という感じなのだろう。そのため，実際に慣れるまでにかかる時間は極めて長い。話すまでに1年かかることもある。1年経ったときに子どもや若者の方から逆に話をしてくる。あるいは。ちょっと何か聞いてくる」と。

2．第2段階の関わり

　次の段階では，顔見知りになった，子どもや若者から，このアソシアシオンのプログラムを受けることに関して，了承を得る。了承を得られたら，最初，「何をしたいか」と質問する。可能であれば対応する。また，こちらの方からも実施できるプログラムを提案する。子どもや若者がしたいことは，ディズニーランドに行く，ボーリングをする，映画を観る，プールに行く等である。

3．さまざまな体験活動（文化的活動）

1）スポーツ

このアソシアシオンでは，子どもや若者は，スポーツ団体と連携して，サッカーの試合に連れて行ったり，スポーツ関連の職業に関するフォーラムを開催したり，実際に，サッカー，ボクシング，ロッククライミング等をしている。

2）合　宿

実際に滞在型の合宿の場合，6，7人の子どもや若者にしか対応できないため，6，7人で合宿をしている。いつもはたむろしている子どもや若者であるが，合宿では，将来の夢等，個別に長時間の相談できるので，スタッフは個別で相談できる時間を大切にしている。

3）博物館等の鑑賞

子どもや若者はパリに住んでいながら，ルーブル美術館やエッフェル塔に行った経験がなかったりする。こうしたなか，スタッフは，子どもや若者を，ルーブル美術館，エッフェル塔，セーヌ川の乗船，そして演劇鑑賞等に連れて行っていた。

4．事　例

中学生の男の子は，学校に行っても教室に入らず，廊下をうろうろしている子どもだった。彼は，複雑な家族関係にあり，先生との人間関係も悪かった。スタッフは，3年間，ほとんど毎日彼と会っていた。ある日，その船を使って，様々な海に行くという集団プロジェクトに彼を誘ったところ，彼はとても熱心にその活動をし，それがきっかけで，それ以降，彼の生活はとても安定するようになった。

10代の半ば過ぎの女の子は，自分に自信がなく，周囲の男の子と一緒に，アルコールや薬物に依存する生活をしていた。ただし，その子どもは，薬物依存を治療したいという気持ちをもっており，医療的な治療の他，ある民間団体が行っている6週間の集中ボクシングに参加したり，演劇や家具作りのワークショップに集中的に参加した。そうしているうちに，彼女の生活はとても安定するようになった。

5．社会への疑いを乗り越える自尊心の必要性

スタッフによれば，このアソシアシオンに来る子どもや若者は，基本的に，社会から疎外されていると感じ，社会を疑っていた。スタッフはこのことについて次のように述

べた。「ここに来る子どもや若者は，黒人であったり，マグレブ出身であり，フランスのシステムや文化から阻害されていると思っており，自分自身に自信がない子どもがほとんどである。自分自身に対して，ネガティブなイメージがある。でも，『あなたたちにもちゃんと潜在力はあるよ』と，良い点を見つけて，そのメッセージを伝える，そして，そうしたイメージを子どもや若者にもってもらうようにする事が大切である。『自分にもできる』という自信が持てるように支援していくことが極めて重要である。もちろん何か悪いことをしたら，『だめだよ』と怒るが，何か出来たときに，『あ，それは良くできたね』と褒めることが非常に重要である」と述べた。

6. 他者との信頼関係によって形成される自尊心

　他者との信頼関係がもてない人は，自尊心をもつことが難しいが（Ｅ・Ｈ・エリクソン），このアソシアシオンのスタッフは，このことについて，以下のように述べた。「自分自身への信頼を勝ち取るためには，同時に他者への信頼を得ることが極めて大切だと思う。今まで，家族にも，先生にも，社会にも信頼がもてなく，自分の仲間だけを信頼していた子どもや若者が，私みたいな外部の教育者（このスタッフは教育ワーカーである）と交流をもつことによって，信頼を持ち，それがきっかけで自分自身を信頼できるようになるのではないかと思う」と。

　また，スタッフは，そのひとつの事例として，ロッククライミングの状況を次のように説明した。「ロッククライミングでは，7，8メートルの絶壁を登るが，登っている人の命を保っているのは，そのロープを持っている下の人間である。この2人の信頼関係がないと7，8メートル上には登れない。だから，子どもと一緒にロッククライミングをやるときは，その子どもに対して信頼がないと登れない。逆に，登った子ども，同じである。『じゃあ，ちゃんとロープを持ってね。僕が登るから，君を信頼するぞ』と子どもに伝え，相互の信頼関係をもつ。スポーツを通じて，こうした関係も築けるのだなとわかった」と。

7. 今後の課題

　今後の課題として，スタッフは，「外でたむろしている子どもや若者だけでなく，学校に行けず，家に閉じこもって，ゲームばかりしている，社会から完全に阻害されている子どもや若者の支援をしていく予定である」と述べた。

第4章　ドイツの子どもの貧困対策　161

第5章 韓国の子どもの貧困対策

第1節 韓国の子どもの貧困政策と実践

　2015年から2017年に，筆者らが韓国のソウル市で行った面接調査をもとに，韓国の子どもの貧困対策の現状について明らかにする。調査対象は，①ソウル市庁，②マウル事業を行っている機関，③ドリームスタートプログラムを実施しているセンター，④教育福祉優先支援事業プログラムを実施している社団法人，⑤インターネットに依存している子どもの支援をしている"I will center"，⑥家出をした子どもたちのための青少年シェルター，⑦全国フードバンクと江北地域にある個人経営のフードバンクであった。

1　韓国とソウル市の子どもの貧困政策

　韓国の子どもの貧困率は，7.1％（2015）と日本よりも低い。ソウル市では，貧困率は出していないが，ソウル市には，漢江（ハンガン）の南に位置する江南地区のように裕福な人々が暮らしている地域がある一方，貧困状態の子どもが多く住む地域も存在する。それゆえ，ソウル市は，子どもの貧困状態の地域間格差を公表はしないものの，国民基礎生活保障受給者数（公的扶助受給者数），欠食の子どもの数等によってソウル市の子どもの貧困の状況を把握している。

　貧困状態の子どもに対する支援としては，国レベルのプログラムとして，①無償の就学前教育（0～5歳が対象で，保育・教育施設に行っていない場合には手当として支給される。），②ヘッドスタートプログラム等や韓国のウィスタートプログラムをもとにつくられた，ドリームスタートプログラム（0～12歳の子どもと家族＜妊婦＞を対象），③地域児童センターでの放課後のケア（小学生・

中学生を対象），④ 中位所得50％以下の世帯の小学生，中学生，高校生の副教材費や学用品費の支援をする教育扶助，⑤ 中学校，高校，大学等への優先的入学枠や授業料の無償化の制度，⑥ 教育福祉優先支援事業等がある。

　また，地方自治体の独自の政策としては，すべての小学生と中学生を対象にした無償給食制度や，貧困状態にある子どもが，コンビニエンスストア等の店や食堂で食べ物を得ることができる，食料カード（バウチャー）政策としての「欠食児童給食支援」制度がある。さらに，ソウル市の独自政策としては，「訪問する住民センターの運動」「希望福祉プラン」，近隣住民同士で子育てを助け合うまちづくり事業（マウル事業）等がある。

1）無償の就学前教育

　無償の就学前教育は，朴槿恵大統領がはじめた政策である。その後の大統領である，文在寅大統領は，今後，国公立の幼児教育施設を3倍増やす政策を展開している。ソウル市職員は「今後2，3年間で，国公立の施設を1,000カ所作る予定である（2015年インタビュー調査段階）。無償保育政策や無償給食政策は，子どもの貧困対策にもなっている。ただし，政府でその財源を負担しなければならない点が，容易ではない」と述べた。

2）ドリームスタートプログラム

　ドリームスタートプログラムは，ヘッドスタートプログラム等を参考に2004年につくられた民間のウィスタートプログラムが貧困状態にある子どもと家族にとって良い効果があるという理由から，国が2007年からモデル事業としてはじめ，全国229カ所に設置しているプログラムである。

　それは，全額国庫補助により，国の保健福祉部（省）の管轄のもと，地方自治体が直接運営するプログラムであり，プログラムの対象は，0～12歳までの貧困状態にある子どもと保護者（妊婦も含む）である。具体的には，原則，国民基礎生活保障の給付を受けている人，次上位階層（中位所得50％以下世帯），低所得のひとり親家族等である。現在，ソウル市のすべての区においてドリー

第5章　韓国の子どもの貧困対策　163

ムスタートを運営しているが，ドリームスタートの詳細については，後で記述する。

3) 地域児童センター

　地域児童センターは，定員の4割まで貧困状態にない家庭の子どもも使用できるが，実際の利用者のほとんどは貧困状態にある子どもである。ソウル市内には，地域児童センターが，約400カ所存在する。そこでは，放課後，12～20時くらいまでの間，宿題を教えたり，特別活動を行ったり，生活習慣を教えたり，遅い時間帯には夕食も提供している。地域児童センターは，もともと「勉強部屋」という名前で，民間団体が貧困状態にある子どもを対象に放課後のケアをしていた場所であるが，2004年の児童福祉法の改正により，その呼び名は「地域児童センター」へと変更された。そのような歴史もあり，地域児童センターのほとんどは民間団体によって運営されている。だが，最近では，公的な機関で管理すべきではないかという議論がなされており，ソウル市では，区役所が地域児童センターを直接運営し始めており，今後も直営の地域児童センターを増やしていく予定である。

4) 教育扶助

　小学生，中学生，高校生に対する副教材費や学用品の支援をする教育扶助制度では，小学生には副教材費を4万1,200ウォン（年1回），中学生には副教材費を4万1,200ウォン（年1回）と学用品費を5万4,100ウォン（年2回，1回につき2万7,050ウォン），高校生には副教材費を4万1,200ウォン（年1回）と学用品費5万4,100ウォン（年2回，1回につき2万7,050ウォン）が支給される。また，入学金と授業料は，全額支給される。

5) 高校や大学等への優先的入学枠，及び大学の授業料の無償化制度

　韓国には，社会統合入学選抜制度がある。この制度のもとで，公立の普通高校以外の「自律型私立高校」「外国語高校」「科学高校」は，対象になる子ども

を，各学校の入学定員の20％以上入学させなければならない。対象者は，国民基礎生活保障の給付を受けている世帯の子ども，児童福祉施設で暮らす子ども，低所得のひとり親家族の子ども，多文化家族の子ども，障がいのある子ども，祖父母に育てられている子ども，北朝鮮から来た子ども，親が殉職した子ども，産業災害労働者の子ども等である。韓国では，高校の授業料は，低所得の子どもの場合には無償化されているが，それ以外は無償化されていない。

また，大学にも機会均等選抜制度という制度があり，上記の条件を満たす子どもを入学させなければならなくなっている。その結果，4年生大学において，約8％は，この制度で入学した学生となっている[1]。

6）無償給食や貧困状態にある子どもに対する欠食児童給食支援

ソウル市では，お金がなくて食べられない子どもだけでなく，親が仕事で食事を与えることができない場合も含めて「欠食の恐れのある子ども」と認識している。夏休みや冬休み等の長期休み期間中では，欠食の恐れのある子どもがソウル市全体で約45,000人存在し，学校がある期間では，約27,000人存在する。とくに，2008年前後の経済的危機から，欠食の子どもが増加している。

ソウル市では，すべての小学生と中学生を対象にした無償給食の他，国の政策として，貧困状態にある子ども（国民基礎生活保障を受けている世帯の子ども），少年少女家庭の子ども（国連から勧告を受けているが，子どもだけの世帯），低所得のひとり親家族の子ども等が食料カード（バウチャー）により食料を得ることができる「欠食児童給食支援」政策を実施している。以前は，紙のバウチャーを使用していたが，2008年から，ソウル市では，スティグマを払拭するために，給食電子カードに変更した。2017年現在，1日，5,000ウォン分の支援がなされ，学校が長期の休み期間中は，1日，10,000ウォンの支援がなされている。ソウル市のスタッフは，「学校での無料給食制度をはじめた当時，無償の給食制度は福祉の事業ではなく，教育の事業であるという議論がなされた。子どもたちが学校で授業を受けるのと同様，給食を食べることも教育の一環だという考え方が，この議論の始まりだった。この政策について様々な論争

第5章　韓国の子どもの貧困対策　165

があったが，ソウル市としては，無償給食の政策は，福祉的な概念ではなく教育的な概念で行った事業であると考えている」と述べた。

7）ソウル市のまちづくり事業（マウル事業）

ソウル市では，朴元淳市長のもとで，まちづくり事業（マウル事業）を行っており，市民が共同で事業を行う場合に，事業の行い方に関する支援や資金援助を行っている。その事業を担当する「マウル課」という部署もある。また，本書では十分に触れることはできないが，ソウル市内に市民が様々な事業を展開するための広い空間と建物が用意されており，スタッフも常駐している。子育て支援の領域に関しては，昔，村の人が村の子どもの世話をしていたように，親が不在の際に子どものケアをする，市民による「協働育児」の事業がある。ソウル市のスタッフは，「ソウル市の政策の一番のポイントは，村（マウル）のなかで育つ子どもの政策をもっている点にある。これは村のなかで大きくなる子どもたちを支えるという政策であるが，この政策は地域社会のなかで貧困状態にある子どもを幸福にする」と述べた。

8）訪問する住民センター運動と希望福祉プラン

ソウル市では，近年，「来る人を待つのではなく，こちらから探していく住民センター運動」や，ソーシャルワーカーや看護師の資格をもった「希望福祉プランナー」が，「希望福祉プラン」をつくり，サービスからこぼれ落ちる人がないようにしている。これらは，アウトリーチやケースマネジメントを意味する。スタッフは，「ソウル市では，社会福祉士を増やしている。福祉サービスは住民センターに来ないとわからないため，こちらがサービスを必要としている人を探して，サービス提供することに力を入れている。また，ひとつのサービスだけで必要な部分をすべてカバーするのは難しいため，様々なプログラムを活用させて，抜ける部分がないように努力している」と述べた。また，スタッフは，「ソウル市では，子どもが貧困になるのを防ぐためにはまず家族の貧困を解決しなければならない。貧困の家族が経済的に自立できるような中

長期的な支援や，地域のネットワークが必要であると考えている。それゆえ，家族政策が重要である」と述べた。

2 ドリームスタートプログラム

ソウル市の 25 区のなかでも，貧困層が多い区のセンターに対して，ドリームスタートプログラムに関するインタビュー調査を行った。このセンターのスタッフは，ソウル市の公務員（3 人）と，1 年ごとに契約が更新される非常勤の専門職（社会福祉士と保育士が 5 人）である[2]。財源は，国から 2 億ウォン，ソウル市から 1 億ウォンの合計 3 億ウォンである。センターによっては，資金を自ら調達しているところもある。

このプログラムを利用できる人数は 1 年間で 300 人であるが，インタビュー当初，このセンターがケアをしていた子どもの数は 442 人（6 歳までが 141 人，7 ～ 12 歳が 301 人）であった。プログラムを受けることができる対象者は各自治体で異なるが，インタビューを行ったセンターでは，国民基礎生活保障の受給者世帯，低所得のひとり親家族，祖父母だけで子どもを育てている家族等の脆弱な（バルネラブルな）階層を対象としている。自治体によっては，次上位階層や障がいのある人を含めている自治体もあるが，このセンターでは既に定員が一杯のため，これらの人まで対象にできていない。442 人の子どものうち，40 人は地域児童センターに通いながら，ドリームスタートプログラムのセンターに利用登録している。残りの 402 人は，学校ごとに放課後の授業や，地方自治体から脆弱階層のための学習支援の補助金を受けている塾等に通っている。地域によっては，ドリームスタートプログラムのセンターが，地域児童センターを監督し，管理する場合もあるが，この区ではそうした事はやっていない。

条件を満たしていてもすべての子どもがプログラムを受けられるわけではなく，養育環境のリスク度を見る 3 種類のアセスメントシート（① 乳幼児用，② 7 歳まで用，③ 12 歳まで用）をもとに，プログラムの対象者が選択される。こ

のセンターでは，先ほどの条件を満たす子どもが1,380人いるが，すべての子どもにプログラムを提供することができないため，リスク度の調査をもとに，442人が選ばれていた。センターのスタッフがアセスメントシートをもとにリスク度を理解し，その後センターで事例会議を行い，プログラムの対象者を選定する。選定された人には，電話や直接の訪問により，そのことを知らせている。選定された人のなかで，プログラムを拒否する人はほとんどいない。

プログラムは，「保健」「教育（保育）」「福祉」の3種類からなる。このセンターでは，1年間で，国で決められた8つの必須プログラムと，自ら開発したプログラムの合計70個のプログラムを実施している。

1）保健の支援

「保健」の領域では，健康保険により，検診，予防注射，虫歯の予防・治療を行っている。

2）教育（保育）支援

「教育（保育）」の領域では，家庭訪問により，子どもの学習支援を週1回行っている。ただし，ドリームスタートプログラムのセンターが直接学習支援を行うのではなく，教育関連の企業と契約し，その企業から資格を持った先生が家庭訪問をし，前もって渡した学習教材の宿題を週1回チェックする形で，15分から20分の学習支援を行う。

また，週末や夏休み等を利用した様々な体験プログラム（キャンプ，料理，インターネット依存予防教室等）を実施している。子どもの権利に関する教育として，「緑の傘子ども財団」に委託して虐待予防等のプログラムである「CAP」のを実施している。さらに，子どもだけでなく，家族も一緒に，焼き物体験をしたり，ピザをつくったり，映画鑑賞に行く等のプログラムもある。

3）福祉の支援

（1）子どもへの支援

　「福祉」の領域では，子どもへの相談や心理検査・心理治療行っている。学校では，子どもの相談を担当する人を指定している。学校によっては，「教育福祉士」という相談者をひとり雇って，専門的に相談を行っているところもある。しかし，脆弱（バルネラブルな）階層のいない学校には「教育福祉士」がいないため，脆弱階層の子どもが入学する場合には，教育福祉士がいる学校が当該の子どもの支援をすることになっている。

　欠食の子どもへの学校外の給食サービスには2〜3個のサービスがあるが，ドリームスタートプログラムのセンターの担当ではなく，これらのプログラムは区役所の保健福祉部の青少年福祉課が担当している。

（2）親（保護者）への支援

　ドリームスタートプログラムでは，親教育をしなければならないことになっている。そして，ドリームスタートプログラムを受けている世帯の親は，センターにおける親教育に，年2回参加しなければならず，参加しなければペナルティがある。それゆえ，このセンターでは，すべての親が教育を受けられるように，教育を行う時間を工夫している。たとえば，午前10時に教育を行い，その日の夜に同じ教育を行うことを3回行っている。ただし，親にペナルティがあることを告知していても，経済的な理由等により，全員の親が参加できるわけではない。

　このセンターが行っている教育内容は，子どもの権利に関する教育，応急措置に関する教育，子どもの育て方に関する教育，インターネットへの依存に関する教育等である。その他，小学校入学前の予備教室，読書の大切さに関する教育，親から子どもへの性教育も行っている。教育のテーマは，年ごとに変化する。たとえば，小学校入学前の予備教室では，実際に小学校の先生を招き，子どもが学校に入学するまでにどのような準備をすれば良いかについて話してもらう機会を設けている。読書の大切さに関する教育では，教頭先生等を招

き，講義を行ってる。親に対する教育の後にアンケートを取るが，「最近小学生でも思春期のような状況が来るため，子どもに対する接し方等を教育してほしい」という要望等がある。

　また，親に対する定期的なグループワークはしてないが，このセンターで，10人くらいの親が，2週間に1回ほど，趣味で，天然の石鹸づくり，ペーパークラフト，オカリナの演奏等を行っている。

　スタッフは，「『読書の大切さに関する教育』に対する親の反応が良かった。このプログラムの対象者は，脆弱階層の親である。だから，『子どもには成功してほしい』という熱意が高い。子どものケアはもちろん重要であるが，子どもに福祉サービスを行ったとしても，親が変わらないと子どもの生活は変わらないため，親への支援が一番大切である。そのため，親に対する教育は必須であるという認識を持っている」と述べた。

(3) ケースマネジメントと家庭訪問

　センターでは，すべての対象者のケースマネジメントを行っているが，家庭訪問に関しては，最初の相談の時に家庭訪問をする他，原則，1世帯につき，1年間に2回以上，家庭訪問を行っている。ただし，リスク度が高い順に，1カ月，3カ月，6カ月毎に訪問している。また，対象者に連絡がつかないときも訪問している。さらに，寄付をもらい，それらを配るときにも家庭訪問をしている。

　リスクアセスメントにより，課題のある子どもがいることがわかった場合には，このセンターが提携している5カ所の病院と連携して，子どもの支援を行っている。5カ所のうち，2カ所は子ども専門の精神科病院であり，そこでは課題のある子どもの診断を行っている。その他3カ所は，この区の心理治療センターであり，心理治療を提供している。その他，総合社会福祉館の相談室とも連携しており，子どもに心理治療を提供している。そこで多く見られるのは，ADHDの子どもである。その他，親や学校からの依頼により病院と連携する場合もある。

スタッフは，「ドリームスタートプログラムの根本的な考え方は，貧困は次世代に引き継がれるため，貧困状態にある子どもたちが貧困でない子どもたちと同じ位置からスタートできるようにすることにある。現在行っているサービスは，短期間で結果が見えるものではない。ただ，個人に合わせたサービスを行っている。プログラムを受けている方の満足度は高い。モニタリングを常に行いながら，長期的な観点で行っている。皆さんが喜ぶサービスを行っているため，とくに，プログラムを運営する上で困難なことはない。たまに，うつの症状のある親が，『自分ですべてできるからサービスはいらない』と言われる等のケースがある。ドリームスタートプログラムは国策であり，中学校を卒業した子どもに対するドリームスタートプログラムのような支援は行っていない。ただ，専門的な機関は多くあり，この区には，たとえば『青い紙』や『住民センター』等がある。また，中学校でも教育福祉優先支援事業を行っている。ただし，連携はしていない」と述べた。また，スタッフは，「民間から国に管理主体が変わったことによるメリットは，公的支援を受けるときに連携がスムーズになることにある」とも述べた。

3 教育福祉優先支援事業

1）社団法人による教育福祉優先支援事業と様々なプログラム

韓国には，教育部（省）の管轄により，貧困状態にある子どもたちのために，学校と地域社会とが，教育の機会均等を達成するための教育福祉優先支援事業がある。この事業では，貧困状態の子どもがいる 50 人以上の学校に教育福祉士と教育福祉室を設置し（ひとつの学校に貧困状態の子どもが 50 人いない場合には，他の学校の教育福祉士が当該の子どもを担当する），教育福祉士（青少年指導者や社会福祉士が教育福祉士になる）が相談に乗っている。また，地域に，教育福祉センターを設置し，学校と地域社会が協働して，貧困状態にある子どもに様々地域社会教育福祉プログラムを提供している。

インタビューを行った社団法人では，① 学校教育では解決できない教育格

差の解消，② 学習に遅れがある子どもと若者の支援，③ 貧困状態にある子どもと若者に楽しい勉強の機会を提供することを目的に，教育福祉優先事業により地域社会教育福祉プログラムを貧困状態の子どもに提供したり，貧困状態のある子どもたちに，独自のプログラムを実施している。

　インタビュー対象者のスタッフによれば，2003 年に，金大中大統領が，教育と福祉を結びつけた事業をするように指示したことにより，教育福祉優先事業は始まった。スタッフは，当初，ソウル市のなかのひとつの区の教育庁に勤めていたが，その後，地域のネットワークをつくるために，社団法人をつくった。この法人では，農村部で貧困状態にある子どものために働いた経歴が 5 年以上ある人のみをスタッフとして採用している。スタッフの資格は多様であり，社会福祉士，保育師，青少年指導士，教師等である。1 年間の財源は，約 6 億 500 万ウォンである。その内，4 億ウォンは出版社の社長からの寄付である。また，それ以外に，出版社の社長は，毎年 1 億 5,000 万ウォンをこの法人に寄付している。この法人は，この寄付で，小学生・中学生の英語教育や若者に対する教育を行っている。

2）英語教材の出版社の CSR と貧困状態にある小学生への英語教育

　ある日，英語教材で有名な出版社の社長が「貧困状態にある子どもたちには何が必要であるか」と訪ねてきた。その際，スタッフは「子どもたちはあまりにも英語が嫌いで，英語が出来ないため，子どもたち向けの教材や教師を派遣してほしい」と伝えた。

　そのことがきっかけで，この会社が貧困状態にある小・中学生の子どものための英語教材を開発した。そして，このセンターは，塾に通えない貧困状態にある子どもが集まっている，地域児童センターや学校を選んで，会社からの寄付金をもとに，30 時間の研修を受けた，貧困状態にある子どもについて理解のある英語の教師を派遣し，この教材をもとに英語教育プログラムを実施している。小学生を対象にしたプログラムに関しては，貧困地域の 6 カ所の地域児童センター，2 カ所の総合社会福祉館，2 カ所の小学校の放課後の授業で，

「英語と触れ合って遊ぼう，パン！」という名前の英語教育プログラムを実施している。

英語教育のプログラムでは，まず子どもたちに対してレベルテストを行い，そのレベルに合わせたカードや歌等の様々な内容を週に1回行っている。このプログラムの特徴は，① 多く読んで，多く聞くプログラムを展開している点，② レベル別の授業となっている点，③ 1年に3回読解能力の確認テストを行い，学習発達程度を確認している点にある。また，モチベーションを上げるための楽しい遊びの行事も行っている。1カ月に2回，2時間ずつ教師が集まり，現場で行った子どもの課題等について一緒に考えたり，子どもの変化を3カ月周期で確認する文章を作成している。

スタッフは，「子どもたちの英語の実力が上がることが望まれるが，まずは子どもたちが英語を嫌いにならないようにすることに取り組んでいる。成果としては，英語を嫌がる子どもの割合が減っている。また，自尊心も上昇している。今まで作った教材はすべて売るための教材であり，主な対象は収入が一定程度ある家庭だった。それゆえ，開発チームをつくって貧困状態にある子どものための教材を開発した。この企業の社長は，貧困層向けの教材は開発したことがなく，新たに開発したいと思った。これまでに，このセンターは，5年間，小学生を対象にこの英語教育プログラムを実施したが，教材の内容は一般の教材とそれほど違うわけではなさそうに見える。ただ，レベルに合わせて気楽に勉強できる雰囲気があったためか，年に1回行う発表会で，子どもたちは，動画等の教科書を全部覚えて，それを発表したり，英語で演劇を発表したり，英語でインタビューをしたりしている。英語の実力が高まったというよりは，母国語である韓国語を使うように英語を自由に気楽に話せるようになったと考えている」と述べた。

3) 中学生・高校生に対する英語プログラムと理解度を高めるための短文の読書教育

現在，このセンターでは，試行的に，中学校1年生向けの英語教育プログ

ラムを個別教育により実施している。中学・高校生向けの英語の本は，やさしい内容となっている。テキストには，複数の物の絵があり，その下に単語が書かれている。

　スタッフは以下のように述べた。「小学校から英語のプログラムを受けた子どもは，中学生になった際に英語の教育レベルを上げても何とか英語の勉強に耐えられるが，そうでない子どもの場合，国語の能力が低い傾向がある。韓国のもっとも有名なポータルサイト NAVER に関しても，ネイバーと発音はするが，N・A・V・E・Rのスペルの読み方は覚えていない。また，ここに通っている高校生がカフェでアルバイトをしても，バナナカフェラテ等の英文のレシピが読めずに解雇された例もある。そのため，まず日常で英語を使うことに慣れるための教材を作ることになった」と。

　また，韓国語の文章は読めても，その意味を理解できない子どもが多いため，英語教育と並行して，文章理解力を高めるために，短文を集めたテキストをつくり，中学・高校生が短文を読む教育を行っている。スタッフは，「学校で使う漢字を理解できない子どもたちであるため，作成したテキストには，分かりやすい，心理学系の面白い文章を掲載した。ソウル女子大学の教育心理学科の関連の本に出ている面白い内容を文章にして掲載している。7年間，貧困状態にある子どもを対象に，コーチングの先生が子どもたちのレベルを確認すると，英語・国語といった教科の勉強をする前に，まず文章の理解度が低かった。そのため，先生たちは，改めてどのように教育するかについて研究した。その結果，この短文を集めた本を作った。この本の文章の目的は，読んでみると何となく考えてしまう点にあり，そのような文章のみを集めて本にしている。この本で，文章を読むことに慣れてきた子どもの場合，他の本を読んでも能動的に様々な意味を考えるようになる。このような教育なしに本を読む教育を行っても，何も頭に入らないため，このような形の本になっている。読みやすいため，子どもたちにそれほど拒否感はない。この本を読めるようになることで，他の本が読めるようになるため，必ず通らなければいけない道である」と述べた。

4) コーチング

　教育プログラムを進めていくなかで，貧困状態にある子どもたちに対しては一般的な教育が難しいことがわかったため，新たに心理相談やコーチング等をすることになり，9名の講師により，中学・高校生を対象に，専門的に1対1のコーチングを，ひとりにつき週1回，約2時間行っている。ひとりにつき何年続けるかという基準はなく，子どもの状態によって何年行っても良いことになっている。コーチングは，情緒，感情，進路，親，学習といった5つの領域からなる。コーチングのスタッフの給料等は，教育庁，区役所，一般の民間財団等からの資金から支払われている。

　スタッフは，「若者を自立させるプログラムがあるが，若者が自立するために一番問題な点は，社会性が足りなくなっていることである。その背景には，文章を読んで理解する理解度が，あまりにも落ちていることがある。理解度が落ちていることにより，社会的に他者と触れ合うことが難しくなっている。そのため，文章を理解することが，一番大事かもしれない」と述べた。

　また，スタッフは，活動上の課題について以下のように述べた。「一番難しいことは，社会があまりにも早く変化しており，学校等では，その変化に対応できる子どものための教育を行っている。しかし，実際，学校は，学校教育についていけない子どもに対して十分なケアができていない。そのケアを私的な領域である，こちらで担当している。とはいえ，学校教育でできていない，文章の理解度の教育を今さらながら行っている。社会が変化するスピードが速い分，その変化についていけない子どもたちを支援するスピードと質があまりにも低いことが一番の課題である」と。また，次のようにも述べた。「貧困状態にある子どものなかでも，勉強ができる子どもとできない子どもの差が，大きくなっている。その差をなくすためには，先生による子どもへの関わりが一番大事だと思う。昔に比べて有能な先生が増えている。しかし，勉強ができる有能な先生は，勉強ができない子どもたちを理解することができない。そのため，授業についてくる子どもたちには教えるが，授業について来られない子どもたちへの対応が十分ではない。それは，問題ではないかと思う」と。

第5章　韓国の子どもの貧困対策　175

5) 若者（高校生と大学に進学していない若者）に対する教育と就労支援

　この法人は，若者のための教育のための学校を有しており，ソウル市から委託を受けて，各青少年の状況に応じて，実践的な職業教育を行っている。そこでは，「失敗を怖がらない教育」を重視しており，若者の状態によって何年行っても良いことになっている。個人に合った分野や興味のある分野を選択しながら，たとえば，創業の練習，パン作り，法人が運営しているカフェにおけるバリスタの教育等，実践的な教育を行っている。ここで学んだ若者たちの何人かは，地域児童センターのスタッフとして働いている。また，ここで学んだ後に，社会福祉を勉強し，社会福祉領域に就職している若者もいる。段階的な教育課程を通過した若者に対しては，就労支援も行っている。また，2015年には，3人の若者が，ここで教育を受けた後に大学に入学した。

6) 親教育

　親教育に関しては，ソウル市からの委託により，市民人文学の教育を行っている。1年間で20回，5カ所のマウル（村）で，合計100回の教育を行っている。教育内容は，教育哲学，歴史，歴史文学である。1クールは3カ月間からなり，毎週1回2時間ほど9カ所の大学教授が教育を行っている。その他，マウルごとに，小さいグループワークを行ったり，全員が集まった教育を10回行っている。各マウルに支援チームをつくり，地域社会で知り合った貧困層の親に声をかけたり，地域のネットークを利用して，多くの親に参加してもらうようにしている。たとえば，人文学の教育では，本を読むだけでなく，参加者が自らを振り返る機会になるため，グループワークをする場合が多くなる。

4 家出をした青少年のためのシェルターにおける支援

　1997年のアジアの通貨危機によりIMFが韓国に介入した，1998年頃から家族問題が増加したが，1998年から，インタビューを行った社団法人韓国青少年連盟は，青少年支援法に基づいて，ソウル市からの委託により，家出をし

た少年少女のためのシェルターを運営している。14 〜 19 歳まで（実際には 22 歳の大学生も入所している）の女の子が 20 名，3 カ月から 9 カ月暮すことができる[3]。スタッフの人数は 8 名であり，青少年指導者や社会福祉士等国家資格を持っている。予算は 8 億 3,000 万ウォンであり，寄付は受け取っていないが，自動車企業の「現代自動車」からの寄付で作成したプログラムを利用している。

　ここでは，単にシェルターとして場所を提供するだけでなく，相談や，バリスタや製菓に関する教育も含め，様々な教育プログラムを行っている。

1）移動バスによる見回り

　家出をする主な理由としては，家族問題，学校への不適応，貧困問題等がある。スタッフは，「非行少年が家出をするイメージがあるが，実際には貧困が理由であることが多い」と述べた。子ども自身がインターネットを検索して入所するケース，警察の保護により入所するケース，裁判所の判決を受け，家に戻れなかった子どもが入所するケース等がある。また，ソウル市が運営する 4 つの区域をそれぞれ回る「移動バス」が 4 台あり，その移動バスで，シェルターのスタッフは，繁華街を回りながら家出をしている子どもを見つけて，話しかける。さらに，社会福祉士の資格を持ったスタッフが繁華街を歩き，家出しているか確認したうえで，子どもを保護するケースもある。決まった曜日に，バスが定期的に繁華街を回るため，人々は決められた時間にバスが来ることを把握することができる。そして，子どもたちは，バスのなかで，簡単な食事やゲームができたり，人生相談ができるようになっている。スタッフは，このことについて次のように述べた。「子どもたちは口コミでバスの周回日時や場所を把握しており，自分が大変な時は友達を連れてきたりする。時間は 18 時から 24 時までであり，金曜日はもう少し遅くまでやる。日曜日を除いて，ほぼ毎日周回している。東西南北 4 カ所に分けて 4 台のバスが周回している」と。

　また，スタッフは次のようにも述べた。「家出をした子どもがいる場所としては，道端やビルの屋上で，そこで寝たりしている。寝ていた子どもが誰かに叩かれて死んだ事件があった。それ以降は女性家族部（省）とソウル市により，

第5章　韓国の子どもの貧困対策　177

シェルターを活性化させようと全国111カ所にシェルターを配置し，今後，さらにシェルターを増やしていく予定である。学校以外は家に帰らず，すべて外で生活している子どもへの支援も必要である。家出をして集まった子どもたちがお金のために非行に走ることも増えている。また，家出した子どもたちがお金を出し合って部屋を1つ借り，皆で生活するケースも増えている。集まった子どもたちはお金が必要であり，あなたはお金を持ってくる，私は生活する等自分たちの役割を決めていたりする」と。

2）心理治療

　子どもが入所する場合，心理検査を含めた心理相談を実施し，検査結果をもとに，必要がある場合には，心理治療を実施する。また，このシェルターは，精神科医や産婦人科医と連携している。

3）学校に通うための支援

　子どもは，シェルターから学校に通う。学校に行けない子どもに対しては，学校に戻るために，大学生が子どもの相談に乗るプログラムを実施している。さらに，高校をすでに退学している場合には，高校卒業のための検定を受ける支援をしている。大学への進学支援も行っている。ただし，先に述べた，授業料が無償になる条件を満たさない子どもの場合，国からの支援がないため，企業が行っている就学財団等と連携して支援をしている。

4）家族支援

　このシェルターに入所した子どものうち約70〜80％の子どもは，家族のもとに帰ることができるが，それ以外の子どもは家族関係が上手く行かず，中長期のシェルターに移動せざるをえない。このシェルターでは，子どもが学校に再度通いはじめても，家族の状況が変わらなければまた学校に行けなくなる可能性があるため，親（保護者）に対する家族相談を行っている。しかし，家族のもとに戻れない場合には，職業訓練や資格取得のための自立支援プログラ

ムを提供している。スタッフは，次のように述べた。「家族相談は難しい。家族が抱えている課題のなかで最も多いのは，経済的な問題である。親が仕事をしなければならないため，子どもたちのケアができないケースが多い。ひとり親家族の場合，こちらから相談を持ち掛けると受けてくれるケースが多い。相談に乗るスタッフは，子どもの状況を，学校や家族等といった背景と関連付けながら理解し，相談をしている。むしろ学歴の高い親ほど，なぜ自分の子がそこに行っているのか，シェルター等の活動があるから子どもたちが非行に走っている等と言う人が多い。親と子の葛藤が一番の問題である。その問題に対して，シェルターのスタッフが介入し，解決することで，家族のもとに帰れるケースもある」と。

5) 買売春の被害にあった子どもへの支援

買売春の被害にあった子どもは，青少年性文化センターの専門家から教育や相談を受けることができる。買売春の被害者のためのシェルターや未婚の母のシェルター等もあるが，子どもはそちらに行くことは希望しない。スタッフは，「女の子はどうしても買売春に巻き込まれてしまう。大金が入ってくることを経験した子どもは，お小遣いを渡したり，学費を出しても，これでは足りないと思うようになる。そのため，ネットワークを構築して心理治療等も行っている」と。

6) 課　題

このシェルターのウェッブサイトの掲示板には，子どもたちから「家を出たい」といった書き込みが多くなっている。こうしたなか，スタッフは，対象となる子どもたちが増加傾向にあるため，111カ所のシェルターの数をさらに増やしていかなければならないと考えていた。

スタッフは，「女性家族部は，学校に行けない子どもたちに対する法律を策定している。その法律名は『学校外の青少年対策法』である。現在，全国のシェルターは1,500人しか保護できない。警察の統計では，1年間に家出を

する子どもは2万人を超えている。この数値は2日だけ家出をしても含まれ，延べ数であるが，シェルターの数が足りないため，今後増やしていく必要がある」と述べた。その他，スタッフは，「青少年指導者の資格を持っているスタッフが担当している子どもには，怒りのコントロールできない子どもが少なくない。子どもの身体的なケアよりも，感情的なケアの方が難しい。それゆえ，スタッフは身体的な疲労よりも，感情的な疲労が溜まるため，現在ソウル市に対してスタッフへのケアをお願いしている」と述べた。

5 I Will Center によるインターネットに依存している子どもへの支援

　ソウル市には，ソウル市独自の予算により設置された，インターネットに依存している子どもの支援をする「I Will Center」が6カ所ある。筆者らがインタビューを行ったセンターでは，直接来所する子どもと親や，保護観察所等の機関から紹介されて来所する子どもと親を対象に，心理学系の専門家が相談と様々なプログラムを実施している。また，ボランティアの人も多く関わっている。ソウル市から100％の補助が出ているために相談料は無料にできるが，無料にすると，来所者のモチベーションが下がり，通わなくなる傾向がある。そのため，低所得者層は無料でこのセンターの相談やプログラムを受けることができるが，それ以外の人は料金を支払う必要がある。また，このセンターは，インターネットへの依存防止のための広報活動も行っている。スタッフは，「親の相談や子どもに対する相談を行う上で，親の相談が一番大切である。インターネットに依存する子どもの家族は何か家族の問題を抱えている場合が少ないためである。そのため，親に対する相談を主にやっている」と述べた。

1）リラックスできる空間づくり

　このセンターは，小さな庭付きの一軒家のなかにあり，家庭的な雰囲気になっている。センターのなかの相談室の前には，相談室という表示を付けず，

大きい部屋とか，調理室といったような表示をつけている。スタッフは依存症が専門の心理学の大学教授で，ヨーロッパで，施設内の空間の重要性について学んだ。それゆえ，センターの空間が子どもにとって心地よいものであることに拘っており，次のように述べた。「子どもたちにとって夢が，大事である。2階建てで，かっこよく，かわいいこの家について，来所した子どもたちはどうしたらこのような家に住むことができるかを聞いてくる。もともとこのプログラムを始める時には向こうの部屋は，食堂だった。こちらとその部屋との間には壁があり，寂しい感じがするので，皆が気楽に来られるように，ガラス張りに変えた。今は寒くて使っていないが，庭に面したテラスではカフェを開いてお茶を飲む場所としても使っている。このテラスは舞台になり，子どもたちは椅子を持ってきて舞台で行うイベントを聞いたり，見たりすることができる。今は何もないが，春になると花が咲いて綺麗に見える。秋になると葡萄がなり，子どもたちと一緒に収穫することもある。近所の人にそれを分けたりもする。子どもたちと遊べるような空間づくりをしながら，ともに問題点を解決するようなプログラムをしている。パーティ等をするときも，こちらですべて準備するのではなく，子どもたちが一緒に準備する仕組みにしている。また，幼い子どもでも，治療という言葉を使うと，自分がどこか変になっているというイメージを持ってしまう。それゆえ，相談部屋に，大きい部屋，小さい部屋という名前をつけ，『相談部屋に来て』というのではなく，『大きい部屋に来て』というと子どもたちはすんなりと来る」と述べた。また，スタッフは次のように述べた。「青少年を対象にしたセンターをやってみてわかったことは，プログラムの運営の前に，まずは環境づくりが大切であるということである。子どもがこのセンターに来たら，まずは気分が良くならないといけない。また，尊重してあげると，自分が成り立つ。そのように楽しく通えるようになると，何もかもが良くなる。そのため，センターの環境づくりには最も気を使っている」と。

2) 相　談

　相談回数は，一番短くて12回になっている。週1回，相談を行うため，12回の相談には3カ月かかる。その3カ月のなかに夏休みや冬休みが入るとさらに伸びる。

3) 多様なプログラム

　相談以外に，学習のプログラム，生活習慣を身に付けさせ，生活を安定させるためのプログラム（たとえば，自分の靴下を洗ったり，タオルを収納する方法，料理をつくる等の教育），文化体験（キャンプ，ミュージカル鑑賞，様々なものをつくるプログラム，職業体験等），自分の部屋作り等の集団的な活動，高校卒業資格のための検定の支援を行っている。そして，究極的には子どもが夢をもって生きていけるように支援している。スタッフはこのことについて次のように述べた。「インターネットの副作用について教えているが，子どもたちが来てすぐに座らせて教えているわけではない。子どもたちとのラポール形成が大切である。センターのスタッフが，子どもたちの仲間であると思ってもらうように関わっていくことで，子どもたちもインターネットとは何かをよく理解する」と。

(1) 生活習慣プログラム

　このセンターでは，インターネットのやりすぎによる生活習慣の乱れを解消するための生活習慣プログラムを行っているが，そのことについてスタッフは以下のように述べた。「子どもたちがインターネットをやるのは，何らかの理由がある。そして，ゲーム等に熱中することで成績が落ちてしまう。成績が落ちると学校に適応できなくなる。その悪循環を断ち切るために生活習慣プログラムを行っている。優先させることは，寝る時間を早くすることである。それをすることにより良くない習慣は少なくなる。また，勉強をしない，宿題をしていない等の習慣を見つけた場合には，専門家の先生に勉強を教えてもらう。そして，子どもたちに『学校に行ったら怒られないようにしましょう』という

約束をしてもらっている」と。また,「このセンターに来た子どもたちにはインターネットのことはあまり言わないようにしている。基本的な生活が整ってくることで,自然とインターネットの使用時間は減ると考えているためである。まずは宿題をする,勉強をする,早く寝る,ボランティアをする等,規則的な目標を決めているものの,子どもたちに評価はしない。このセンターに来たら,褒めて,尊重するようにしている」と。

(2) キャンプ

キャンプに関しては,女の子25人の定員で,1人10万ウォン,低所得者層の場合は,無料で受けられる12日間のキャンプで,午前に集団相談を行い,午後に個別相談を行う。ここで,相談という言葉を使用しているが,このキャンプは,実際には遊ばせることを目的としている。遊びによって,インターネットやスマートフォンに依存させず,週末には家族も必ず参加することがルールとなっている。そして,子どもに料理や就寝時間を自ら決定させ,責任感や自己管理能力を身に付けさせるようにしている。

スタッフは,「親がキャンプに参加することにより,子どものスマートフォンの使用時間が少なくなり,スマートフォンを使用している子どもたちを見てもあまり悪く思わなくなった」と述べた。

(3) 職業体験プログラムと高校卒業のための検定

職業体験のプログラムでは,放送局に行ったり,バリスタ等を体験する。また,保護観察所の保護のもとにあったり,家出をしたりして学業が中断している子ども,また,親と一緒に住んでいるものの,学校に通っていない子どもに,高校卒業の資格のための検定を受けさせるための学習支援も行っている。

(4) 親への相談・教育

このセンターでは,子どもの相談をする際には,親の相談が重要であるという考えのもと,親への相談を行っている。親が変わらない限り,子どもの環境

第5章 韓国の子どもの貧困対策 183

は変わらず，子どもが抱えている問題は解決できないと考えるためである。そのため，このセンターでは，なるべく親の相談の回数を多くする努力をしている。親子同席での相談を4回行っているが，それとは別に，親だけの相談機会を設けている。また，毎週1回，インターネットのことだけでなく，子どもの育て方についての親教育を行っている

(5) 予防プログラム

このセンターでは，就学前の子ども，小学・中学・高校生の親に対して，予防プログラムを行っている。たとえば，1年間に1,000人の親を対象に教育を行い，その親たちが予防活動家になることを期待している。このことについて，スタッフは以下のように述べた。「行政や学校の先生，子どもたちと同年代の子どもたちに活動の輪を広げていくことで，理想としてはここのスタッフが5年後には働かなくて良い環境を作りたい。まず悩みながらセンターを運営し，地域に合わせた支援を試行錯誤しながら行えばよい」と述べた。

6 全国フードバンクとフードバンクの現場

1）フードバンクの運営

韓国でフードバンクができはじめたのは，1997年のアジアの通貨危機によりIMFが韓国に介入した1998年からであった。2017年においては，全国フードバンクが1カ所，韓国の中央に位置する大田市の中央物流センターが1カ所，広域フードバンクが17カ所，自治体レベルに，440カ所が存在する[4]。広域フードバンクは各自治体にあるフードバンクを管轄し，全国フードバンクは広域フードバンクを管轄している。ソウル市の場合，27カ所のフードバンク（ものを保存しておく倉庫があり，そのものを配る場所）があり，32カ所にフードマーケット（無料のものをスーパーのように陳列している場所）があるが，そのほとんどは社会福祉協議会によって運営されている。社会福祉協議会による運営以外に，フードバンクの運営主体は様々存在し，宗教団体，施設，個人等がある。

全国フードバンクや中央物流センターは，社会福祉協議会によって運営されている。

　現在，韓国のフードバンクは，2006年に成立した，「食品等寄付活性化に関する法律」に基づいて政府の政策として運営されている。この法律に基づいて，各フードバンクは，保健福祉部と各自治体から補助費を受け取って運営している。補助費の割合は各自治体によって異なる。財政的に余裕がある自治体は多く支援する一方，財政的に余裕のない自治体はまったく支援できていない。全国フードバンクは，保健福祉部（省）から100％の運営費補助を受けている。他国と比較した，韓国のフードバンクの特徴は，韓国では，食料以外のものもフードバンクで配布している点にある。寄付金についていえば，社会福祉に対する共同募金への寄付が5,400億ウォンであるが，フードバンクへの寄付は1,783億ウォンである。ただし，実際の商品価格で計算すると，その金額は約3,400億ウォンになる。

　2015年12月に，本法律は一部改正された。改正ポイントは3つあり，1つ目は，全国のフードバンクと広域単位のフードバンクの法的根拠を明文化するという点である。フードバンクへの主な寄付は食品であるものの，食品以外の品物の寄付も全体の10〜15％を占める。こうしたなか，2つ目の改正点は，食品以外の品物の寄付への税控除率を食品の寄付の税控除率と同じにするという点である。3つ目の改正点は，これまで事業別評価基準がなかったが，評価基準を明文化するという点にある。

　寄付は，個人からの寄付と，企業からの寄付からなる。これまで韓国のほとんどの食品メーカーはフードバンクに寄付しており，その食品メーカー数は13,000カ所以上になる。品物が多く集まる時と，そうでない時がある。大田市の物流倉庫では，2000年度から，FMSという食品管理のためのシステムを設置し，15年分のデータをもとに，効率的に物流管理をするようにしている。寄付の品物で利用者に被害が及んだ場合の保険もある。こうしたなか，スタッフは，「韓国の場合，賞味期限に対する基準が厳しいため，賞味期限が過ぎたものがフードバンクに入って来ることはまずない。海外の場合，破棄する寸前

や期限が過ぎたものでも寄付できるが，韓国の場合は1日でも過ぎたものを
扱うと大変なことになる」と述べた。

　全国のフードバンクでは，韓国全体のフードバンクの寄付量を増やすため
に，企業が寄付することによりどのようなメリットがあるか等の広報活動を
行っている。また，フードバンクのスタッフの教育としては衛生教育が極めて
重要であるが，全国のフードバンクでは，スタッフの教育を行っている。さら
には，全国にあるフードバンクの事業者の監督も行い，問題があった場合の改
善対策も指導している。その他，法律や条例の改正についても検討している。

2）対象者

　フードバンクの対象は，国民基礎生活保障の給付から漏れた人，次上位階層
（中位所得以下）であり，各自治体の住民センターが対象者を決める。また，こ
れから国民基礎生活保障の給付を受けようとしている人や，国民基礎生活保障
の給付を受けている人でも生活が大変な場合には，対象者になることもでき
る。その他，社会福祉施設は品物を受け取れないことになっているが，大量に
寄付された食品等の場合には，社会福祉施設にも品物を提供している。

3）品物を受け取る期間

　品物を受け取れる期間は，決められている。最大で1年間で利用可能だが，
状況に応じて，3カ月間，6カ月間等と品物を受け取れる期間が決まる。スタッ
フは次のように述べた。「利用者から様々な不満が出ることがある。米やラー
メンだとか，インスタントのご飯は寄付量が多いにもかかわらず，足りない状
況にある。だから，どうしても足りない場合には，別途の資金を準備して購入
して配ることもある。利用者が必要ないものが入ってくるとは限らないという
問題もある」と。

4）ボランティア

　全国フードバンクでは，ボランティアを扱っていないが，自治体や公益の

フードバンクでは，寄付の品物が来たときに，それを分離したり，配布するボランティアがいる。食品を扱うボランティアであるため，衛生面に気をつけているが，問題はボランティアの人手が足らない点にある。

スタッフは，「フードバンクは，現物での寄付であるため，良い効果がすぐ目で確認できる。人が食べることに対する問題を解決できることにやりがいを感じている。約20年間フードバンクを運営しているため，周囲から分かってもらえる事業になっていると思う。フードバンクの緑の車も，全国を移動しているため，皆さんが分かってくれていると思う瞬間がある。また，立法過程においても，様々な人から信頼を受けていると感じたことがある。それゆえ，自信をもつことができるし，今後のビジョンをもてるため，今頑張っている」と。

5) 課　題

(1) インフラ不足

最大の課題は，インフラ不足である。昨年までの累積寄付金額は1兆ウォンであり，5年後には2兆ウォンまで達する見込みで，8年後には3倍の金額になる予定である。それゆえ8年後の3兆ウォンに合わせたインフラを整備することが課題となっている。

スタッフは，この点について次のように述べた。「ソウル市や京畿道は品物がたくさん集まるため，それをストックする倉庫を大田に持っている。しかし，実際保管できる量の6割を超えて品物が集まってくる。それを地方に配布したいが，地方では人的資源が足らず，物を寄付してもらっても，扱えきれていない。たとえば，昨年法律が改正され，生活用品の寄付がたくさんはいるものの，対応しきれていない」と述べた。また，「配布にお金がかかるが，自治体も財政的に大変なため，そこまで支援することが難しい」と述べた。

(2) フードバンクの運営者の基準の緩さ

フードバンクを運営している運営者の基準が緩い点が，課題である。ただし，スタッフは「運営者の基準を厳しくすると，現場の人たちの状況が厳しくなる

第5章　韓国の子どもの貧困対策　187

という課題がある」と述べた。

6) 子どもの長期休みの期間中の支援

スタッフは，フードバンクの品物により，長期休み中の子どもの食の支援をしたいという考えを持っていた。スタッフは，このことについて次のように述べた。「現在，教育部門で学校では無料給食を提供している。民間の次元では，地域福祉機関が，お弁当を配ったり，食堂を運営している。夏休みや冬休みに子どもたちは十分な食事ができないため，配られたクーポンやカードで，食堂でご飯を食べたり，コンビニエンスストアで海苔巻き等を買うことができる。しかし，単価が足りないという問題がある。ラーメンで食事ができるわけがなく，栄養が足りないという問題もある。カードによるスティグマの問題も発生する。毎年夏休みや冬休みの前にはこれを改善しないといけないと言われている。このフードバンクの長は，アメリカのフードバンクを訪問したことがあるが，アメリカのフードバンクでは子どもたちが金曜日に学校が終わるとフードバンクに行き，土日の一人当たりの食品が入ったパックをもらう。それをもって家に帰れば，週末でも食事ができるというシステムがある。こちらでも，そのようなことができるように，ソウル市と話し合いたい」と述べた。

7) 企業のロゴ使用権

全国を回っている物流車に，寄付してくれる企業のロゴを張ることでフードバンクの広報をすることも考えたが，ロゴ使用権があり，その実現が難しいという課題がある。

8) フードバンクの現場

筆者らがインタビューを行った，個人が行っているフードバンクは，10階建ての建物になっており，そのなかに，事務室，倉庫，そしてフードマーケット（1階）がある。倉庫には，約3カ月分の品物が入っている。倉庫は，冷蔵機能をもち，温度調節がされており，冷蔵庫もある。韓国のフードバンクの特

徴は，米，野菜，冷凍肉・魚，缶詰，ラーメン，乾燥ワカメ，ソース，味噌といった食品の他，ふとん，くつ，上着，ワイシャツ，シャンプー等，食品以外の物も取り扱っている点にある。スタッフは，「食品を取り扱っているが，この倉庫は臭わない。それだけの管理をしている。湿気管理もしており，湿気管理の機械を6台設置している。空気の循環が十分でない時は，エアコンを使っている」と述べた。

このフードバンクは，江北地域全体をカバーしており，約5,000世帯を支援している。江北地域には13カ所の洞があり，その洞の住民センターが対象者を推薦し，カードを発行する。しかし，人数が多すぎるため，その後，このフードバンクが対象者のリストからさらに対象者を絞り込む。対象者の優先順位は，倒産，事故，災害による被害者になった緊急危機家庭，次上位階層（中位所得以下），国民基礎生活保障の受給者の順である。国民基礎生活保障の受給者はすでに現金給付を受けているが，それでは足らないために，このフードバンクを利用する。このフードバンクでは，緊急危機家庭は1年間の利用，次上位階層の場合は9カ月，国民基礎生活保障の受給者の場合は6カ月の利用が可能となっている。国民基礎生活保障を受けようとしているが，まだ受給していない人もその対象となる。対象者は，対象者であることを示すカードをもって，小さなスーパーのようなフードマーケットで，月に1回5種類まで無料で品物をもって帰ることができる。その他，このフードバンクは，地域児童センター，家庭内暴力の被害を受けた人のための施設等に食品等を届けている。

スタッフは次のように述べた。「この地域には，独居高齢者が多く，1人の高齢者が生活するには，5品目で何とか暮らしていけるということから5品目という基準をつくった。フードマーケットは良い制度だと思う。ここでは米の取扱量は少ない。しかし，独居高齢者の場合，区役所から20キロの米を20,000ウォン程度で買うことができるので，基本的に米には困らないはずだ。フードマーケットの役割は，食料を渡すだけでなく，独居高齢者のモニタリングができる点にある。対象の独居高齢者が，月に1回ここに来られるが，も

し来られなければ，モニタリングとして家庭訪問している。その際，青少年の
ボランティアが，訪問し，掃除等もしている」と述べた。なお，ここでは触れ
ないが，筆者が以前訪ねた，他のフードマーケットでは，お茶などが飲める小
さな空間をつくり，人々の集まる交流の場を作ろうとしていた。

　このフードバンクの課題は，少ない人員のなかで，フードバンクを運営して
いるため，スタッフが過労の状態にある点にあった。このフードバンクのス
タッフは3人とボランティアしかいないため，品物を集める営業活動と品物
の配布活動，フードマーケットの運営を人手不足のなかでしていた。だが，こ
のフードバンクのスタッフは，「楽しんでいくと，大変じゃなく楽しく仕事が
できる」と述べた。

注

1) 公表情報教育部大学公表情報サイト（http://www.academiyainfo.go.kr 2017.11.10 ア
　クセス）
2) 300人の子どもに対し，社会福祉士1名と保育士1名の設置が義務付けられている。ス
　タッフに対する教育に関しては，ドリームスタートを支援している団体があり，その支援
　団体のほうから毎年2泊3日の教育を受けるようになっている。また，年に3,4回講師
　を読んでスーパービジョンを行い，ケース管理の仕方等具体的な教育も受けている。
3) 2017年1月現在，一時的入所のシェルターが30カ所，短期シェルターが53カ所，2
　〜4年間暮すことができる中長期のシェルターが40カ所ある（女性家族部, 2017）。
4) 2016年12月の段階では，全国フードバンクが1カ所，中央物流センターが1カ所，
　広域フードバンクが17カ所，自治体に423カ所（その内，フードバンクが295カ所，
　フードマーケットが128カ所）であった（保健福祉部, 2017）。これより，2015年から
　2017年の間で，フードバンクの数は増えているといえる。

引用・参考文献

公表情報教育部大学公表情報サイト（http://www.academiyainfo.go.kr 2017.12.10 アクセス）
女性家族部（2017）『2017年度　青少年事業案内』
保健福祉部（2017）『2017年度　寄付食品提供事業の案内』
劉眞福（2015）「韓国─WeスタートからDreamスタートへ─」埋橋孝文・矢野裕俊編著
　『子どもの貧困／不利／困難を考えるI』ミネルヴァ書房，pp.235-252

第2節 貧困状態にある子どものための韓国のスポーツ政策

1 貧困状態にある子どもとスポーツ活動

　低所得家庭の9歳の子どもは，2年前に地域児童センターでドッジボールをするとき，ボールをまったく投げることができず，話もしなかった。しかし，今はドッジボールを楽しんでいる。ボールを投げることも，避けることも上手にして，パスをするとき，大声で自らの気持ちを表現する。また，以前，消極的だった12歳の子どもは，現在は積極的にスポーツ活動に参加し，スポーツの合間に，「将来小学校の教師になりたいが，どのような準備すれば良いか」と尋ねるようになった。上記の事例は，筆者が大学生と，2年間，地域児童センターで体験したことである。その他，貧困地域で，有名なプロサッカー選手が，NPOと協働して，サッカー教室を開催したところ，暴力，喫煙，うつ症状が顕著に低下したという例もある。スポーツ活動は，子どもにどのような意味があるのだろうか。スポーツは遊びとして受け止められる場合もあるだろうし，競争的なスポーツの場合には，試合や身体活動を通じた，フェアプレイ，ルールへの尊重，チームに対する献身，努力，勝とうとする意志，協力，相手に対する理解等を感じさせる。それゆえ，スポーツ活動によって達成感を味わった子どもは，勉強に対する意欲をもったり，危険を回避する力をもったり，チームワーク力が持てるようになる（林，1994）。

　社会化とは人間が望ましい品性を備えていく過程でもあり，東洋思想では，人格とは人々の関係性を意味する（申，2004）。他者との相互行為を活発化させるスポーツ活動は，他者との関係が相対的に制限されている貧困状態にある

第5章　韓国の子どもの貧困対策　191

子どもにとって良い効果をもたらす。つまり，スポーツを通したインクルージョンを可能にさせるのである。

また，スポーツ活動を含む文化芸術活動は，子どもの生活の質の向上に貢献する。にもかかわらず，P・ブルデュー（Bourdieu）の文化資本の理論からもわかるように，スポーツに接することのできる機会の不平等は相変らず存在する。経済的に豊かな家庭は，子どもたちにスポーツを習わせたり，子どもたちのためのスポーツクラブをつくったりしている。こうしたなか，本節では，貧困状態にある子どものためのスポーツ政策のあり方について，地域児童センターの事例をもとに検討する。

2 社会福祉政策におけるスポーツとスポーツ政策における社会福祉

韓国の貧困状態にある子どものためのスポーツ政策を理解するためには，スポーツ政策における社会福祉（Social Welfare in Sports）と社会福祉政策におけるスポーツ（Sports in Social Welfare）について理解しなければならない。つまり，個別プログラムと政策が集合しているスポーツ「界」における社会福祉と，社会福祉「界」におけるスポーツについて理解しなければならない。

1）社会福祉政策における貧困状態にある子どものためのスポーツプログラム

社会福祉政策におけるスポーツプログラムにとしては，保健福祉部（省）や女性家族部（省）等の政府，自治体，民間 NPO のものがある。そして，児童福祉政策には，社会保護システム強化，地域社会における支援システムの強化，子どもの権利を擁護するためのモニタリング，子ども虐待予防の政策等があり，今後，子どもを中心にした政策を拡大していく必要がある（呉・鄭，2013）。とはいえ，社会福祉政策においては，子どもの情緒を安定させ，健康を維持させる等，肯定的な影響を与えるスポーツ活動は，周辺政策として位置

表 5-1　放課後のサービス

種類	小学校のケア教室	地域児童センター	放課後アカデミー	子どものケアをする人によるサービス
所管部所	教育部	保健福祉部	女性家族部	女性家族部
根拠法	初中等教育課程告示 2009-41 号	児童福祉法第 52 条	青少年基本法第 48 条 2	子どもケア支援法
支援対象	小学校低所得層及び共稼ぎ家庭の子ども（低学年）	低所得層 18 歳未満	基礎生活受給者，破産者，次上位階層（小学校 4 年生～中学校 2 年生）	世帯平均所得100% 以下
運営主体	学　校	地域児童センター	青少年修練施設	サービス提供機関（健康家庭支援センター等）

づけられている。

　韓国の貧困状態にある子どもの放課後のケアに関連する政策としては，小学校のケア教室，地域児童センター，放課後アカデミー，子どものケアをする人によるサービスがあるが（表 5-1），このなかで，貧困状態の子どもたちが利用する地域児童センターのスポーツ活動の状況について検討する。

　地域児童センターは，18 歳未満の低所得層の子どもを対象に，市，郡，区庁に登録した個人または法人等が運営している子どもの福祉機関である。これは，1980 年代に設置された都市の貧困地域の勉強部屋が発展した形で 2004 年法制化されたものである。2016 年 12 月末現在 4,107 カ所，106,668 人の子どもが利用している（表 5-2）。1 センター当たり平均 26 人の子どもが利用している（保健福祉部，2016）。中学生・高校生が利用できるセンターは，合計 3,228 カ所あり，平均運営時間は 1 日 9.4 時間である。2016 年の地域児童センターの運営主体は，個人（69.6%），社会福祉法人（7.8%），財団法人（7.3%），社団法人（5.9%），宗教団体（4.5%），市民団体（1.7%），地方自治体直営（0.5%），その他（2.2%）であった（保健福祉部，2016）。

　地域児童センターの運営目的は，児童福祉法第 16 条 11 項に規定されているように，地域社会の子どもの保護・教育，健全な遊びと余暇の提供，保護者と地域社会の連携等，子どもの健全育成のために，総合的な子ども福祉サービ

第5章　韓国の子どもの貧困対策　193

表 5-2　年度別地域児童センター利用状況

年　度	利用している子どもの状況（人）	センターの数（カ所）
2006	58,851	2,029
2007	76,229	2,618
2008	87,291	3,013
2009	97,926	3,474
2010	100,233	3,690
2011	104,982	3,985
2012	108,357	4,036
2013	109,066	4,061
2014	108,936	4,059
2015	109,661	4,102
2016	106,668	4,107

出所：保健福祉部，2016

スを提供することにある。地域児童センターのプログラムは，基本プログラム
と特別プログラムで構成されているが，領域別に子どものニーズと地域児童セ
ンターの状況を考慮してプログラムを実施するように規定されている。基本プ
ログラムは，保護，教育，文化，情緒支援，地域社会との連携といった5つ
の領域（大分類）からなり，さらに下位の次元が大分類，中分類，小分類で構
成されている。こうしたなか，スポーツ活動は，芸術・体育活動，キャンプ，
旅行，行事（文化／体育等）といった小分類に位置づけられている（表5-3）。そ
して，区庁や韓国奨学財団[1]には，大学生がメンターとして活動する青少年教
育支援事業がある。

　表5-3に示したように保健福祉部の地域児童センター運営指針による基本
プログラムでは，スポーツ活動が占める割合は大きくない。地域児童センター
のスタッフは，スポーツの重要性を認識しているものの，スポーツ活動以外
の学習や文化活動，教育プログラムを優先的に行っている。区庁や韓国奨学財
団による大学生青少年教育支援事業は，主に学習支援を行う事業である。地
域児童センターで実施されているスポーツは，狭い空間でできる身体活動やレ
クリエーション活動であり，サッカー，バスケットボールのような野外で行う
多様な活動を実施することは難しい状況にある。

表 5-3　地域児童センター基本プログラム分類体系

領域 (大分類)	細部領域 (中分類)	細部プログラム (小分類)	プログラム例 (施設別選択運営)
保　護	生　活	日常生活管理	センターの生活への適応指導，日常生活指導，日常礼儀教育，不適応の子どもへの指導等
		衛生健康管理	衛生指導，健康指導等
		給食指導	給食指導，食事作法教育等
	安　全	生活安全指導	夕方のケア等
		安全帰宅指導	安全帰宅指導，生活安全指導等
		安全義務教育	交通安全，失踪誘拐予防，薬物不正乱用予防，災害難避，性暴行予防等
教　育	学　習	宿題指導	宿題指導，学校生活管理等
		教科学習指導	能力別学習指導，オンライン教育（IPTV学習等），学習が遅れている子どもの特別指導等
	特技適正	芸術・体育活動	美術，音楽，体育指導等
		適性教育	進路指導，適性教育（読書，料理，科学等）等
	成長と権利	人格，社会性教育	人格教育，社会性教育等
		自治会及びサークル活動	自治会議，サークル活動等
文　化	体験活動	観賞，見学	公演演劇鑑賞，博物館の見学等
		キャンプ，旅行	体験活動，キャンプ，旅行等
	参加活動	公演	公演等
		行事（文化／体育等）	展示会，体育大会等
情緒支援	相　談	保護者 相談	保護者，家族相談，親戚相談等
		子ども 相談	子ども相談等
	家族支援	保護者教育	保護者教育等
		行事・集い	親の小サークル，家庭訪問等
地域社会 との連携	広　報	機関広報	機関広報等
	連　携	人的連携	ボランティア活動，ネットワーク後援，後援者管理等
		機関連携	地域調査と探訪，専門機関との連携，福祉団体との連携等

出所：保健福祉部，2017

　自ら体育施設を保有している地域児童センターもあるが，大半の地域児童センターにおいては，子どもが外部の体育施設に行くには時間もかかり，申請手

続きも容易でない。地域児童センター施設設置基準面積は，専用の事務室，調理室，食堂及び集団指導室を2つ備えた，82.5m^{2}である。勉強部屋から出発した地域児童センターは，多くの空間を事務室，集団指導室（遊び部屋），相談室，図書室等に利用しており，スポーツについて議論するにはまだ時間がかかる状態にあった（申，2015）。2016年12月末現在の地域児童センターの施設面積は，ひとつのセンター当たり平均151.4㎡であり，106㎡以上〜165㎡未満のセンター数は1,780カ所と最も多く，次いで165㎡以上のセンターが1,118カ所であった（保健福祉部，2016）。このような空間的な制約があるにもかかわらず，大多数の地域児童センターはスポーツ活動に対して関心を持っている。

　先にも述べたように，筆者は大学生らとある地域児童センターで，サッカー，ドッジボール，陸上，バスケットボール，ボーリング等のスポーツプログラムを2年前から行っている。この地域児童センターの運営者は，両親が亡くなったり，虐待のため親と一緒に暮らせない子どもの児童福祉施設も運営しているため，近隣の貧困状態にある子どもだけでなく，この児童福祉施設に入所している子どもも筆者が行っているスポーツプログラムに参加している。この地域児童センターは，人工芝のサッカー場と講堂を有しており，スポーツを含む多様な活動が可能な空間を備えている。

　この2年間で筆者が得た結論は，スポーツプログラムの実施も重要であるが，同時にスポーツの指導者やボランティアの姿勢が重要であるということである。良いメンターがいなければ，子どもたちも楽しくないからである。

　これまで心のドアを開けなかった多くの子どもも，スポーツ活動を思う存分楽しめるようになった。4歳以上の就学前の子どもや小学校3学年以下の低学年の子どもほど，陸上やドッジボールのような単純なルールのスポーツを好むが，高学年になるほどバスケットボールやサッカー等，複雑なルールと成果が感じられる運動を好む傾向にある。

　スポーツプログラムは毎週土曜日に行っているが，子どもたちはスポーツをする土曜日を待っている。スポーツによって，最も変化した子どもは，先に述

べた 9 歳の子どもである。この子どもは，スポーツのプログラムを実施する前は，他の子どもとほとんど会話をしていなかった。初めてドッジボールをしたときも，ボールをまったく投げられなかった。だが，スポーツを何度かするうちに，その子どもは対戦相手にボールを投げられるようになり，初めてボールを投げられたとき，周囲にいたボランティアの学生は感動した。1 年間が過ぎた今は，他の子どもと楽しんで遊べるようになり，「リレーをしよう」と他の子どもに自信をもって話しかけるようになった。

　地域児童センターのスタッフは，「以前，子どもたちは部屋でゲームをしたり，近所で過ごしていたが，今は土曜日が 1 週間で最も良い時間帯に変わった。また，これまであまり勉強をしなかった子どもたちも，スポーツにより，自信がつき，勉強もするようになった」と言う。

2）スポーツ政策における貧困状態にある子どものためのスポーツ

　スポーツ政策における社会福祉とは，主に文化体育観光部（省），自治体，そしてスポーツ競技団体による脆弱階層のためのスポーツ政策やプログラムを意味する。韓国のスポーツ政策は，生活スポーツ，専門スポーツ，障がい者スポーツの 3 つの分野からなり，それらは中央，広域，基礎自治政府，民間スポーツ団体により実施されている。そして，これまで，これらの政策と予算のほとんどは，生活スポーツとエリートスポーツ分野に集中しており，脆弱階層のためのガバナンス型スポーツプログラムの政策と予算の比重は，極めて少なかった。

　しかしながら，2008 年世界金融危機以降，企業の社会的責任に対する人々の見方は変わり，ISO 26000[2] のような社会的責任国際標準が社会に広がった。こうした状況において，韓国社会では，企業と公共機関の社会的責任（CSR）は義務化されていないものの，情報通信の発達により，企業や組織の透明性や倫理性がこれまで以上に求められるようになっている。つまり，利潤追求のみならず，社会的価値を追求する企業のみが，生き残れる時代になったのである。

　今や，経済的・社会的課題を解決すると同時に，ビジネス上の競争力を強

化する「共有価値創出 (Creating Shared Value CSV)」[3] という M・E・ポーター (Porter) が示した概念が，韓国企業に急速に広がり始めている，韓国のスポーツ団体とプロスポーツ球団もこのような流れのなかにある。韓国では，今なお，エリートスポーツが予算面でも，政策面でも絶対的に多くの比重を占めているのだが，共有価値創出 (CSV) という考え方が広まった現在においては，韓国のプロスポーツ球団の有名選手は，貧困状態にある子どもや脆弱階層の支援をしている。選手や球団がボランティアの意志と社会的価値を共有することができなければ，ファンや地域社会から支援を受けることができないためである。

こうしたなか，韓国の代表的なスポーツ機関である大韓体育会[4] と国民体育振興公団による，貧困状態にある子どもを対象にしたスポーツプログラムとしての「幸せ分かち合い生活体育教室」と「スポーツ講座バウチャー (バウチャー)」に関して述べる。

(1) 幸福を分ける生活体育教室

幸福を分ける生活体育教室は，施設に入所している子ども，低所得層の子ども，ひとり親家族の子ども等，疎外階層の子どものためのスポーツ活動プログラムである。このプログラムは，文化体育観光部の管轄のもと，大韓体育会が地域児童センター，ドリームスタートプログラムのセンター，更正施設，特別学校 (脱北学校等) を対象に行っているプログラムである。このプログラムは，公募型のプログラムであり，23 種目[5] のプログラムからなる。財源は，スポーツロットと競輪，競艇等の収益金により，国民体育振興基金を運営する国民体育振興公団が資金管理をしている。『大韓体育会事業結果報告書』(2016) によれば，2016 年現在全国 396 カ所で，延べ 111,077 人の子どもがこのプログラムを受けた。このプログラムでは，各スポーツの専門のスポーツ指導者を各施設に派遣して，教室を実施しているのだが，このプログラムを受けた施設のスタッフはこのプログラムを高く評価している。

以下は，このプログラムを提供された地域児童センターの担当者によるメッセージの一部である (大韓体育会，2017)。

スポーツ活動プログラムとはどのようなものなのか気になりながら子どもたちと一緒にこのプログラムに参加しました。3種目を国家の代表だった選手たちが子どもたちの目線に合わせて直接教えていただいたので，子どもたちは自分でもできるという気持ちを持てるようになりました。競技中のマナーやルールまで教えていただいて，子どもたちが普段接することができなかった大切なプログラムに深く感謝申し上げます。

今回の夏休み，私たちのセンターは，ボーリング教室をしました。子どもたちがとても楽しい時間を過ごせたことに感謝します。困窮した生活のためにやりたいことができない子どもたちにとって，ボーリング教室は新しい体験でした。子どもたちのために熱心にご指導してくださったことに感謝します。来年もまた，参加したいです。

上記のように，このプログラムを受けた，地域児童センターは非常に高い評価をしているのだが，今後も貧困状態にある子どものためのスポーツを通じた政府の政策が求められる。

他のプログラムとしては，スポーツ施設がない農村地域に，体力測定器具，バーチャルリアリティスポーツ器具，及びスポーツプログラムを運ぶ，「スポーツバス」プログラムがある。このプログラムは，韓国プロサッカー連盟の選手と役員が給与の1％で，バス2台を購入し，2014年に国民生活体育会[6]に寄付したことをきっかけに始められたプログラムである。スポーツバスの内部では，体力測定とスポーツシュミレーションができるようになっている。また，各地域で，4～5時間の多様なプログラムを提供している。たとえば，近年，済州の小学校を訪ね，2018年の平昌（ピョンチャン）オリンピックにおける，アイスホッケー，カーリング等の冬季オリンピック種目を間接体験することができるプログラムと，多様なミニゲームが選手及びスポーツのボランティア団体によって行われた。2016年には合計47回スポーツバスが運営され，5,745人が参加した。

（2）スポーツ講座バウチャー（スポーツバウチャー）

　スポーツ利用券事業は，国民基礎生活受給世帯等の子どもと青少年にスポーツ講座のバウチャーカードを支給したり，全国のスポーツ講座の講座費を支援する事業である。指定施設はスポーツ活動講座が可能な公共スポーツ施設や民間スポーツ施設であり，業者やサッカー教室，子どもの野球団，バスケットボール団，スポーツ講座運営者等，誰でも指定施設になるために申請できる。国民体育振興公団が，事業を管轄している。財源の割合は，国民体育振興基金が 70%，地方自治体が 30% となっている。指定施設の選定は，市，郡，区庁の基準に基づく。また，対象者は，地方自治体を通じて年の初めに受付し，スポーツ講座バウチャーの利用期間は最小 3 カ月で最大 12 カ月となっている。

　スポーツ講座利用券事業の受給者数と受給対象の比率は 2009 年 9,260 人

表 5-4　スポーツ講座バウチャー支援内容及び推進経過

支援対象： 　国民基礎生活保障法にともなう受給者のうち 5 ～ 18 歳の子どもと青少年 　次上位階層，障がい者，ひとり親家族，学校・家庭・性暴力等犯罪被害者等 支援金額：スポーツ講座 1 カ月最大 8 万ウォン支援 　　　　　（カードに講座限度で付与される） 支援期間：年間で 6 カ月以上（文化体育観光部，統合文化バウチャー重複受給不可） 支援金額，支援対象者選定と支援期間は該当市，郡，区庁で決定 〈経　過〉 2006 年 8 月　保健福祉部，"低所得層は癌発病率が高い一方，生存率は低いという研究結果を発表 2006 年 12 月　ソウル市政開発研究院，スポーツ疎外階層のために公共施設 24 時間開放とスポーツカード制度導入提案 2007 年 10 月　国民体育振興公団，「規則的なスポーツ活動参加が各種病気の予防に効果がある」という研究結果を発表 2009 年 3 月　スポーツ利用券事業実施（7 ～ 19 歳） 2011 年 8 月　スポーツバウチャーカードシステム導入 2012 年 1 月　スポーツ講座利用支援金引き上げ（6 万ウォン→ 7 万ウォン） 2013 年 1 月　対象年齢拡大（7 ～ 19 歳→ 5 ～ 19 歳） 2014 年 12 月　受給者資格リアルタイム確認システム導入 2015 年 1 月　民法改正にともなう年齢変更（5 ～ 19 歳→ 5 ～ 18 歳） 2015 年 6 月　低所得層における暴力（家庭，性，学校）被害の子どもの支援システム構築（警察庁との協働）

（2.6％）で，2012 年には 30,255 人（11.3％）へと増加している。2013 年と2014 年においては，利用者が増加したもののほとんど似たような水準にあった。2014 年，スポーツ講座利用者は 30,484 人（11.9％）が利用した。スポーツ講座のバウチャーに対する受給者の満足度は高く，毎年増加している（表5-5）。

　2016 年に，国民体育振興公団は，スポーツバウチャーを簡単に利用することができるように手軽なオンライン手続きシステムを開発し，便利性を高めた。

表5-5　スポーツ講座利用券事業受給者数と受給者比率（2009 〜 2014 年）

年　　度	2009	2010	2011	2012	2013	2014
受給者（人）	9,260	14,076	24,403	30,255	30,295	30,484
受給比率（％）	3	4	8	11	12	12
予算（億ウォン）	20	30	86	106	106	110
満足度（点）	75	79	81	83	84	85
受給対象者（人）	360,121	340,156	306,702	268,618	263,181	255,397

注：満足度は，100 点満点中の点数を意味する。
出所：保健福祉データポータル，data.kihasa.re.kr

　他の利用券事業として，文化体育観光相は，貧困状態にある子どもを対象に，文化旅行，スポーツ観覧の機会を提供して文化的不平等を減らす目的で，文化統合バウチャーを支給する文化カード事業を実施している。スポーツバウチャー受給と文化バウチャー受給との重複受給は認められていない。

3）社会貢献活動としての貧困状態にある子どものスポーツ支援

　近年，企業の社会貢献活動に関しては，先に述べたように，単純に企業の社会的責任が強調されるのではなく，社会的価値と企業の価値とが合致する活動が，究極的に企業にも望ましいという共有価値創出（CSV）という考え方が広まっている。公共機関と民間企業の経営評価において，以前は，単純に寄付形式の社会的責任が追求されていた。しかし現在では，社会的活動が当該の公共機関や企業が追求するビジョンや目標に合致した社会貢献活動なのかについて

表5-6　統合文化バウチャー（文化カード）事業概要

目　　的：低所得層の生活の質の向上と文化格差解消のための文化福祉事業として，基礎生活受給者，次上位階層に文化芸術，国内旅行，スポーツ活動を支援する。 事業対象：6歳以上の基礎生活受給者及び次上位階層 内　　容：文化カード発行 事業主催：文化体育観光部，韓国文化芸術委員会，全国地方自治体 〈推進経過〉 2005年　文化バウチャーモデル事業推進（宝くじ基金4億ウォン） 2006年　文化バウチャー全国拡大 2011年　文化バウチャーカード制導入 2012年　文化バウチャー専門担当機関指定（韓国文化芸術委員会） 2013年　文化，旅行，スポーツ観覧バウチャー統合推進 2015年　前年度先着順申請者で2015年度から申請者全員に発行 　　　　事業予算817億ウォン 　　　　（国：575億ウォン，地方自治体：242億ウォン） 2017年　統合文化バウチャー（文化カード）補助金6万ウォンに増額（5万ウォン～6万ウォン）

評価してから社会的活動を行う共有価値創出を通じた企業の社会貢献活動が，韓国社会により一層広がっている。

　たとえば，韓国の企業SK[7]は系列会社を通じて，野球，サッカー，バスケット，ハンドボール等のプロスポーツチームを運営している。各球団は低所得層の子どもを含んだ疎外階層のための無料観覧年間入場券をすべてのホーム競技がある日に提供している。2017年に行った，筆者のSKスタッフに対するインタビュー調査によれば，2014年には20,939人が146の競技を観戦し，2015年には約1万7千人にSKスポーツ団の全215競技[8]の無料観覧を提供した。その際，一部の子どもは，選手入場式で選手たちと手と手を合わせた後，直接サインを受けるイベントに参加した。また，子どもたちに対して，野球においては，ホームチームがある内野席の券を提供し，サッカーにおいては，内野に近いホーム応援席の券を提供し，バスケットにおいては，バスケットがよく見える2階指定席を提供した。2014年から進めたこの疎外階層に対する無料競技観覧事業は，現在もなされている。

　その他，2015年に学業が中断された9～24歳の子どもや青少年を対象にした「学校の外の青少年支援に関する法律」が施行されたが，この法律以降，

国民体育振興公団による「学校の外の青少年に対してスポーツを通じて夢を育てる」という事業が開始された。これは，学業を中断した青少年の成長と発達のために，国民体育振興公団と，「学校の外の青少年」のための全国支援ネットワークを有する韓国青少年相談福祉開発院[9]が協働で行っているプログラムである。「学校の外の子どもの法律」に基づき女性家族部の管轄のもと設置された，全国202カ所の「ドリームセンター」からプログラムを申請した子どもが，このプログラムを受講することができる。

　2017年に，筆者が国民体育振興公団のチームディレクターとスタッフに対して行ったインタビュー調査によれば，このプログラムは4段階からなる。

　1段階では，自然のなかを歩く等する2泊3日のキャンプをする。2段階では，ほとんどの子どもの体力が低下しているので，全国の37カ所の国民体力認証センター[10]で体力を測定して，どのような運動をすればよいかカウンセリングを受ける。3段階では，ヒーリングヨガ，レクリエーション指導師，水上安全要員，ピラテス，放課後スポーツ指導師等5つの資格から1つを選び，資格取得する研修を受ける。ただし，一般的にこの資格取得には6カ月かかるため，研修への参加を継続できず，途中で資格取得を放棄してしまう子どもも少なくない。第4段階は，インターンシップをし，就職先を紹介する段階である。

　2016年には，130人申請中32人資格を取得した。資格を取得した子どものなかには，これまでネットカフェを転々としていた子どももいる。また32人中，1人が就職をし，1人は大学に進学した。国民体育振興公団は，今後ニーズ調査を行い，青少年が希望する資格を探し，この公団が有する就職連携システムを活用して，就職のマッチングサービスをする予定である。

　その他に，先に述べたように，2008年以降，社会福祉の非営利組織，企業，スポーツ競技団体が協働して，貧困状態の子どもの支援を行う，いわゆる社会的マーケティングの形態が広がっているが，こうした形態の社会的貢献活動が広がることが望まれる。

3 結論：スポーツを通じた社会問題解決とインクルージョンのために

　韓国における社会福祉に対する政策と予算は増加しているものの，私教育の過熱，公教育の危機，大学の序列化，大学入学制度のジレンマ，貧困の再生産を止めるための教育と支援の限界，地域間格差等によって，子どもたちの不平等はますます広がっている。低所得層の就学前の子どもに対する投資は社会全体から見れば，最も効率的な投資であると言われているように，貧困状態にある子どもにおける教育の早期介入が重要である（Heckman, 2000）。こうしたなか，本節では，スポーツが子どもたちにとって重要な役割を果たすことが明らかとなった。スポーツ活動を通じて自信感とモチベーションをもった子どもたちは，自分たちの夢を達成するためになぜ勉強をする必要があるのかという理由を見つけることができた。

　ただし，地域児童センターにおけるスポーツ活動の分析から，貧困状態にある子どものための社会福祉分野のスポーツ政策においては，スポーツの役割概念の再構築が必要である。保健福祉部が提示する地域児童福祉センターのプログラムの分類体系のなかでも，スポーツは大分類や中分類ではなく小分類の一部分に位置付けられており，そのなかで，スポーツ活動は体験活動のひとつにすぎず，スポーツ活動の役割は小さく見られている。今後は貧困状態にある子どものための情緒，教育，文化等，そのすべての領域のプログラムにおいて，最もシナジー効果を出せるスポーツの役割に対する論議が進行できればプログラムの効果はもっと大きくなるだろう。

　スポーツ分野における政策においても，低所得者層，高齢者，女性等の社会的に弱い立場にある人のための政府プログラムが増加し，競技団体と企業の参加も増えているが，相変わらずエリートスポーツと生活スポーツが主要な政策となっている。このような意味で，貧困状態にある子どものためのスポーツに関して，社会福祉界とスポーツ界における政策のインクルージョンがむしろ必要にもみえる。

　本節では言及しなかったが，韓国においてスポーツを通じた社会問題解決の

始まりがヨーロッパに比べて遅れた理由は，エリート中心のスポーツ政策とそれによって固定化された慣習とシステムが，社会変化と環境の流れに対処できなかったことにある。究極的に連帯的な生活を追求するスポーツクラブ制度が，韓国の社会に根付き，それによる文化が定着すると，スポーツの価値は連帯的な生活の中で不安定社会に立ち向かう力となり，社会的インクルージョンに近づくことができよう。したがって，スポーツ界もエリートスポーツと大衆スポーツという二元的政策区分から離れて，スポーツを通じた社会的・文化的資本の役割と位相を基盤に，スポーツを通じた社会問題解決，スポーツを通じた社会統合，スポーツを通じた幸せといった，社会発展と福祉社会の問題意識の中で方向を設定すべきである。また，貧困状態にある子どもほど，スポーツクラブやサークル活動に接触する機会が少ないので，政府は新しい形態の体育白書等を再整備して貧困状態にある子どものスポーツ参加実態調査を行うと同時に，社会人口学的統計ももっと細分化して低所得層がどのくらいスポーツに参加しているかについて調査すべきである。公共体育施設も単純な利用率のような量的データだけでなく，誰がどのように利用しているか質的なデータを集め，政策に反映できるようにすべきである。また，地域児童センター等が外部体育施設を利用する際の予約と手順の不便を少なくし，現場で起きる苦情を解決するためにも地域社会のネットワークにスポーツ関係機関や団体の参加が促されるべきである。

　子どもたちと一緒にスポーツ活動をすると，汗をかいて水を飲みながら休憩をとるが，この時が貴重なチャンスである。動機を付与された子どもたちは何かをしたがる。地域児童センターの社会福祉士は，彼・彼女らを勉強指導教師に案内する。スポーツ活動の現場での子どもとの出会いは彼・彼女らの人生にとって良い同伴者の役割ができる出発点でもある。スポーツを通じて貧困状態にある子どもの問題に近づくための理論的な構築は，現実と比較して難しくない。貧困状態にある子どものための政策を施行する政府及びNPOやNPO以外の民間機関をひとつのシステムでみると，システムの属性である政府，NPO，NPO以外の民間機関等，政策の下位システムとの相互作

用及び複雑性をもっと強くして，全体システムのシナジーを高めるとともに，構成員の自らの自発的な革新による変化が必要である。これにより，社会的連帯とインクルージョン，そして人的資源に対する社会的投資の思考が市民に共有されるであろう。もちろん，社会福祉分野とスポーツ分野は，政府の代理人であるNPOとの情報の非対称[11]の増加，増加するNPOの生存問題，そして政府部署間の境界とそれによる協力の限界といった現実的な問題を解決する必要がある。

　韓国の食べ物の中でビビンバがあるが，温かいご飯にホウレン草，ニンジン等のナムルと肉，卵などを入れた後，最後にコチュジャンという辛い味噌を入れて混ぜるとそのシナジー効果によりもっと美味しくなる。しかし，シナジーにも程度の差がある。系列社を統合してシナジーを追求する企業のなかで，SAMSUNGとSONYの程度が異なる。ドイツのSIEMENSやアメリカのGE（General Electric）は，部門の協力により全体のシナジーを高めている。貧困状態にある子どものためのスポーツ政策も，ひとりの子どもに与えるサービスの大きさとサービスの質のために，全体的なシナジーを一層高める統合的な努力が必要である。スポーツ活動によって文化的・社会的資本を増加させる機会の提供は，もっと多くなるべきであり，全般的なシナジーを大きくして貧困状態にある子どもの出発点の機会の平等にもっと近づくべきである。

　既に産業界は，サービス業，製造業，流通業などの産業分類が無意味になる程，変化している。伝統的にひとつの分野に専門化された企業が，顧客にもっと完全なソリューションを提供するために，他の分野との統合を追求しながら商品とサービス間の古い区分を崩してきている[12]。amazon.comのように製造メーカーなのか物流会社なのか定義が難しい企業も，既に登場している。貧困状態にある子どものためのスポーツ政策をおいて考えてみると，各部門の領域は無意味であり，「境界の終末」は技術革新の産業分野よりも韓国の関連される政府機関でまず先に実行されるべきではないかと思う。

注

1) 韓国奨学財団（Korea Student Aid Foundation, KOSAF）は，国家奨学基金を効率的に運営してオーダーメード型学資金支援体制を構築し，経済的条件に関係なく誰でも意志と能力により高等教育機会を持てるように支援することを通じ，国家と社会が必要とする人材育成に寄与することを目的に，2009年5月に設立された教育部傘下委託執行型準政府機関である。

2) ISO26000とは，2010年11月に，ジュネーブに本部を置く，国際標準化機構（ISO）が開発した企業の社会的責任（CSR, Corporate Social Responsibility）の世界的な基準である。これは，社会的責任を履行してコミュニケーションを向上する方法と指針である。

3) 2006年1月にMichael E. PorterとMark R. CramerがHarvard Business Reviewに発表した "Strategy and Society：The Link between Competitive Advantage and Corporate Social Responsibility" で初めて登場した概念であり，2011年1月にMichael E. PorterとMark R. Cramerが発表した "Creating Shared Value：How to reinvent capitalism? unleash a wave of innovation and growth" で本格的に展開された概念である。CSRが企業の評判や慈善活動に基づいた責任に関することであるならば，CSVは社会的効用を増加させる共有価値創出を通じて企業の競争優位によるビジネスチャンスに焦点を当てた概念である。それゆえCSVは以前のCSR活動とは根本的に違うと主張する研究者も存在する。韓国経営学会は，2014年から共有価値創出で同伴成長等あらゆる分野で卓越した業績を見せた企業を対象にCSV大賞を授けている。

4) 大韓体育会とは，日本オリンピック委員会（Japanese Olympic Committee（JOC））と類似の団体で韓国のエリートスポーツと大衆スポーツ，そしてオリンピックの全般的な政策とその実施を担当している。

5) 23種目とは，ドッジボール，剣道，チェス，バスケットボール，ラグビー，ローラースケート等，囲碁，バレーボール，バドミントン，ボーリング，スケーティング，射撃，スキー，武術，ウィンドサーフィン，カイトボーディング，陸上，サッカー，クリケット，卓球，テニス，フットサル，ボクシング，野球である。

6) 国民生活体育会とは，韓国の生活体育を統括する民間スポーツ団体であり，2016年から大韓体育会と統合された組織である。

7) これは，系列会社96カ所，170兆ウォン（2017年5月現在の公正取引委員会報道資料）の資産総額を持っている韓国の大企業の中の1つである。

8) 215競技の内訳は，仁川（インチョン）SKワイバーンズ（プロ野球チーム）が72競技，ソウルSKナイツ（プロバスケットボールチーム）が27競技，済州（チェジュ）ユナイテッドFC（プロサッカーチーム）が20競技，SKが後援するSKハンドボールコリアリーグが96競技となっている。

9) 女性家族部傘下の韓国青少年相談福祉開発院は，道及び市・郡・区に設置された「青少

年相談福祉センター」と「学校の外の青少年支援センター」を統括する委託執行型準政府機関であり，青少年の健全な成長のために，多様な相談福祉事業を遂行している。

10) 「国民体力100」は，国民の体力及び健康増進を目的に，体力状態を科学的方法によって測定評価して運動相談等をする国民体育福祉サービス事業である。2011年にモデル事業として始まったこの事業は，2012年から19〜64歳を対象に行われていたが，この事業の対象者は，2013年から65歳以上の高齢者に，2014年からは13〜18歳の青少年へと拡大された。2017年現在，この事業は，全国37カ所の国民体力認証センターによって実施されている

11) 市場で取引当事者の両方間の情報の保有側面で差異が発生する場合，情報の非対称性（information asymmetry）が存在することになる。政府が持ち主で社会福祉やスポーツ業務の委託を受けたNPOが代理人だとすると，取引両方のなかで代理人側が特定情報をもっと多く持つようになる情報の非対称が発生する。

12) Deloitte Consulting アンジン会計法人（2016）『境界の終末』Win&WinBooks，p.21。

引用・参考文献

Heckman, J.（2000）*Invest in the Very Young*, Chicago : Once of Prevention Fund

林繁藏（1994）『スポーツ社会学概論』同化文化史

申榮福（2004）『講義』図書出版ドルベゲ

申宰休（2015）「地域児童センターのスポーツ政策課題」『韓国社会体育学会誌』第60号，pp.145-157

呉正受・鄭益仲（2013）『子ども福祉論』学誌社

保健福祉部（2016）『2016年12月末基準　全国地域児童センター統計調査報告書』

保健福祉部（2017）『地域児童センター支援事業案内』

大韓体育会（2016）『2016年　大韓体育会事業結果報告書』

韓国文化芸術委員会（2015）『統合文化バウチャー（文化ヌリカード）事業効果性分析及び成果指標開発研究　最終報告書』

総合ニュース「フランシスコ法王　演説全文」2014.8.14 アクセス

国民体育振興公団（http://www.kspo.or.kr/　2017.12.5 アクセス）

文化ヌリ（https://www.mnuri.kr/main/main.do　2017.12.5 アクセス）

大韓体育会（http://www.sportal.or.kr/sportal.do?menu_id=040010000000　2017.12.5 アクセス）

保健福祉データポータル（https://data.kihasa.re.kr/socialstat/social_stat_list.jsp?view_mode=view&indicator_seq=951&stat_group_sub=2015　2017.12.5 アクセス）

Porter, M. E. and Kramer M. R.（2006）"Strategy & Society: The Link between Competitive

Advantage and Corporate Social Responsibility", *Harvard Business Review,* November/December, Vol.84, pp.78-92.

Porter, M. E. and Kramer M. R.（2011）"Creating Shared Value", *Harvard Business Review*, January/February, Vol.89, pp.62-77.

補論 韓国のひとり親家族支援
―経済的支援を中心に―

はじめに

　子どもの貧困を取り上げる際に，必ず付いてくるキーワードが「ひとり親家族[1)]の貧困」である。2015 年現在，韓国における子ども及びひとり親家族の貧困率は，それぞれ 7.1％，20.6％であり（韓国保健社会研究院，2016, 115），日本[2)]に比べると，それほど深刻な状況ではない。しかし，国と地方自治体（以下，政府という）のひとり親家族に対する経済的支援は，主に低所得のひとり親家族を対象としており[3)]，また，対象となる子どもの年齢（13歳未満）と支援金額（毎月 12 万ウォン）が非常に限られている（ファン，2017, 104）。

　近年，「経済的貧困」対「経済的以外の貧困」のように「貧困」の概念をめぐる議論がある（山村，2015, 47-68）。たとえば，「社会的」「文化的」な側面から貧困を捉え直すことの重要性が指摘されている。しかし，本論では論点の明確化という側面から，「経済的貧困」に焦点を当てて，韓国におけるひとり親家族の現状と支援内容を概観した上で，今後の課題について論じる。

1 韓国におけるひとり親家族の現状

　韓国では，世帯所得によって，中位所得（medium income，所得の中位値とも呼ぶ）の 52％以下であれば「低所得のひとり親家族」と呼ばれ，政府による経済的支援の対象となる。また，政府による経済的支援は，中位所得の 30％以下の世帯を対象とする国民基礎生活保障法（生計扶助）による支援，52％以下の世帯を対象とするひとり親家族支援法による支援に大別される。便宜上，前者に該当するひとり親家族は「国民基礎生活保障法上のひとり親家族」と，後者に該当するひとり親家族は「ひとり親家族支援法[4)]上のひとり親家族」と呼

表 5-7　ひとり親家族支援法上の支援対象世帯の所得認定額（2017 年度）

単位：ウォン／月

区　分	2 人	3 人	4 人	5 人	6 人
中位所得	2,814,449	3,640,915	4,467,380	5,293,845	6,120,311
中位所得 30％以下	844,335	1,092,274	1,340,214	1,588,154	1,836,093
中位所得 52％以下	1,463,513	1,893,276	2,323,038	2,752,799	3,182,562
中位所得 60％以下	1,688,669	2,184,549	2,680,428	3,176,307	3,672,187

出所：女性家族部（2017b）『2017 年ひとり親家族支援事業案内』p.3

ばれている。なお，ひとり親家族支援法上のひとり親家族には祖父母と孫から
なる家庭（以下，祖孫家庭という）を含んでいる。また，ひとり親（養育者）の年
齢が 24 歳以下であれば，ひとり親家族支援法の対象として「青少年ひとり親
家族」と呼ばれる。この場合は中位所得の 52％以下ではなく，60％以下とい
う基準が適用される。2017 年度のひとり親家族支援法上の支援対象世帯の所
得認定額を表 5-7 に示した。

　上記した所得認定額という基準に基づき，過去 5 年間のひとり親世帯の数
（割合）を表 5-8 に示した。表 5-8 のように，韓国では，2012 年から 2016
年まで，ひとり親世帯数は継続して増えており，総世帯を占める割合は 2012
年の 9.3％から 2016 年の 9.5％へと微増している。所得別にみると，低所得
以外のひとり親世帯は 2012 年の 89.3％から 2016 年の 89.6％へと微増し
ており，その分，低所得のひとり親世帯は 2012 年の 10.7％から 2016 年の
10.4％へと微減している。このように，総世帯でひとり親世帯が占める割合
と，全ひとり親世帯で低所得以外のひとり親世帯及び低所得のひとり親世帯
が占める割合では，あまり変化が見られない。ところが，2016 年を境目に，
ひとり親家族支援法上のひとり親世帯及び国民基礎生活保障法上のひとり親
世帯の数（割合）に大きな変化が目立っている。具体的には，ひとり親家族支
援法上のひとり親家族は，2015 年の 131,218 世帯（68.2％）から 2016 年の
62,116（33.1％）へと，また国民基礎生活保障法上のひとり親世帯は，2015
年の 61,169 世帯（31.8％）から 2015 年の 125,725（66.9％）へと大きな増減
現象が見られる。それは，政府のひとり親家族に対する経済的支援を受給する

第5章　韓国の子どもの貧困対策　211

表 5-8　所得別にみたひとり親世帯の数

単位：世帯（%）

	総世帯の数	ひとり親世帯の数 計	低所得以外のひとり親世帯 小計	母子家庭	父子家庭	低所得のひとり親世帯 小計	ひとり親家族支援法上のひとり親世帯 小計	母子家庭	父子家庭	青少年母子家庭	青少年父子家庭	祖係世帯	国民基礎生活保障法上のひとり親世帯 小計	母子家庭	父子家庭	青少年母子家庭	青少年父子家庭	祖係世帯
2012	17,951,000	1,678,036 (9.3)	1,499,130 (89.3)	1,166,628 (77.8)	332,502 (22.2)	178,906 (10.7)	130,509 (72.9)	96,906 (74.3)	31,590 (24.2)	1,303 (1.0)	191 (0.2)	519 (0.4)	48,397 (27.1)	38,684 (79.9)	8,700 (18.0)	479 (1.0)	17 (0.04)	517 (1.1)
2013	18,206,000	1,715,067 (9.4)	1,526,495 (89.0)	1,184,719 (77.6)	341,776 (22.4)	188,572 (11.0)	140,015 (74.3)	103,390 (73.8)	34,303 (24.5)	1,525 (1.1)	215 (0.2)	582 (0.4)	48,557 (25.7)	38,768 (79.8)	8,689 (17.9)	598 (1.2)	17 (0.04)	485 (1.0)
2014	18,457,000	1,750,035 (9.5)	1,557,791 (89.0)	1,204,408 (77.3)	353,383 (22.7)	192,244 (11.0)	142,069 (73.9)	105,049 (73.9)	34,644 (24.5)	1,549 (1.1)	240 (0.2)	587 (0.4)	50,175 (26.1)	40,094 (79.9)	8,713 (17.9)	900 (1.2)	20 (0.04)	448 (0.9)
2015	18,705,000	1,784,001 (9.5)	1,591,614 (89.2)	1,226,074 (77.0)	36,5540 (23.0)	192,387 (10.8)	131,218 (68.2)	96,907 (73.9)	31,901 (24.3)	1,672 (1.3)	249 (0.2)	489 (0.4)	61,169 (31.8)	48,244 (78.9)	11,255 (18.4)	1,103 (1.8)	55 (0.09)	512 (0.8)
2016	18,948,000	1,807,956 (9.5)	1,620,115 (89.6)	1,240,742 (76.6)	379,373 (23.4)	187,841 (10.4)	62,116 (33.1)	45,393 (73.1)	14,574 (23.5)	1,660 (2.7)	290 (0.5)	199 (0.3)	125,725 (66.9)	96,842 (77.0)	26,668 (21.2)	1,363 (1.1)	95 (0.08)	757 (0.6)

注1：ひとり親世帯の計の割合は、全ひとり親世帯の総世帯に対する割合である。
2：2012年～2014年の国民基礎生活保障法上のひとり親世帯とは、ひとり親世帯として、生活保障法上のひとり親世帯のうち、一つ以上を受給している世帯。
3：2015年の国民基礎生活保障法上のひとり親世帯とは、ひとり親家族支援法上のひとり親世帯のなか、一つ以上を受給している世帯。
4：2016年の国民基礎生活保障法上のひとり親世帯とは、ひとり親家族支援法上のひとり親世帯のうち、ひとり親家族支援法上のひとり親世帯でありながら、同時に国民基礎生活保障法上の生計扶助、医療扶助、住居扶助、教育扶助のなか、一つ以上を受給している世帯。

出所：女性家族部（2017b）『2017年ひとり親家族支援事業案内』p.16、女性家族部への情報公開請求資料（受付番号：第4341999号）を参考とし、筆者作成。

ための所得認定額の基準が，「最低生計費（minimum cost of living）の130％以下（青少年ひとり親家族の場合は150％以下）[5]」から「中位所得の52％以下（青少年ひとり親家族の場合は60％以下）」に改正されたためである[6]。

　過去5年間，全ひとり親家族のうち，政府による経済的支援の受給世帯の割合は11％未満に留まっている。この11％という支援の受給率に対する評価（高いのか，低いのか）は別にしても，中位所得の50％以下を基準とするひとり親家族の相対的貧困率が20.6％（韓国保健社会研究院，2016，115）であることに対して，中位所得の52％以下（青少年ひとり親家族の場合は，60％以下）を基準とする低所得のひとり親家族の割合が11％未満にとどまっていることを指摘しておきたい。その理由として，自動車を所有すると支援対象から除外されるなど世帯別の特殊性を考慮しないで一概に所得認定額を算出する（ファン，2017，104），「柔軟性のない行政の問題」があげられる。また，ひとり親家族からの申請がない限り，低所得世帯として認められないことが考えられる。

2　韓国におけるひとり親家族の経済的支援

　韓国では，ひとり親家族の経済的支援に関連する法律として，ひとり親家族支援法，国民基礎生活保障法，健康家庭基本法など複数の法律があげられるが，各法律に基づく支援内容と支援機関などは様々である。

　ここでは，政府のひとり親家族に対する経済的支援に焦点を当てて，諸法律の目的や支援対象，支援内容，遂行機関などについて概観する。その一覧を表5-9に示した。

1) ひとり親家族支援法に基づく経済的支援

　1984年4月1日に制定されたひとり親家族支援法は，経済的支援を始め，心理・情緒的支援，教育・文化的支援など，韓国におけるひとり親家族支援の法的根拠となる法律である。

　ひとり親家族支援法に基づいた経済的支援として，まず中位所得52％以下

制定	目的・根拠	対象	支援内容	遂行機関	備考
健康家庭基本法 制定：2004年2月9日	健康な家庭生活の営みと家族の維持・発展のための国民の権利・義務と国家及び地方自治団体等の責任を明らかにし、家庭問題の適切な解決方策を講じ、家族構成員の福祉増進に寄与することができる支援政策を強化することにより、健康家庭の実現に寄与することを目的とすること	中位所得72％以下のひとり親家族、未婚母・父子家族の中学校3年生以上（ただし条件を満たしており、ケースケースジ大人が必要だと判断される家庭）	子の学習支援・学生指導要員の派遣（支援期間：1年間以内、必要に応じて1年延長可能）	健康家庭支援センター（43カ所）、多文化家族支援センター（4カ所）	特になし、国民基礎生活保障法を受けている施設に入所している場合 遂定審査を行う
制定：2010年1月17日	ソウル特別市のひとり親家族支援条例に基づくひとり親家族の生活安定と自立を促進し、家族の福祉増進に寄与することを目的とし、教育や生活などの総合的な支援を実施し、低所得のひとり親の自立に必要な事項を規定すること	3歳以下の子を養育している未婚母・父子家族	圏域別未婚母・父子家族の地点機関運営事業：年70万ウォン以下、出産費や子の健康に必要な病院費、子のミルクやオムツなどの費用（1カ所）	健康家庭支援センター（11カ所）	国民基礎生活保障法を受けている、施設に入所している場合 遂定審査を行う
	3歳以下の子を養育している未婚母・父子家族	圏域別未婚母・父子家族の地点機関運営事業：年70万ウォン以下、出産費や子の健康に必要な病院費、子のミルクやオムツなどの費用（家賃や管理費、光熱費は自己負担）（全国に44カ所）	ソウル市ひとり親家族支援センター	特になし、施設に入所している場合
ソウル特別市ひとり親家族支援条例 制定：2011年5月12日	ひとり親家族支援法に基づきひとり親家族の生活安定と自立を促進し、慶尚南道のひとり親の生活安定と自立が健康で、文化的な生活を営むことができるよう、ひとり親家族支援に必要な事項を規定すること	3歳以上の子を自立意思と小学生以下の子を持つ無住その未婚母・父、またははひとり親家族	住居支援事業：敷金貸与と賃貸料（無料）、月5万ウォンずつ（最長5年間）	健康家庭支援センター	特になし、遂定審査を行う
	7歳以下の子がいるひとり親家族（幼児及び小学校を中退した養育者）	圏域別未婚母・父子家族の地点機関運営事業：年70万ウォン以下...奨学金及び学費支援：保育料、交通費、衣服、ベビーカーや寝具などの生活必需品の費用	慶尚南道ひとり親家族支援センター	国民基礎生活保障法の生計遂定を受けている、または施設に入所している場合 遂定審査を行う
	養育費を受けられないひとり親家族・父子家族、子の健康などに必要な病院費、子のミルクやオムツなどの費用	ひとり親家族の医療費支援：診療費や医療費補助金	養育費履行管理院（1カ所）	特になし、遂定審査を行う
慶尚南道ひとり親家族支援に関する条例 制定：2014年3月24日	19歳未満の子の養育のため、子の権利を与える恐れのあるひとり親、または母や父の子がひとり親家族	養育費を受けられないひとり親・父子家族：一時的養育費緊急支援：20万ウォン（原則6カ月、1回に限り3カ月の延長可）	養育費履行管理院（1カ所）	特になし
	離職などで非養育者がいる未婚母・祖母、未婚母・父 ひとり親家族	医療費の支援		

注1：圏域別未婚母・父子家庭の地点機関運営事業は、全17カ所。

注2：住居支援事業は、ひとり親家族福祉施設等で行っている（遂行機関）。

注3：一時的養育費緊急支援は、韓国健康家庭振興院が女性家族部と協力して行っている。心肌団と協力して行っている。また、ひとり親家族の債務者に債権を請求する。また、ひとり親家族センターのホームページを参考にし、筆者作成。

出所：ひとり親家族支援事業案内、女性家族部（2017b）『2017年ひとり親家族支援事業案内』pp.131-163、国民基礎生活保障法、保健福祉部（2017）『2017年国民基礎生活保障事業案内』p.274、健康家庭支援センターのホームページ、国民基礎生活保障事業案内』p.7、p.82、健康家庭基本法、女性家族部（2017a）『2017年度健康家庭支援センターの事業案内』、慶尚南道ひとり親家族支援に関する条例、ソウル特別市ひとり親家族支援に関するホームページ、慶尚南道ひとり親家族支援に関する法律、韓国健康家庭振興院（2017）『2016年間報告書』pp.58-73、養育費履行管理院のホームページを参考にし、筆者作成。

10万ウォンである。

表5-9 ひとり親家族の経済的支援に関連した法律別の目的や支援対象、支援内容、遂行機関の一覧

	目的	支援対象	支援内容	遂行機関	利用が不可能な場合
ひとり親家族支援 制定：1989年 4月1日	ひとり親家族が健康で、文化的な生活を営むようにすることで、ひとり親家族の生活安定と福祉増進に寄与すること	中学生・高校生がいる家族 （単位：子1人当たり）	学用品費：年5万41ウォン	自治体	国民基礎生活保障法の教育給付、緊急福祉支援法の教育支援を受けている場合
		高等学校に通っている子、または高等学校に通っている者 （単位：子1人当たり）	児童教育支援費：入学金及び授業料		
		13歳未満の子がいる家族 （単位：子1人当たり）	児童養育費：月12万ウォン		国民基礎生活保障法の生計給付、緊急福祉支援法の生計支援、児童福祉法の里親手当を受けている場合
		中位所得52%以下のひとり親家族及び相続家族 （単位：子1人当たり）	追加養育費：月5万ウォン		
		相続家族 （単位：子1人当たり）	相続扶助金：月7万ウォン		なし
		5歳以下の子がいる未婚ひとり親家族（養育者が25歳以上） （単位：子1人当たり）	児童養育費：月17万ウォン		
		施設に入所している家族 （単位：1世帯当たり）	生活補助金：月5万ウォン	自治体	なし
		相続家族 （単位：1世帯当たり）			
		中位所得60%以下の青少年ひとり親家族 （単位：1世帯当たり）	高校生の教育費：入学金及び授業料		
		中位所得が53%～60%であり、養育者が中学校、または高等学校を中退しており、現在、認定取得のために塾に通っている家族 （単位：1世帯当たり）	中・高・大学認定試験のための学習費：年154万ウォン以内（最長2年まで支給）	なし	
		主家族 （単位：子1人当たり）	自立支援児童手当：月10万ウォン		
		3歳以下の子を養育している未婚母・父子家族	圏域別未婚母・父子家族の商品機関運営事業：年70万ウォン以上、入院費及び下位機関の補助、養育者とその健康に必要な病院食、子のミルクやオムツの費用、ベビーカーや写真など具体的な生活必需品の費用	ひとり親家族福祉相談所、入所及び下位機関運営、未婚母（2カ月）、未婚母・父子家族福祉施設（2カ月）	
国民基礎生活保障法 制定：1999年 9月7日	生活に苦しい人に必要な給付を実施することで、最低生活を保障し、自立を支援すること	中位所得30%以下の世帯	生計扶助：所得認定額に従い、生活扶助の給付基準との差額を補助額として支給	自治体	なし
		中位所得の50以下の世帯	医療扶助：持続的な自己負担の医療費の発生する世帯の個人に対して支給		
		中位所得の43%以下の世帯	解散（出産）扶助：一時金：60万ウォン		他の支援より優先される
		中位所得の43%以下の世帯	葬祭扶助：75万ウォン		
		中位所得の43%以下の世帯			
		中位所得の50%以下の世帯	教育扶助：入学金や授業料、教科書費、副教材費、学用品費を支給		

のひとり親家族と祖孫家族が対象となる学用品費や児童教育支援費，児童養育費，追加養育費，生活補助金[7]がある。次に，中位所得60％以下の青少年ひとり親家族が対象となる児童養育費や中卒・高卒認定試験の学習費，高等学校の教育費，自立支援促進手当がある。最後に，3歳以下の子を養育している未婚母・父子家族を対象とする圏域別未婚母・父子家族の拠点機関運営事業がある。

　ここでは，支援対象の条件となる子の年齢について指摘しておきたい。福祉の拡大を論じる際には，財政に対する議論が欠かせないように，限られている財政を考慮して中位所得52％という条件が設定されていることには異議がない[8]。しかし，ひとり親家族支援法では，子の年齢として「18歳未満」を定めているにもかかわらず，実際には児童養育費の場合，「13歳未満の子」を対象としている。つまり，13歳以上から17歳までの子がいるひとり親家族は，児童養育費の受給から排除されているのである。

2）国民基礎生活保障法に基づく経済的支援

　1999年9月7日に制定された国民基礎生活保障法は，日本の生活保護法に該当する。当然のことながら，国民基礎生活保障法はひとり親家族のみを対象とする法律ではないものの，すべての受給世帯のうち，16.4％がひとり親世帯である（韓国統計庁）ことから，政府のひとり親家族に対する経済的支援としての役割を果たしていることは間違いないだろう。

　国民基礎生活保障法に基づいた経済的支援は，所得認定額によって中位所得30％以下の世帯は生計扶助を，40％以下の世帯は医療扶助を，43％以下の世帯は住居扶助や解散（出産）扶助と葬祭扶助を，50％以下の世帯は教育扶助を受けることができる。これらの6つの扶助は，他の支援より優先されることが特徴である。そのため，生計扶助を受給しているひとり親家族は児童養育費や追加養育費，生活補助金，一時的養育費の緊急支援の受給ができない。また，教育扶助を受けている場合は，学用品費や児童教育支援費，高等学校の教育費の受給ができない。なお，国民基礎生活保障法を受けているか，または施設入

所をしている場合には，圏域別未婚母・父子家族の拠点機関運営事業の利用ができない。

3）健康家庭基本法に基づく経済的支援

2004年2月9日に制定された健康家庭基本法は，すべての家庭を対象としており，家族教育支援を始め，相談支援，文化支援，多様な家族統合サービス，脆弱危機家族支援などの法的根拠である[9]。これらの支援は，健康家庭支援センター[10]によって提供されている。

ひとり親家族を対象とした経済的支援は，多様な家族統合サービスと脆弱危機家族支援，圏域別未婚母・父子家庭の拠点機関運営事業の一環として行われており，具体的には子どもの学習支援や圏域別未婚母・父子家庭の拠点機関運営事業，住居支援事業がある。

4）自治体条例に基づく経済的支援

ひとり親家族支援を規定している自治体の条例として，ソウル特別市ひとり親家族の支援に関する条例と慶尚南道ひとり親家族など支援に関する条例を取り上げる。

(1) ソウル特別市ひとり親家族の支援に関する条例に基づく経済的支援

ソウル市ひとり親家族支援センターでは，経済的支援として圏域別未婚母・父子家族の拠点機関運営事業や住居支援事業，ひとり親家庭の子の医療費支援，奨学金及び学習支援を行っている。

(2) 慶尚南道ひとり親家族など支援に関する条例に基づく経済的支援

慶尚南道ひとり親家族支援センターでは，経済的支援として圏域別未婚母・父子家族の拠点機関運営事業や自立激励金，医療費の支援を行っている。

ここでは，ひとり親家族支援センターの設置規定について指摘しておきた

い。ひとり親家族支援センターの設置は各自治体の条例で規定されるが，設置規定を定めている自治体は6カ所にすぎない（姜，2016，53）。また，実際に設置・運営しているところは，本章で取り上げているソウル特別市と慶尚南道のみである[11]。このことは，住居支援事業，ひとり親家庭の子の医療費支援，奨学金及び学習支援，自立激励金，医療費の支援といった，ひとり親家族支援センターの独自的支援は，ソウル市，または慶尚南道に居住地を定めていない場合，利用できないことを意味する。また，定めているとしても，該当自治体に1カ所しかないため，居住地がセンターから離れていると，現実的には利用が困難である（姜，2016，61）。

5）養育費履行確保及び支援に関する法律に基づく経済的支援

2014年3月24日に制定された養育費履行確保及び支援に関する法律は，養育費履行管理院の活動によって具現化されている。養育費履行管理院の主な活動は，養育費の請求訴訟を支援することであり，その他に，養育費を受けられないことによって子の福利に支障を与える恐れがある家族に対して，一時的養育費を支援（一時的養育費の緊急支援）している。

おわりに

以上のように，本章では，経済的貧困に焦点を当て，韓国におけるひとり親家族の現状と支援内容を概観してきた。ここでは，これまでに述べた内容を踏まえて今後の課題について論じる。

第1に，韓国のひとり親家族の相対的貧困率が20.6％である一方，低所得のひとり親家族の割合が11％未満にとどまっている。そのため，以下に述べる理由から，今後，社会福祉公務員の増員のみならず，家庭裁判所[12]やひとり親家族福祉施設，健康家庭支援センター，区役所などの関連機関による積極的な広報が必要である。

ひとり親家族支援法では，支援を受けるためには，当事者，親族，その他の関係者が申請をしなければならない，申請主義を原則としている。また，何ら

かの理由によって申請できなかった人が支援の狭間に陥らないように，職権主義を設けている（女性家族部，2017b，22）。職権主義とは，支援を必要とする人々がもれなく支援を受けられるように，社会福祉公務員は管轄地域内に暮らす支援対象への支援決定を本人の同意を得た上で，職権にて支援の申請を行うことである。つまり，社会福祉公務員は，情報不足などの理由で支援の申請ができなかったひとり親家族の代わりに，支援を申請することができる。しかし，社会福祉公務員の週平均勤務時間は多職種より長く[13]，その業務量も多いことから，現在の業務を遂行するためには71.3％の人材増加が必要（イム，2013，12）と指摘されている。このことは，職権主義があるとしても，現在の社会福祉公務員の勤労環境を考慮すると，その効果への期待はあまりできないことを意味する。そのため，今後，社会福祉公務員の増員のみならず，ひとり親家族の申請を促すためには，家庭裁判所を始め，ひとり親家族福祉施設や健康家庭支援センター，区役所などの関連機関による積極的な広報が求められる。

　第2に，支援対象の条件として子どもの年齢に対する見直しが必要である。現行の児童養育費は，13歳未満の子どもを対象としているため，世帯の所得が中位所得52％以下であっても，子どもの年齢が13歳以上であれば支援対象から除外される。また，ひとり親家族支援法上の子どもの年齢に対する見直しも必要である。ひとり親家族支援法では，児童を18歳未満と規定しているが，民法や青少年保護法などでは，児童を19歳未満と定めている。法律ごとに，児童を規定する年齢が相違することは混乱をもたらす恐れがある。実際に「ひとり親家族支援法上と民法上の年齢の違いによって，大学進学ができなかったひとり親家族の18歳の子どもは，支援の狭間に置かれてしまう（ジャン，2016，19）」。そのため，ひとり親家族支援法上の児童の年齢を19歳未満に改正するとともに，児童養育費の支援対象として子の年齢を13歳未満から19歳未満へと引き上げるべきであろう。

　第3に，支援の遂行機関としてひとり親家族支援センターの増設が必要であろう。現在，政府の補助金によって運営されているひとり親家族支援センターは，全国に2カ所しかない。そこで，多くのひとり親家族は，ひとり親

家族支援センターによる独自的支援への利用が困難な状況である。現在の遂行機関の中で活用できる機関として健康家庭支援センターが考えられる。しかし，健康家庭支援センターはすべての家庭を対象としているため，支援を利用するにあたってひとり親家族が優先されにくい。また，健康家庭支援センターによるひとり親家族の支援は，経済的支援を含めて，全体的に少ないことが現状である（姜，2015，52）。そのため，今後，アクセスの不便などの理由によって支援から排除されないように，ひとり親家族支援センターを増設する必要があるだろう。

　第4に，養育費履行管理院の役割強化と社会的認知度の向上が求められる。2015年3月，養育費履行管理院の新設によって，養育費の受給率が向上すると期待されたが，2016年12月末現在，受付した9,511件のうち[14]，1,558件（16.4％）のみしか養育費の履行に繋がっていない（韓国健康家庭振興院，2017，16）。その原因のひとつとして，現在の養育費履行管理院には，非養育者の同意を得ず，非養育者の個人情報や所得，財産などの把握ができる法的権限がないこと（フォン，2017，104）があげられる。また，ひとり親家族の養育費履行管理院に対する認知度の低さも問題である。韓国女性政策研究院（2015，186）によると，ひとり親家族のうち，養育費履行管理院の存在を認知している割合は28％にすぎない。そのため，今後は，養育費履行管理院の役割強化とともに，社会的認知度を高めることが重要であろう。

　本章では，政府のひとり親家族に対する経済的支援に焦点を当ててきた。そのため，政府の補助金によって運営されていないひとり親家族支援センター（仁川市や釜山市など），低所得の人を対象として多様な支援を行っている総合社会福祉館，その他の様々なNPOによる支援については触れることができなかった。韓国におけるひとり親家族の支援の全体像については，近藤理恵（2013）『日本・韓国・フランスのひとり親家族の不安定のリスクと幸せ―リスク回避の新しい社会システム』（学文社）を参照されたい。

注

1) ひとり親家族とは，死別・離婚・未婚・別居（服役・兵役，精神的・身体的な障がいによって長期間にわたり労働能力を失った配偶者）によって母，または父が18歳未満（就学中の場合は22歳未満，兵役義務を遂行した上で就学中の場合は兵役義務期間を加算した年齢）の子を養育している家族を指す（ひとり親家族支援法第4条；姜，2017，6）。

2) 2015年現在，日本における子ども及びひとり親家族の貧困率は，それぞれ13.9％，50.8％である（厚生労働省，2017，15）。

3) 2016年現在，全ひとり親世帯のうち，政府の支援を受けている世帯は，12.7％にすぎない（女性家族部，2017b，16-17）。

4) ひとり親家族支援法は，日本の母子及び父子並びに寡婦福祉法に該当する法律であり，1989年4月1日に「母子福祉法」として制定された。その後，2002年12月18日に「母・父子福祉法」へ，2007年10月17日に「ひとり親家族支援法」へ改正された。2002年の改正時に父子家庭まで，2007年の改正時に祖孫家庭まで，支援対象の範囲が拡大された。

5) 2014年現在，最低生計費の130％の水準は，世帯数別に，2人1,335,642ウォン，3人1,727,853ウォン，4人2,120,066ウォン，5人2,512,279ウォン，6人2,904,490ウォンである（女性家族部，2014，3）。

6) 所得認定額の基準として最低生計費が中位所得へ改正されたのは，国民基礎生活保障法が2015年であり，ひとり親家族支援法は2016年である。

7) 生活補助金は，入所施設で生活している家族を対象として支給されるものである。具体的な入所施設として，2016年末現在，母子家族福祉施設48カ所（基本生活支援施設42カ所，共同生活支援施設3カ所，自立生活支援施設3カ所）と父子家族福祉施設4カ所（基本生活支援施設2カ所，共同生活支援施設2カ所），未婚母子家族福祉施設59カ所（基本生活支援施設20カ所，共同生活支援施設39カ所），一時支援福祉施設11カ所がある。また，利用施設として，ひとり親家族福祉施設4カ所がある（女性家族部，2017b，18）。

8) 本章では，基準として中位所得52％が妥当かどうかについて論じない。

9) 詳細については，姜（2015）「健康家庭支援センターによるひとり親家庭の子どもに対する支援の課題－支援に対する検討と評価を通して－」『同志社社会福祉学』第29号，pp.41-56を参照されたい。

10) 2014年から健康家庭支援センターと多文化家族支援センターの統合が進んでおり，2016年末現在，101カ所の健康家庭・多文化家族支援センターと66カ所の健康家庭支援センターが運営されている（女性家族部，2017a，10）。

11) 2014年6月現在，全243カ所の自治体のうち，6カ所の自治体のみがひとり親家族支援センターの設置を規定している。仁川市ひとり親家族支援センターや釜山市ひとり

親家族支援センターなどもあるが，政府の補助金によって運営されていないため，除いている。

12) 韓国での離婚は，協議上の離婚と裁判上の離婚に大別され，いずれにしても家庭裁判所が関わる（姜，2017，68）ことから，情報提供の窓口として家庭裁判所を活用することは重要である。

13) イム（2013，13）によると，社会福祉公務員の週平均勤務時間は51.8時間で，民間サービス労働者の45.3時間，事務・金融労働者の49.2時間，行政職公務員の46時間より長いという。

14) 2015年3月から2016年12月末までの延べ件数であり，相談の延べ件数は59,085件である（韓国健康家庭振興院，2017，16）。

引用・参考文献

ひとり親家族支援法（http://www.lawnb.com/lawinfo/contents_view.asp?cid=8B0ADE613DDD4D8D9F3A3D33E40B8C62|0|K　2017.10.15 アクセス）

保健福祉部（2017）『2017年国民基礎生活保障事業案内』ぎょうせい，p.7, p.82

ファン・ウンスク（2017）「少子化時代におけるひとり親家庭の子育て支援の強化方策」『韓国家庭管理学会』2017年共同春季学術大会分科会2，pp.99-104

ジャン・ミョンソン（2016）「ひとり親家族の子育てのための法律の改善方策」『梨花ジェンダー法学』第8巻（1号），pp.1-35

姜民護（2015）「健康家庭支援センターによる ひとり親家庭の子どもに対する支援の課題－支援に対する検討と評価を通して－」『同志社社会福祉学』第29号，pp.41-56

姜民護（2016）「韓国におけるひとり親家族支援センターの利用を低下するリスク要因分析－支援先の視点に着目して－」『関西社会福祉研究』第2号，pp.53-64

姜民護「韓国における親の離婚を経験した子どもの支援に関する基礎研究」同志社大学大学院社会学研究科2017年度博士学位論文，p.6, p.68

韓国保健社会研究院（2016）『2016年貧困統計年報』p.115

韓国健康家庭振興院（2017）『2016年間報告書』p.16, pp.58-73

韓国統計庁『国民基礎生活保障受給現況』（http://www.index.go.kr/potal/main/EachDtlPageDetail.do?idx_cd=2760#quick_02; 2017.10.18 アクセス）

韓国女性政策研究院（2015）『2015年ひとり親家族の実態調査』p.186

健康家庭基本法（http://www.lawnb.com/lawinfo/contents_view.asp?cid=1C008B54D8C740C7A8C6F7007E4440A4|0|K　2017.10.21 アクセス）

健康家庭支援センター（http://www.familynet.or.kr/index.jsp　2017.10.21 アクセス）

国民基礎生活保障法（http://www.lawnb.com/lawinfo/contents_view.asp?cid=6A4C484075544C609D57A4A8781B32B2|0|K　2017.10.21 アクセス）

厚生労働省（2017）『平成 28 年度国民生活基礎調査の結果』p.15

慶尚南道ひとり親家族など支援に関する条例（http://law.gyeongnam.go.kr/01law/01.jsp
　2017.10.21 アクセス）

慶尚南道ひとり親家族支援センター（http://www.knmom.or.kr/　2017.10.21 アクセス）

イム・サンヒョク（2013）「社会福祉公務員の労働条件実態と改善方向」『月間福祉動向』
　第 176 号，pp.11-14

ソウル市ひとり親家族支援センター（http://seoulhanbumo.or.kr/　2017.10.21 アクセス）

ソウル特別市ひとり親家族の支援に関する条例（http://www.law.go.kr/DRF/lawService.
　do?OC=poweresca&target=ordin&MST=1287299&type=HTML&mobileYn=）http://
　seoulhanbumo.or.kr/　2017.10.21 アクセス

山村りつ（2015）「子どもの貧困をどうとらえるべきか」埋橋孝文・矢野裕俊（編）『子ど
　もの貧困・不利・困難を考えるⅠ－理論的アプローチと各国の取組み』pp.47-68

養育費履行確保及び支援に関する法律（http://www.lawnb.com/lawinfo/contents_view.asp
　?cid=198072F5D37946F1BC0A58D06AB1F4C7|0|K 2017.10.21 アクセス）

養育費履行確保管理院（https://www.childsupport.or.kr/lay1/S1T15C21/contents.do
　2017.10.21 アクセス）

女性家族部（2014）『2014 年ひとり親家族支援事業案内』ぎょうせい，p.3

女性家族部（2017a）『2017 年度健康家庭支援センターの事業案内』10，p.274

女性家族部（2017b）『2017 年ひとり親家族支援事業案内』ぎょうせい，pp.3-22，pp.131-
　163

第6章 日本における「国際文化プログラム」

はじめに

これまで見てきたように，アメリカやフランスでは，貧困状態にある中学生・高校生に対して，体験活動支援が活発に行われている。こうしたプログラムを参考に，筆者は，2016年から現在まで，A市において生活困窮者自立支援事業の子どもの学習支援事業により，学習支援を受けている約5人の中学生・高校生を対象に，「国際文化プログラム」という名前のプログラムを，1年間に3〜4回行っている。

このプログラムには，筆者の大学の総数，約15名の学生・大学院生（留学生を含む）のボランティア，学習支援事業を行っている非営利組織のスタッフ，筆者以外の大学教員2人（栄養学と英語学が専門の教員）が参加している。学生・大学院生は社会福祉学を専攻し，将来は福祉事務所や児童相談所等のソーシャルワーカーを目指している学生・院生たちである。その大半は，週2回，夜に1時間半行われている学習支援のボランティアも行っている。食に関するプログラムの時だけは，将来管理栄養士を目指す栄養学専攻の学生が参加した。子どもたちの移動のための交通費や博物館への入館料は，筆者が勤める大学から支給された。

なお，子どもたちは，筆者のプログラム以外に，筆者の大学や筆者の近辺の大学のオープンキャンパスに行ったり，クリスマス会，専門職の人から仕事内容について聞くプログラムを受けている。ここでは，筆者が実施しているプログラムの内容と子どもたちの様子を明らかにする。

1 プログラムの目的と内容

　第1章で明らかにしたように，貧困状態にある子どもは体験活動をする機会が少ない。また，海外の文化や言語に触れる機会が少ない。また，十分な食事が取れていない場合もある。こうしたなか，国際文化プログラムでは，子どもたちが，学生や大学院生とともに，外国の文化に触れるとともに，食の知識を得ることを通じて，楽しい余暇の時間を過ごすことを目的としている。

　これまでに，① 留学生から外国の暮らしを知ろうプログラム，② 国立民族博物館で外国の暮らしを知ろうプログラム，③ 英語に触れようプログラム（2回），④ 朝食をつくろうプログラム，⑤ 買い物ゲームを通じて，国産・外国産，価格変動等に応じた品物の価格の付け方と利益計算について考えるプログラムを実施した。以下では，このなかで，①②④ のプログラム内容について，プログラムの参与観察を通じて述べる。

2 プログラムにおける子どもの様子

1）留学生から外国の暮らしを知ろうプログラム

　子ども1人と学生2人のグループを作った。その後，韓国人学生と中国人の大学院生が，食事のマナー，挨拶の仕方，中学生の学校生活，祭り，正月等の自国の文化を写真付のパワーポイントにまとめ，子どもたちの前で発表した。その後，お菓子・お茶タイムをとり，子どもと学生・院生とで楽しく話し合った。その後，グループごとに，発表に対する質問と感想を話し合った。そして，子どもが，質問と感想を学生・大学院生のサポートを受けながら紙に書いた。なかには，簡単な漢字が書けない子どもがいるため，漢字を使っていない場合，学生・大学院生が漢字を教えた。最終的に，子どもが全員の前で発表して，留学生がそれに答えた。

　筆者が思っていた以上に子どもたちと学生とは盛り上がり，子どもたちも多くの質問と感想を文章にし，積極的に発表していた。最後に，教員や非営利組

織のスタッフも含め，全員が今日の感想を述べた。

2) 国立民族博物館で外国の暮らしを知ろうプログラム

　Ａ市から大阪府吹田市まで，片道2時間半バスに乗って国立民族博物館に行った。Ａ市の外にあまり出たことのない子どもたちは，大阪に行くことをとても喜んだ。民族博物館には，このプログラムの趣旨を既に伝えていたため，民族博物館のスタッフは筆者らを待っていてくれ，館内の説明をしてくれた。その後，地下のラウンジで，各自持参したおにぎり等を食べた。そして，子ども1人と学生3人がグループになり，グループごとに，子どもが行きたい国の展示を鑑賞した。持参したカメラで熱心に写真を撮ったり，説明書きを真剣に読んでいた子どももいた。その子どもは，一つひとつの展示をゆっくり鑑賞した。大きな博物館で，学生・大学院生も含め，皆，エキサイティングな状況にあった。前夜ゲームをしていてほとんど寝ずに，このプログラムに参加した子どももいた。その子どもは疲れ気味で，椅子に何度も座っていたが，その子どもの興味にあるところを鑑賞していた。この博物館は大きいが，かなり早いスピードですべての場所を鑑賞し，「点字を作るコーナー」で，学生と点字作りに集中した子どももいた。

　最後に，教員や非営利組織のスタッフも含め，全員がその日の感想を述べた。子どもだけでなく，すべての学生・大学院生がこの民族博物館に行った経験がなかったため，学生・大学院生もこの空間をとても楽しんだ。帰りのバスでは，全員，疲れて眠った。

3) 朝食をつくろうプログラム

　最初に，栄養学の学生が，栄養学の教員の指導のもと，野菜ジュースだけ，納豆とみかん，ドライフルーツが入ったシリアルと牛乳といった，簡単に食べられる朝食のレベルから，しっかり食べる朝食（和食と洋食）のレベルまで，朝食のレベルを実際に物を使って教えた。

　その後，子ども1人と3〜4人の学生・大学院生からなるグループを4つ

つくった。2つのグループは洋食の朝食をつくり，もう2つのグループは和食の朝食をつくった。洋食の朝食メニューは，パン，卵焼き，様々な野菜が入った野菜スープで，和食の朝食メニューは，ご飯，焼き魚，酢の物，味噌汁であった。子どもたちは，野菜を大きく切りすぎたり，切り方がわからなかったりしたが，とてもにぎやかに一生懸命朝食をつくった。なかには，昨日は朝食も，夕食も食べず，給食だけを食べたという子どももいて，とてもおなかがすいている様子だった。最後には，とても良くでき上がり，皆で美味しそうに食べて，皆で片付けをし，皆で感想を述べた。

　すべてのプログラムにおいて注意している点は，① 1人の子どもに対して，学生・大学院生が複数付き添い，子ども中心にコミュニケーションをとること，② お菓子とお茶の時間をつくり，楽しく話せる雰囲気をつくること（お茶とお菓子は，筆者からの寄付で公的なお金は使用していない），③ 子どもと学生・大学院生がグループワーク等をし，全員の前で質問や感想を言う機会を設けていること，④ グループワークで意見をまとめなければいけない時は，子どもが鉛筆使って紙に意見をまとめ，学生・大学院生がそのサポートをすること，⑤ 教員が司会をし，教員も非営利組織のスタッフも，子ども，学生・院生と同じ様に，その日の感想を述べることである。

3　プログラム前後での子どもの変化

　2016年度には，① 留学生から外国の暮らしを知ろうプログラム，② 国立民族博物館で外国の暮らしを知ろうプログラム，③ 英語に触れようプログラム（1回），④ 朝食をつくろうプログラムを行ったが，プログラムをする前とした後で，子どもたちの意識にどのような変化があるかを明らかにするために，① のプログラムの実施前と，④ のプログラムの終了後に，無記名で質問紙に回答をしてもらった。その結果は，以下の通りである。なお，プログラム実施前と実施後において，同じ子どもたちが回答したが，プログラム実施後においては，1名が不参加だった。

第6章　日本における「国際文化プログラム」　227

1）外国に対する興味の変化

　外国人と簡単な英会話をした経験のない子どもが，5人中4人であった（表6-1）。そして，国際文化プログラムの前後で，外国の文化への興味（表6-2），外国人とのコミュニケーションに対する希望（表6-3），外国人と英会話ができるになりたいという意識（表6-4）が全体として高まったといえる。

表6-1　外国人と簡単な英会話の経験はありますか
（単位：人）

1．は　い	1
2．いいえ	4
合　計	5

表6-2　外国の文化に興味がありますか
（単位：人）

	実施前	実施後
1．とてもある	1	1
2．少しある	2	3
3．あまりない	0	0
4．まったくない	2	0
合　計	5	4

表6-3　外国人とコミュニケーションをとりたいと思いますか
（単位：人）

	実施前	実施後
1．とてもそう思う	1	2
2．少しそう思う	0	1
3．あまりそう思わない	1	1
4．まったくそう思わない	3	0
合　計	5	4

表6-4　外国人と英会話ができるようになりたいと思いますか
（単位：人）

	実施前	実施後
1．とてもそう思う	0	1
2．少しそう思う	0	1
3．あまりそう思わない	3	1
4．まったくそう思わない	2	1
合　計	5	4

2）朝食に対する考え方の変化

　5人の子どものうち，朝食をまったく食べない子どもはいなかったが，ほとんど食べない子どもは1名いた（表6-5）。そして，朝食プログラムの前と後で，

朝食を毎日食べることが重要であるという意識（表6-5）や，朝食を毎日食べたいという意識（表6-6）が高まったといえる。

表6-5　朝食を食べていますか

（単位：人）

1.　毎日食べる	1
2.　時々食べない	3
3.　ほとんど食べない	1
4.　まったく食べない	0
合　計	5

表6-6　朝食を毎日食べることは重要と思いますか

（単位：人）

	実施前	実施後
1.　とてもそう思う	2	2
2.　少しそう思う	2	2
3.　あまりそう思わない	1	0
4.　まったくそう思わない	0	0
合　計	5	4

表6-7　朝食を毎日食べたいと思いますか

（単位：人）

	実施前	実施後
1.　とてもそう思う	2	3
2.　少しそう思う	1	1
3.　あまりそう思わない	2	0
4.　まったくそう思わない	0	0
合　計	5	4

4 プログラムに対する財政的支援と親に対する支援の必要性

筆者は，A県内において，子どもの学習支援事業を行っている，3カ所の非営利組織のスタッフに対して，2017年に，各1時間程度のインタビュー調査を行った。その内，1カ所は，筆者が「国際文化プログラム」を共同で行っている非営利組織である。

その結果，3カ所とも，子どもの学習支援事業以外に，体験活動のプログラムを提供していることが明らかとなった。その際，体験活動支援は，子どもの学習支援事業外の活動であるため，子どもたちの交通費を出せない等の問題が

あった。

また，すべての組織のスタッフは，親に対する支援が極めて重要であり，親に対する支援を活性化させる必要があると認識していた。

第7章 子ども関連政策の評価

第1節 ヘッドスタートプログラムの政策評価

はじめに

　子ども関連政策は，子どもやその家族が抱える社会的ニーズの充足を企図した公的な取り組みである。その取り組みに関する情報の収集，分析，解釈を行う政策評価は，政府の意思決定や政策の有用性の吟味，政策運営や管理の改善，アカウンタビリティの遂行等において欠かせない。しかし，子ども関連政策の構造や規模，実施内容が示されることはあるものの，その評価に関する研究は多くはない。そこで本章では，アメリカで子どもの貧困対策として展開されているヘッドスタートプログラムに着目し，筆者らが実施した聞き取り調査ならびに文献調査を基礎に，その政策評価の現状について論述する。

1 ヘッドスタートプログラムの政策評価に関する取り組み

　2016年9月，筆者らが① United Planning Organization（UPO），② Office of Head Start（OHS）で行った面接調査の結果を整理すると以下の通りである。

1）United Planning Organization

　UPOでは，貧困層の子どもに対して提供しているサービスの利用前後で，子どもの登校日数，停学処分日数，警察に補導された回数，健康状態，妊娠している女性の数，夏季プログラムを受講した後の成績等の変化を追い，これらを指標としてヘッドスタートプログラムによる介入効果の評価を行っていた。評価の実施は，COMPASSというNGOに勤務するスタッフが作成した評価枠

組みを用いており，定期的に1カ月，四半期，1年の単位で評価を実施していた。

さらにUPOでは，貧困層の子どもが抱えるニーズを充足するためには，長期的な介入を要するケースが多分にあることを勘案して，ヘッドスタートプログラムの政策評価をより詳細に行うことを目的に，サービスを利用した子どもとその家族を，子どもの義務教育期間である12年間追跡するデータベースの構築を検討していた。その準備として，連邦政府や子どもたちの通う学校との連携を図り，学生のIDを活用することを検討している最中であった。しかし，この取り組みを実現するためには，諸機関からデータの共有に関する同意を得る必要があり，多くの時間を要することから，実現性に関する懸念が否定できないという職員の意見が印象に残った。

2) Office of Head Start

OHSでは，提供するプログラムの効果をどのように評価するか検討段階にあることが聴取された。これは，州政府などは独自にヘッドスタートプログラムの政策評価を行うためのデータを収集している場合があるものの，サービスを提供する団体に対して政策評価やデータ収集などに関する指針が示されているわけではないことに起因するものであった。

なお，OHSでは，ヘッドスタートプログラムを経験した子どもは，将来的に経済的に豊かになり，望ましい子育てを行う親として成長するとした従来の報告を踏まえ，子どもの学校の成績だけではプログラムを評価することができないと考えており，どのような指標でデータを収集する必要があるのか検討を行っている状況にあった。

3) ヘッドスタートプログラムの政策評価の現状と今後の課題

以上の面接調査の結果から，アメリカ内でヘッドスタートプログラムの政策評価に関する枠組みや用いる指標，評価基準が十分に吟味されておらず，政策評価が適切に実施されていない状況にあることが示唆された。

政策評価がなされていない場合，政策によって得られた成果や費用対効果，問題点の根拠を客観的に指し示すことは難しい。また，現行の政策の評価を行わず，現状ではニーズの充足に不足していると考えられる部分を補填する政策案を作成しても，そのデザインに根拠を持たせることは困難である。つまり，政策評価の実施は，政策案に議会の承認を得て法制化することや予算の付帯を得ることの成否に関わる可能性が考えられる。そのため，現在の政策の成果と問題点を明確にするだけでなく，提案する政策案に根拠を持たせ，効果的な政策の展開を図る意味でも，政策評価の実施が急がれよう。

2 政策評価に関する研究とヘッドスタートプログラム

政策評価に関する研究領域では，政策による介入効果の把握には，集団実験計画法（準実験計画法を含む）や個別実験計画法を基礎とする定量的なアプローチの採用が主流である。このとき，統計学的には，推測統計や多変量解析を駆使するのが一般的であるが，最近では，統計解析手法として，構造方程式モデリングの導入が提起され，その手法を導入した検討が始まっている。

1）構造方程式モデリングによる検討

アメリカでは，健全な青少年育成の視点や公衆衛生上の懸念として，青年の望ましくない行動，具体的には薬物使用や暴力，性行動が引き続き注目されている。教育機関には，これらの行動を抑制し，青少年の学業や生活スキルを高めるために，積極的で安全な教育環境の開発・強化が求められている。

Snyder ら（Snyder et al., 2013）は，グレード 5 の小学生 1,784 人分のデータを使用し，健全な青少年育成を目的とした学校全体に関わる社会的・感情的な性格の開発プログラムの効果を，とくに，学業を通した媒介効果について，薬物使用，暴力，性行動との関連から検討している。調査では，調査対象者の性別，プログラムによる介入の有無，学業に関する 5 項目，薬物使用に関する 5 項目，暴力に関する 5 項目，性行動に関する 1 項目を調査していた。学業，

薬物使用，暴力は，調査対象者の自己報告と教師の評価の2種類を，性行動は，調査対象者の自己報告のみを収集し，数量化を行っていた。統計解析では，調査対象者の自己報告に基づくデータと，教師の評価に基づくデータそれぞれについて，プログラムによる介入の有無が，薬物使用，暴力，性行動に直接影響する一方で，学業を介して薬物使用，暴力，性行動に影響するとした分析モデルを構築し，構造方程式モデリングで分析していた。調査対象者の性別は，統制変数としてモデルに投入されていた。教師の評価に基づくデータを用いた分析の際は，前記モデルから性行動を除外したモデルを構築していた。分析の結果，介入を受けている学齢児は，介入を受けていない学齢児に比べて統計学的に有意に良好な学業を修めていることが報告されている。加えて，学業は薬物使用，暴力，性行動という望ましくない行動に対して，統計学的に有意な負の関連性を認めている。この結果は，小学生の健全な育成について，社会的感情と性格の開発プログラムが一定の有効性を示唆するものであるといえよう。

2) メタ分析による検討

　ヘッドスタートプログラムの一環として展開される未就学児に対する教育プログラムは，とくに子どもの認知的・情緒的発達に及ぼす影響に大きな関心が寄せられている。

　Camilli ら（Camilli et al., 2010）は，ヘッドスタートプログラムに関連するプログラムの効果について，実験計画および準実験計画に基づいて3から5歳児への認知的発達に焦点を当てた介入を検討した123の研究業績を対象に，メタ分析を行っている。結果として，子どもの就学前教育プログラムへの参加は，認知的発達に対して最大の効果量が得られ，プログラムへの参加が発達に対して良好な影響を与えることが報告されている。また，就学前教育プログラムへの参加は，子どもの社会的スキルや学業に対して良好な影響を与えることが報告されている。考察では，従来の研究は，未就学児に対する教育プログラムについて，概ね一貫して認知的発達に対して良好な影響を示すことが報告されているものの，これらの研究では，設計された実験から得られた結果が報告

されていることを指摘していた。そのため，実務としてプログラムを実施し，子どもの認知的発達に対して肯定的な成果を得るためには，コストやプログラムを提供する人員・地域・環境等について，多面的な配慮が必要であると注意を喚起していた。

3）従来の研究の限界点と今後の展望

　以上のように，ヘッドスタートプログラムに関連するプログラムについて検討した研究では，子どもの学習や情緒的及び社会的発達に対する効果に着目した知見が，蓄積されているとみなすことができよう。しかし，ヘッドスタートプログラムは本来，貧困層の子どものニーズに対する多目的な政策であり，① 子どもの身体的健康と能力を増進させること，② 自信，自発性，好奇心及び自己規律を助長することにより，子どもの情緒的及び社会的成長を育成すること，③ とくに概念的および言語的技能に着目し，子どもの心理的プロセス及び技能を増進させること，④ 子どもの将来の学習努力に自信を持たせるよう，成功期待のパターンを確立すること，⑤ 子どもと彼らの問題に対して家族が積極的に対処する能力を強化しつつ，子どもが家族や他の人たちと積極的な関係を持てる能力を増進させること，⑥ 子どもとその家族に社会に対する責任のある態度を養成し，貧しい人たちと協力して彼らの問題を建設的に解決する機会を社会のためにつくること，⑦ 子どもとその家族に自己の尊厳と価値についての意識を高めることを主要な目的としている（宮川，1994，291）。そのため，ヘッドスタートプログラムは介入対象を子どもに限定せず，また，教育的内容に限らない子どもの健康な発育支援や，教育への親の関与促進支援，親子の自立した生活支援，食生活の改善支援等，多岐にわたる事業を展開している。これらを勘案すると，前述の諸研究は，ヘッドスタートプログラムの政策目的から見て，部分的にその適切性を検討しているものと位置づけられよう。しかし，総合的に政策を評価しているものとは必ずしもいえない。今後は，政策の構造やその取り組みにより得られる成果，政策が抱える問題の原因を総合的に評価することを企図した研究が喫緊の課題といえよう。

3 子ども関連政策の政策評価における今後の課題と提案

本節では，アメリカのヘッドスタートプログラムに関する政策評価に着目して現状を整理した。各国の子ども関連政策の評価についても，学問的に体系化された方法を用いて大規模に実践したとする報告はほとんど見当たらない。そのため，ヘッドスタートプログラムに限らず，各国の子ども関連政策の政策評価においては，政策体系を基礎とした多側面からの評価の実施や共通した指標の使用，評価者に依拠した独自の枠組みではなく，体系化された評価枠組みの構築が課題であると推察される。

これらの課題に対しては，政策評価の基盤とされるプログラム評価（program evaluation）を基礎に，① 政策体系を，政策目的達成に至るための因果関係という次元で整理したロジックモデルを開発し，② ロジックモデルの個々の要素を，妥当性を備えた尺度で評価し，③ 構造方程式モデリングを用いて，ロジックモデルそのものの適切性や要素間の関連性を検討する評価方法（Dei et al., 2017）が一定の貢献をもたらすものと推察される。

引用・参考文献

Camilli, G., Vargas, S., Ryan, S. and Barnett, W. S.（2010）"Meta-analysis of the effects of early education interventions on cognitive and social development", *Teachers college record*, 112（3），pp.579-620

Dei R, Kirino M, Nakajima K. and Murakoso T.（2017）"Relationships between Cognitive Appraisals of Elderly Welfare Policy, Program, and Project for the Elderly at Home", *Bulletin of Social Medicine*, 34（2），pp.1-9

宮川公男（1994）『政策科学の基礎』東洋経済新報社，p.291

Snyder, F. J., Acock, A. C., Vuchinich, S., Beets, M. W., Washburn, I. J. and Flay, B. R.（2013）"Preventing negative behaviors among elementary-school students through enhancing students' social-emotional and character development", *American journal of health promotion*, 28（1），pp.50-58

第2節　子どもと家族に関わる福祉関連 QOL

はじめに

　各国において種々の政策が実施されているところであるが，次にこれらの政策が効果的・効率的なものであるかを確認し，政策の改善や立案のための知見を得る政策評価が重要となる。総合的な政策評価であるプログラム評価（Program Evaluation）は，ニーズ評価の後，政策の過程をロジックモデル（W.K. Kellogg Foundation, 2004, 1-11）として図示し，これを基礎としてシステマティックに行っていくものである（Rossi et al., 2004；龍・佐々木, 2004）。ロジックモデルは，「インプット（予算・人材等）→アクティビティ（活動回数等）→アウトプット（利用人数等）→アウトカム（ニーズ充足等）→インパクト（社会的な影響）」という因果関係の連鎖であり，論理性などのために評価の根幹となる。とくに日本においては，プログラム評価が適切に実施されておらず，ロジックモデルに依拠したプログラム評価の実施が課題となっている（山谷, 2012).

　子ども・家族政策を評価する際にも，ロジックモデルを用いることとなる。エビデンスのためには，7章第1節においてもふれている，構造方程式モデリングを用いてロジックモデルの適切性や要素間の関連性を検討する評価（Dei et al., 2017）が不可欠である。子どもの家族としての親の視点に焦点を当てると，高齢者福祉政策における Dei ら（Dei et al., 2017）と同様に，政策体系（事業→施策→政策）を反映した「政策に対する主観的評価」による，インパクト理論に着目したロジックモデルが導出される。さらに，インパクトのひとつとして，親の QOL への因果も想定される。

　QOL に関しては，保健学や医学などにおいては健康関連 QOL や疾患特異的

第7章　子ども関連政策の評価　237

QOL などが，老年学においては人生満足度や心理的な QOL などが，領域ごとの評価指標として用いられている。福祉領域においては，生活環境，人権の尊重，生活の自立に着目した福祉関連 QOL（高橋ら，2015）がある。福祉関連 QOL を用いることで，貧困の連鎖や差別，その他社会生活における困難の予防等に関する知見，さらには福祉の増進に資する政策へと改善するための知見が得られることとなる。

　そこで本節は，子どもの貧困に関わる親の経済状況，仕事と子育ての両立対策，子育て支援などを含む，総合的な「子ども・家族政策」を親の「福祉関連 QOL」の視点で評価することを目的とした。対象は，東アジア圏域（日本・韓国・台湾）における就学前の子どもの親とした。具体的には，子ども・家族政策のロジックモデルにおける，アウトカム「就学前の子どもの親による子ども・家族政策に対する主観的評価（事業→施策→政策）」とインパクト「就学前の子どもの親における福祉関連 QOL」の関係を明らかにすることとした。これは，子ども・家族政策のロジックモデルの適切性と関連性の強さを実証的に検討し，政策評価に取り組むものである。つまり，ロジックモデルに従うことで政策効果が得られるかを確認する評価である。

1 方　法

1）調査対象

　日本においては，大中小 3 都市における保育所・幼稚園・認定こども園，計 23 カ所を利用している子どもの親を調査対象とした。調査の実施に当たっては，同志社大学「人を対象とする研究」に関する倫理審査委員会の承認を得た（番号 15029）。調査票配布数の内訳は 3,360 名（大都市 1,000 名，中都市 1,000 名，小都市 1,360 名）であり，回収数は 1,777 名であった。なお統計解析には，回収されたデータのうち，分析に必要なすべての変数に欠損値を有さない 1,583 名のデータを使用した。

　韓国においては，4 市における保育所・幼稚園，計 4 カ所を利用している子

どもの親を調査対象とした。調査票配布数は 1,000 名であり，回収数は 964 名であった。なお統計解析には，回収されたデータのうち，分析に必要なすべての変数に欠損値を有さない 848 名のデータを使用した。

　台湾においては，3 市における保育所・幼稚園，計 10 カ所を利用している子どもの親を調査対象とした。調査票配布数は 2,000 名であり，回収数は 1,395 名であった。なお統計解析には，回収されたデータのうち，分析に必要なすべての変数に欠損値を有さない 1,389 名のデータを使用した。

2）調査期間

　日本における調査は，2015 年 10 月 7 日 〜 2015 年 12 月 6 日の期間に実施した。

　韓国における調査は，2015 年 7 月 1 日 〜 2015 年 7 月 31 日の期間に実施した。

　台湾における調査は，2016 年 8 月 1 日 〜 2016 年 10 月 15 日の期間に実施した。

3）調査内容

　調査内容の概要は，以下に示す通りである。
・基本属性（性別・年齢・最終学歴・就労状況・家族構成・子どもの数・末子の年齢）
・子ども・家族政策に対する主観的評価（事業・施策・政策）
　・子ども・家族政策における「事業に対する評価」23 項目
　・子ども・家族政策における「施策に対する評価」7 項目
　・子ども・家族政策における「政策に対する評価」4 項目
・福祉関連 QOL（高橋ら，2015）12 項目

　前記調査内容のうち，「子ども・家族政策に対する主観的評価」は，子どもの貧困及び親の経済状況，仕事と子育ての両立などを含む，総合的な子ども・家族政策における，体系ごとの① 事業，② 施策，③ 政策（狭義）への主観的評

第7章　子ども関連政策の評価　239

価を，それぞれ一次元的な概念として測定する尺度を用いて数量化した。

（1）事業に対する評価

事業に対する評価測定尺度は，基本的な7施策を構成する各事業のアウトプットが，就学前の子どもの親におけるニーズの解決に有効に機能しているかという視点からみた23の質問項目で構成した（「就学前の子どもの親からみた事業のニーズ充足度」を測定する7因子23項目）。回答とその数量化は「0点：全く満たしていない」「1点：少し満たしている」「2点：かなり満たしている」「3点：十分満たしている」とし，得点が高いほど就学前の子どもの親のニーズが充足していることを意味するよう設定した。

（2）施策に対する評価

施策に対する評価測定尺度は，「就学前の子どもの親からみた施策の推進度」を測定する7項目で構成した。回答とその数量化は「0点：そう思わない」「1点：少しそう思う」「2点：かなりそう思う」「3点：十分そう思う」とし，得点が高いほど施策が推進されていることを意味するよう設定した。

（3）政策に対する評価

政策に対する評価測定尺度は，子ども・家族政策の理念を集約して質問項目化し，「就学前の子どもの親からみた政策の理念の達成度」を測定する4項目で構成した。回答とその数量化は「0点：あてはまらない・誇りに思わない」「1点：少しあてはまる・少し誇りに思う」「2点：だいたいあてはまる・おおむね誇りに思う」「3点：かなりあてはまる・かなり誇りに思う」「4点：とてもあてはまる・とても誇りに思う」とし，得点が高いほど理念が達成されていることを意味するよう設定した。

（4）福祉関連 QOL

福祉関連 QOL は，一般成人用の社会福祉関連 QOL 測定尺度（高橋ら，2015）

を用いて測定した。本尺度は，社会福祉関連QOLを「自立的な社会生活の質に対する満足感」（高橋ら，2015，3）と定義し，確認的因子分析を用いて二次因子モデルとしての構成概念妥当性を既に検討した尺度である。なお本調査研究においては，高橋が質問項目の文言の微修正及び自然環境に関する1項目の追加を行った尺度（高橋ら，2017）を用いた。このため，最終的な質問項目は，「生活環境」因子に住環境，地域環境，自然環境，人との絆に関する4項目，「人権の尊重」因子に自由権，平等権，個人の尊厳，安心・安全に関する4項目，「生活の自立」因子に経済的自立，社会的自立，地域生活自立，精神的自立に関する4項目の計12項目となっている。回答とその数量化は，日本及び台湾では5件法，韓国においては4件法としたが，便宜上ここでは3件法に変換・統一し，「0点：不満足である」「1点：どちらでもない」「2点：満足している」とし，得点が高いほど自立的な社会生活の質に対する満足感が高くなることを意味するよう設定した。

4）統計解析

　統計解析では，まず子ども・家族政策における「事業に対する評価」「施策に対する評価」「政策に対する評価」ならびに「福祉関連QOL」に関する各測定尺度の構成概念妥当性と信頼性を検討した。構成概念妥当性は，構造方程式モデリングを用いた確認的因子分析により，因子構造モデルの妥当性を検討した。各尺度の信頼性は，内的整合性をω信頼性係数（McDonald，1999，89）で検討した。次いで，間接モデル（事業に対する評価→施策に対する評価→政策に対する評価→福祉関連QOL）のデータへの適合性と関連性の強さを構造方程式モデリングで検討した。なお因果関係の検討においては，安定した推定結果を得るためにアイテムパーセリングの方法（豊田，2009，40-5）により，事業に対する評価測定尺度は下位因子ごとの合計得点を投入するものとした。因果関係モデル及び因子構造モデルのデータへの適合度は，CFIとRMSEAで判定し，パラメータの推定には重み付け最小二乗法の拡張法（WLSMV）（Muthén & Muthén，2012，603）を用いた。データに対するモデルの当てはまりは，CFI

が0.9以上でよい，RMSEA が0.1以上で悪いと判断することとした。さらに標準化推定値（パス係数）の有意性は，非標準化推定値を標準誤差で除した値（以下 t 値）の絶対値が1.96以上（5%有意水準）を示したものを統計学的に有意とした。以上の統計解析には，IBM SPSS Statistics 23 と Mplus 7.3 を使用した。

2 結 果

1）基本属性の分布

(1) 日本データの基本属性の分布

日本データ 1,583 名の基本属性は，以下の通りであった。

性別は，女性 881 名（55.7%），男性 702 名（44.3%）であった。

年齢は，平均 35.5 歳（標準偏差 5.46，範囲 20〜62 歳），女性の年齢は平均 34.5 歳（標準偏差 5.10，範囲 20〜51 歳），男性の年齢は平均 36.8 歳（標準偏差 5.63，範囲 22〜62 歳）であった。

地域は，大都市 378 名（23.9%），中都市 398 名（25.1%），小都市 807 名（51.0%）であった。

最終学歴は，中学校卒業が 68 名（4.3%），高等学校卒業が 526 名（33.2%），短期大学（専門学校含む）卒業が 472 名（29.8%），大学卒業が 443 名（28.0%），大学院修了が 74 名（4.7%）であった。

就労状況は，正社員（常勤）944 名（59.6%），非正規社員（非常勤・有期雇用・パート）309 名（19.5%），自営業 112 名（7.1%），学生 1 名（0.1%），職業訓練中 0 名（0.0%），専業主婦・主夫 202 名（12.8%），その他 15 名（0.9%）であった。

家族構成は，親と子と孫の世帯（三世代）が 212 名（13.4%），夫婦と子の世帯が 1,261 名（79.7%），ひとり親と子の世帯が 78 名（4.9%），その他が 32 名（2.0%）であった。

子どもの数は，1 人の世帯が 477 名（30.1%），2 人の世帯が 762 名（48.1%），3 人以上の世帯が 344 名（21.7%）であった。

末子の年齢の平均値は 2.8 歳，標準偏差 1.74 であった。

(2) 韓国データの基本属性の分布

韓国データ848名の基本属性は，以下の通りであった。

性別は，女性433名（51.1%），男性415名（48.9%）であった。

年齢は，平均35.8歳（標準偏差5.70，範囲19〜60歳），女性の年齢は平均34.9歳（標準偏差5.55，範囲21〜57歳），男性の年齢は平均36.7歳（標準偏差5.73，範囲19〜60歳）であった。

地域は，A市525名（61.9%），B市173名（20.4%），C市95名（11.2%），D市55名6.5%）であった。

最終学歴は，中学校卒業が4名（0.5%），高等学校卒業が79名（9.3%），短期大学（専門学校含む）卒業が291名（34.3%），大学卒業が404名（47.6%），大学院修了が70名（8.3%）であった。

就労状況は，正社員（常勤）397名（46.8%），非正規社員（非常勤・有期雇用・パート）132名（15.6%），自営業168名（19.8%），学生8名（0.9%），職業訓練中5名（0.6%），専業主婦・主夫119名（14.0%），その他19名（2.2%）であった。

家族構成は，親と子と孫の世帯（三世代）が60名（7.1%），夫婦と子の世帯が759名（89.5%），ひとり親と子の世帯が29名（3.4%），その他が0名（0.0%）であった。

子どもの数は，1人の世帯が272名（32.1%），2人の世帯が449名（52.9%），3人以上の世帯が127名（14.9%）であった。

(3) 台湾データの基本属性の分布

台湾データ1,389名の基本属性は，以下の通りであった。

性別は，女性695名（50.0%），男性694名（50.0%）であった。

年齢は，平均33.1歳（標準偏差4.64，範囲21〜48歳），女性の年齢は平均32.0歳（標準偏差4.52，範囲21〜48歳），男性の年齢は平均34.2歳（標準偏差4.52，範囲21〜48歳）であった。

地域は，A市671名（48.3%），B市418名（30.1%），C市300名（21.6%）であった。

最終学歴は，中学校卒業が 24 名（1.7%），高等学校卒業が 198 名（14.3%），短期大学（専門学校含む）卒業が 120 名（8.6%），大学卒業が 1033 名（74.4%），大学院修了が 14 名（1.0%）であった。

就労状況は，正社員（常勤）580 名（41.8%），非正規社員（非常勤・有期雇用・パート）294 名（21.2%），自営業 300 名（21.6%），学生 18 名（1.3%），職業訓練中 80 名（5.8%），専業主婦・主夫 91 名（6.6%），その他 26 名（1.9%）であった。

家族構成は，親と子と孫の世帯（三世代）が 265 名（19.1%），夫婦と子の世帯が 952 名（68.5%），ひとり親と子の世帯が 172 名（12.4%），その他が 0 名（0.0%）であった。

子どもの数は，1 人の世帯が 1006 名（72.4%），2 人の世帯が 360 名（25.9%），3 人以上の世帯が 23 名（1.7%）であった。

末子の年齢の平均値は 3.59 歳，標準偏差 1.54 であった。

2）事業に対する評価測定尺度

（1）日本データにおける事業に対する評価測定尺度

事業に対する評価測定尺度に関する項目の回答分布を表 7-1 に示した。23 項目で構成される事業に対する評価測定尺度の因子構造の側面からみた構成概念妥当性を確認的因子分析で検討したところ，7 因子二次因子モデルのデータに対する適合度は，CFI が 0.970，RMSEA が 0.077 であった（図 7-1）。また ω 信頼性係数は 0.953 であった。総合得点の平均は 24.8（標準偏差 11.29，範囲 0 ～ 69）であった。

（2）韓国データにおける事業に対する評価測定尺度

事業に対する評価測定尺度に関する項目の回答分布を表 7-2 に示した。23 項目で構成される事業に対する評価測定尺度の因子構造の側面からみた構成概念妥当性を確認的因子分析で検討したところ，7 因子二次因子モデルのデータに対する適合度は，CFI が 0.996，RMSEA が 0.068 であった（図 7-1）。また ω 信頼性係数は 0.984 であった。総合得点の平均は 27.0（標準偏差 18.40，範

表 7-1　日本データ：事業に対する評価測定尺度の回答分布（n=1,583）

単位：名（%）

因子	項　目	回答カテゴリ			
		全く満たしていない	少し満たしている	かなり満たしている	十分満たしている
子どもの療育	xa1. あなたは，自分のまちの「子育て支援サービス」は，市民のニーズを満たしていると思いますか	114（ 7.2）	785（49.6）	547（34.6）	137（ 8.7）
	xa2. あなたは，自分のまちの「保育サービス」は，市民のニーズを満たしていると思いますか	136（ 8.6）	827（52.2）	508（32.1）	112（ 7.1）
	xa3. あなたは，自分のまちの「子育て支援のネットワークづくり」は，市民のニーズを満たしていると思いますか	182（11.5）	957（60.5）	375（23.7）	69（ 4.4）
	xa4. あなたは，自分のまちの「子ども健全育成対策」は，市民のニーズを満たしていると思いますか	169（10.7）	969（61.2）	382（24.1）	63（ 4.0）
健康保護	xa5. あなたは，自分のまちの「子どもや母親に対する健康支援対策」は，市民のニーズを満たしていると思いますか	153（ 9.7）	931（58.8）	429（27.1）	70（ 4.4）
	xa6. あなたは，自分のまちの「食育」は，市民のニーズを満たしていると思いますか	186（11.7）	855（54.0）	453（28.6）	89（ 5.6）
	xa7. あなたは，自分のまちの「思春期保健対策」は，市民のニーズを満たしていると思いますか	299（18.9）	1033（65.3）	220（13.9）	31（ 2.0）
	xa8. あなたは，自分のまちの「小児医療対策」は，市民のニーズを満たしていると思いますか	326（20.6）	577（36.4）	464（29.3）	216（13.6）
子どもの安全	xa9. あなたは，自分のまちの「子どもの交通安全対策」は，市民のニーズを満たしていると思いますか	257（16.2）	950（60.0）	332（21.0）	44（ 2.8）
	xa10. あなたは，自分のまちの「こどもを犯罪等の被害から守るための対策」は，市民のニーズを満たしていると思いますか	297（18.8）	986（62.3）	265（16.7）	35（ 2.2）
教育環境	xa11. あなたは，自分のまちの「次世代の親の育成対策」は，市民のニーズを満たしていると思いますか	403（25.5）	986（62.3）	164（10.4）	30（ 1.9）
	xa12. あなたは，自分のまちの「学校教育の環境整備」は，市民のニーズを満たしていると思いますか	223（14.1）	1001（63.2）	318（20.1）	41（ 2.6）
	xa13. あなたは，自分のまちの「家庭や地域の教育力向上対策」は，市民のニーズを満たしていると思いますか	287（18.1）	1020（64.4）	248（15.7）	28（ 1.8）
	xa14. あなたは，自分のまちの「子どもを取り巻く有害環境対策」は，市民のニーズを満たしていると思いますか	315（19.9）	975（61.6）	257（16.2）	36（ 2.3）
生活環境	xa15. あなたは，自分のまちの「市民に対する居住環境対策」は，市民のニーズを満たしていると思いますか	259（16.4）	921（58.2）	365（23.1）	38（ 2.4）
	xa16. あなたは，自分のまちの「親子が安心して外出できる生活環境整備対策」は，市民のニーズを満たしていると思いますか	249（15.7）	905（57.2）	383（24.2）	46（ 2.9）
両立	xa17. あなたは，自分のまちの「誰もが働きやすい職場の環境整備に関する対策」は，市民のニーズを満たしていると思いますか	505（31.9）	887（56.0）	158（10.0）	33（ 2.1）
	xa18. あなたは，自分のまちの「男性の子育てへの参画対策」は，市民のニーズを満たしていると思いますか	631（39.9）	790（49.9）	138（ 8.7）	24（ 1.5）
	xa19. あなたは，自分のまちの「仕事と子育ての両立対策」は，市民のニーズを満たしていると思いますか	582（36.8）	791（50.0）	177（11.2）	33（ 2.1）
対処方法	xa20. あなたは，自分のまちの「児童虐待防止対策」は，市民のニーズを満たしていると思いますか	312（19.7）	1043（65.9）	198（12.5）	30（ 1.9）
	xa21. あなたは，自分のまちの「ひとり親家庭の自立支援」は，市民のニーズを満たしていると思いますか	330（20.8）	981（62.0）	231（14.6）	41（ 2.6）
	xa22. あなたは，自分のまちの「障がい児対策」は，市民のニーズを満たしていると思いますか	269（17.0）	1004（63.4）	270（17.1）	40（ 2.5）
	xa23. あなたは，自分のまちの「経済的負担軽減対策」は，市民のニーズを満たしていると思いますか	425（26.8）	878（55.5）	242（15.3）	38（ 2.4）

第7章　子ども関連政策の評価　245

表 7-2　韓国データ：事業に対する評価測定尺度の回答分布（n=848）

単位：名（％）

因子	項　目	回答カテゴリ			
		全く満たしていない	少し満たしている	かなり満たしている	十分満たしている
子どもの療育	xa1. あなたは，自分のまちの「子育て支援サービス」は，市民のニーズを満たしていると思いますか	153（18.0）	355（41.9）	251（29.6）	89（10.5）
	xa2. あなたは，自分のまちの「保育サービス」は，市民のニーズを満たしていると思いますか	193（22.8）	323（38.1）	248（29.2）	84（ 9.9）
	xa3. あなたは，自分のまちの「子育て支援のネットワークづくり」は，市民のニーズを満たしていると思いますか	193（22.8）	358（42.2）	224（26.4）	73（ 8.6）
	xa4. あなたは，自分のまちの「子ども健全育成対策」は，市民のニーズを満たしていると思いますか	213（25.1）	320（37.7）	233（27.5）	82（ 9.7）
健康保護	xa5. あなたは，自分のまちの「子どもや母親に対する健康支援対策」は，市民のニーズを満たしていると思いますか	237（27.9）	299（35.3）	222（26.2）	90（10.6）
	xa6. あなたは，自分のまちの「食育」は，市民のニーズを満たしていると思いますか	226（26.7）	305（36.0）	224（26.4）	93（11.0）
	xa7. あなたは，自分のまちの「思春期保健対策」は，市民のニーズを満たしていると思いますか	241（28.4）	290（34.2）	245（28.9）	72（ 8.5）
	xa8. あなたは，自分のまちの「小児医療対策」は，市民のニーズを満たしていると思いますか	199（23.5）	331（39.0）	228（26.9）	90（10.6）
子どもの安全	xa9. あなたは，自分のまちの「子どもの交通安全対策」は，市民のニーズを満たしていると思いますか	219（25.8）	314（37.0）	239（28.2）	76（ 9.0）
	xa10. あなたは，自分のまちの「こどもを犯罪等の被害から守るための対策」は，市民のニーズを満たしていると思いますか	254（30.0）	285（33.6）	238（28.1）	71（ 8.4）
教育環境	xa11. あなたは，自分のまちの「次世代の親の育成対策」は，市民のニーズを満たしていると思いますか	237（27.9）	308（36.3）	225（26.5）	78（ 9.2）
	xa12. あなたは，自分のまちの「学校教育の環境整備」は，市民のニーズを満たしていると思いますか	214（25.2）	325（38.3）	233（27.5）	76（ 9.0）
	xa13. あなたは，自分のまちの「家庭や地域の教育力向上対策」は，市民のニーズを満たしていると思いますか	224（26.4）	303（35.7）	237（27.9）	84（ 9.9）
	xa14. あなたは，自分のまちの「子どもを取り巻く有害環境対策」は，市民のニーズを満たしていると思いますか	252（29.7）	294（34.7）	220（25.9）	82（ 9.7）
生活環境	xa15. あなたは，自分のまちの「市民に対する居住環境対策」は，市民のニーズを満たしていると思いますか	180（21.2）	312（36.8）	288（34.0）	68（ 8.0）
	xa16. あなたは，自分のまちの「親子が安心して外出できる生活環境整備対策」は，市民のニーズを満たしていると思いますか	262（30.9）	268（31.6）	255（30.1）	63（ 7.4）
両立	xa17. あなたは，自分のまちの「誰もが働きやすい職場の環境整備に関する対策」は，市民のニーズを満たしていると思いますか	281（33.1）	270（31.8）	244（28.8）	53（ 6.3）
	xa18. あなたは，自分のまちの「男性の子育てへの参画対策」は，市民のニーズを満たしていると思いますか	309（36.4）	265（31.3）	213（25.1）	61（ 7.2）
	xa19. あなたは，自分のまちの「仕事と子育ての両立対策」は，市民のニーズを満たしていると思いますか	308（36.3）	249（29.4）	220（25.9）	71（ 8.4）
対処方法	xa20. あなたは，自分のまちの「児童虐待防止対策」は，市民のニーズを満たしていると思いますか	239（28.2）	319（ 37.6）	234（27.6）	56（ 6.6）
	xa21. あなたは，自分のまちの「ひとり親家庭の自立支援」は，市民のニーズを満たしていると思いますか	243（28.7）	308（36.3）	240（28.3）	57（ 6.7）
	xa22. あなたは，自分のまちの「障がい児対策」は，市民のニーズを満たしていると思いますか	263（31.0）	289（ 34.1）	229（27.0）	67（ 7.9）
	xa23. あなたは，自分のまちの「経済的負担軽減対策」は，市民のニーズを満たしていると思いますか	257（30.3）	288（ 34.0）	239（28.2）	64（ 7.5）

表7-3 台湾データ：事業に対する評価測定尺度の回答分布 （n=1,389）

単位：名（％）

因子	項目	回答カテゴリ			
		全く満たしていない	少し満たしている	かなり満たしている	十分満たしている
子どもの療育	xa1. あなたは，自分のまちの「子育て支援サービス」は，市民のニーズを満たしていると思いますか	32（ 2.3）	441（31.7）	714（51.4）	202（14.5）
	xa2. あなたは，自分のまちの「保育サービス」は，市民のニーズを満たしていると思いますか	38（ 2.7）	610（43.9）	576（41.5）	165（11.9）
	xa3. あなたは，自分のまちの「子育て支援のネットワークづくり」は，市民のニーズを満たしていると思いますか	60（ 4.3）	310（22.3）	771（55.5）	248（17.9）
	xa4. あなたは，自分のまちの「子ども健全育成対策」は，市民のニーズを満たしていると思いますか	59（ 4.2）	366（26.3）	670（48.2）	294（21.2）
健康保護	xa5. あなたは，自分のまちの「子どもや母親に対する健康支援対策」は，市民のニーズを満たしていると思いますか	32（ 2.3）	407（29.3）	692（49.8）	258（18.6）
	xa6. あなたは，自分のまちの「食育」は，市民のニーズを満たしていると思いますか	80（ 5.8）	414（29.8）	754（54.3）	141（10.2）
	xa7. あなたは，自分のまちの「思春期保健対策」は，市民のニーズを満たしていると思いますか	56（ 4.0）	416（29.9）	543（39.1）	374（26.9）
	xa8. あなたは，自分のまちの「小児医療対策」は，市民のニーズを満たしていると思いますか	71（ 5.1）	395（28.4）	699（50.3）	224（16.1）
子どもの安全	xa9. あなたは，自分のまちの「子どもの交通安全対策」は，市民のニーズを満たしていると思いますか	59（ 4.2）	366（26.3）	629（45.3）	335（24.1）
	xa10. あなたは，自分のまちの「こどもを犯罪等の被害から守るための対策」は，市民のニーズを満たしていると思いますか	57（ 4.1）	452（32.5）	686（49.4）	194（14.0）
教育環境	xa11. あなたは，自分のまちの「次世代の親の育成対策」は，市民のニーズを満たしていると思いますか	91（ 6.6）	347（25.0）	672（48.4）	279（20.1）
	xa12. あなたは，自分のまちの「学校教育の環境整備」は，市民のニーズを満たしていると思いますか	53（ 3.8）	531（38.2）	516（37.1）	289（20.8）
	xa13. あなたは，自分のまちの「家庭や地域の教育力向上対策」は，市民のニーズを満たしていると思いますか	54（ 3.9）	334（24.0）	716（51.5）	285（20.5）
	xa14. あなたは，自分のまちの「子どもを取り巻く有害環境対策」は，市民のニーズを満たしていると思いますか	95（ 6.8）	425（30.6）	643（46.3）	226（16.3）
生活環境	xa15. あなたは，自分のまちの「市民に対する居住環境対策」は，市民のニーズを満たしていると思いますか	35（ 2.5）	428（30.8）	616（44.3）	310（22.3）
	xa16. あなたは，自分のまちの「親子が安心して外出できる生活環境整備対策」は，市民のニーズを満たしていると思いますか	25（ 1.8）	366（26.3）	793（57.1）	205（14.8）
両立	xa17. あなたは，自分のまちの「誰もが働きやすい職場の環境整備に関する対策」は，市民のニーズを満たしていると思いますか	76（ 5.5）	320（23.0）	599（43.1）	394（28.4）
	xa18. あなたは，自分のまちの「男性の子育てへの参画対策」は，市民のニーズを満たしていると思いますか	33（ 2.4）	373（26.9）	663（47.7）	320（23.0）
	xa19. あなたは，自分のまちの「仕事と子育ての両立対策」は，市民のニーズを満たしていると思いますか	70（ 5.0）	366（26.3）	687（49.5）	266（19.2）
対処方法	xa20. あなたは，自分のまちの「児童虐待防止対策」は，市民のニーズを満たしていると思いますか	35（ 2.5）	307（ 22.1）	713（51.3）	334（24.0）
	xa21. あなたは，自分のまちの「ひとり親家庭の自立支援」は，市民のニーズを満たしていると思いますか	32（ 2.3）	402（ 28.9）	759（54.6）	196（14.1）
	xa22. あなたは，自分のまちの「障がい児対策」は，市民のニーズを満たしていると思いますか	90（ 6.5）	341（ 24.6）	593（42.7）	365（26.3）
	xa23. あなたは，自分のまちの「経済的負担軽減対策」は，市民のニーズを満たしていると思いますか	75（ 5.4）	325（ 23.4）	567（40.8）	422（30.4）

第7章　子ども関連政策の評価　247

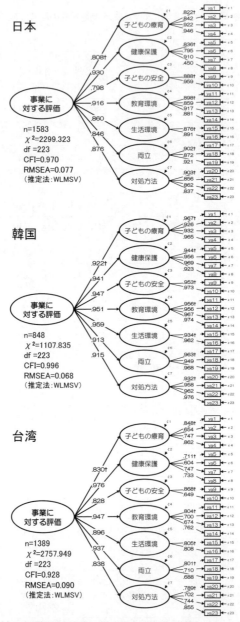

図 7-1　事業に対する評価測定尺度の構成概念妥当性の検討（日本・韓国・台湾データ）

囲 0 ～ 69）であった。

（3）台湾データにおける事業に対する評価測定尺度

　事業に対する評価測定尺度に関する項目の回答分布を表 7-3 に示した。23 項目で構成される事業に対する評価測定尺度の因子構造の側面からみた構成概念妥当性を確認的因子分析で検討したところ，7 因子二次因子モデルのデータに対する適合度は，CFI が 0.928，RMSEA が 0.090 であった（図 7-1）。また ω 信頼性係数は 0.936 であった。総合得点の平均は 42.2（標準偏差 11.53，範囲 4 ～ 64）であった。

3）施策に対する評価測定尺度

（1）日本データにおける施策に対する評価測定尺度

　施策に対する評価測定尺度に関する項目の回答分布を表 7-4 に示した。7 項目で構成される施策に対する評価測定尺度の因子構造の側面からみた構成概念妥当性を確認的因子分析で検討したところ，一因子モデルのデータに対する適合度は，CFI が 0.982，RMSEA が 0.136 と RMSEA がやや高かった。そのため，項目表現が似ている項目「xb1」「xb2」及び「xb6」「xb7」の間に誤差相関

表 7-4　日本データ：施策に対する評価測定尺度の回答分布（n=1,583）

単位：名（％）

項　目	回答カテゴリ			
	そう 思わない	少し そう思う	かなり そう思う	十分 そう思う
xb1. 自分のまちの子育て支援は，育児を楽しくさせてくれる	239（15.1）	847（53.5）	403（25.5）	94（5.9）
xb2. 自分のまちの母性や乳児・幼児等の健康支援は，市民の健康を高めている	227（14.3）	845（53.4）	412（26.0）	99（6.3）
xb3. 自分のまちでは，子どもが安全に生活できる	202（12.8）	813（51.4）	466（29.4）	102（6.4）
xb4. 自分のまちの教育環境整備は，子どもの心身の健やかな成長を助けている	195（12.3）	876（55.3）	431（27.2）	81（5.1）
xb5. 自分のまちの生活環境は，子育てがしやすい環境になっている	221（14.0）	765（48.3）	470（29.7）	127（8.0）
xb6. 自分のまちの仕事と子育ての両立支援により，働きやすい職場が増えている	627（39.6）	727（45.9）	187（11.8）	42（2.7）
xb7. 自分のまちでは，ひとりひとりの子どもの人権と個性を大切にしている	270（17.1）	895（56.5）	353（22.3）	65（4.1）

第7章　子ども関連政策の評価　249

を設定した。このモデルのデータに対する適合度は CFI が 0.996，RMSEA が 0.070 であった（図 7-2）。また ω 信頼性係数は 0.908 であった。総合得点の平均は 8.24（標準偏差 4.29，範囲 0 ～ 21）であった。

（2）韓国データにおける施策に対する評価測定尺度

施策に対する評価測定尺度に関する項目の回答分布を表 7-5 に示した。7 項目で構成される施策に対する評価測定尺度の因子構造の側面からみた構成概念

表 7-5　韓国データ：施策に対する評価測定尺度の回答分布（n=848）

単位：名（%）

項　目	回答カテゴリ			
	そう 思わない	少し そう思う	かなり そう思う	十分 そう思う
xb1. 自分のまちの子育て支援は，育児を楽しくさせて くれる	114（13.4）	341（40.2）	332（39.2）	61（ 7.2）
xb2. 自分のまちの母性や乳児・幼児等の健康支援は， 市民の健康を高めている	165（19.5）	319（37.6）	304（35.8）	60（ 7.1）
xb3. 自分のまちでは，子どもが安全に生活できる	155（18.3）	350（41.3）	277（32.7）	66（ 7.8）
xb4. 自分のまちの教育環境整備は，子どもの心身の健 やかな成長を助けている	166（19.6）	332（39.2）	286（33.7）	64（ 7.5）
xb5. 自分のまちの生活環境は，子育てがしやすい環境 になっている	216（25.5）	299（35.3）	279（32.9）	54（ 6.4）
xb6. 自分のまちの仕事と子育ての両立支援により，働 きやすい職場が増えている	301（35.5）	248（29.2）	231（27.2）	68（ 8.0）
xb7. 自分のまちでは，ひとりひとりの子どもの人権と 個性を大切にしている	196（23.1）	289（34.1）	286（33.7）	77（ 9.1）

表 7-6　台湾データ：施策に対する評価測定尺度の回答分布（n=1,389）

単位：名（%）

項　目	回答カテゴリ			
	そう 思わない	少し そう思う	かなり そう思う	十分 そう思う
xb1. 自分のまちの子育て支援は，育児を楽しくさせて くれる	10（ 0.7）	317（22.8）	820（59.0）	242（17.4）
xb2. 自分のまちの母性や乳児・幼児等の健康支援は， 市民の健康を高めている	24（ 1.7）	449（32.3）	681（49.0）	235（16.9）
xb3. 自分のまちでは，子どもが安全に生活できる	45（ 3.2）	334（24.0）	687（49.5）	323（23.3）
xb4. 自分のまちの教育環境整備は，子どもの心身の健 やかな成長を助けている	19（ 1.4）	297（21.4）	693（49.9）	380（27.4）
xb5. 自分のまちの生活環境は，子育てがしやすい環境 になっている	30（ 2.2）	278（20.0）	842（60.6）	239（17.2）
xb6. 自分のまちの仕事と子育ての両立支援により，働 きやすい職場が増えている	30（ 2.2）	323（23.3）	686（49.4）	350（25.2）
xb7. 自分のまちでは，ひとりひとりの子どもの人権と 個性を大切にしている	10（ 0.7）	432（31.1）	540（38.9）	407（29.3）

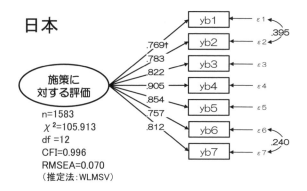

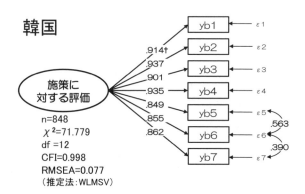

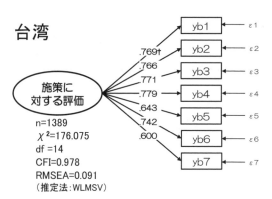

図 7-2　施策に対する評価測定尺度の構成概念妥当性の検討（日本・韓国・台湾データ）

妥当性を確認的因子分析で検討したところ，一因子モデルのデータに対する適合度は CFI が 0.998，RMSEA が 0.077 であった（図 7-2）。また ω 信頼性係数は 0.947 であった。なお，項目「xb5」「xb6」及び「xb6」「xb7」の間に誤差相関を設定している。総合得点の平均は 8.87（標準偏差 5.38，範囲 0 ～ 21）であった。

(3) 台湾データにおける施策に対する評価測定尺度

施策に対する評価測定尺度に関する項目の回答分布を表 7-6 に示した。7 項目で構成される施策に対する評価測定尺度の因子構造の側面からみた構成概念妥当性を確認的因子分析で検討したところ，一因子モデルのデータに対する適合度は CFI が 0.978，RMSEA が 0.091 であった（図 7-2）。また ω 信頼性係数は 0.839 であった。総合得点の平均は 13.6（標準偏差 3.64，範囲 3 ～ 20）であった。

4) 政策に対する評価測定尺度

(1) 日本データにおける政策に対する評価測定尺度

政策に対する評価測定尺度に関する項目の回答分布を表 7-7 に示した。4 項目で構成される政策に対する評価測定尺度の因子構造の側面からみた構成概念妥当性を確認的因子分析で検討したところ，一因子モデルのデータに対する適合度は，CFI が 0.981，RMSEA が 0.202 と RMSEA がやや高かった。そのため，項目表現が似ている項目「xc3」と「xc4」の間に誤差相関を設定した。

表 7-7　日本データ：政策に対する評価測定尺度の回答分布（n=1,583）

単位：名（%）

項　目	回答カテゴリ				
xc1. 自分のまちは，子育て世代に優しい環境になっていると思いますか	あてはまらない	少しあてはまる	だいたいあてはまる	かなりあてはまる	とてもあてはまる
	183（11.6）	577（36.4）	490（31.0）	225（14.2）	108（ 6.8）
xc2. あなたは，今のまちで育児していることを，誇りに思いますか	誇りに思わない	少し誇りに思う	おおむね誇りに思う	かなり誇りに思う	とても誇りに思う
	291（18.4）	460（29.1）	551（34.8）	162（10.2）	119（ 7.5）
xc3. あなたは，あなたの家族の絆が，育児の支えになっていると思いますか	あてはまらない	少しあてはまる	だいたいあてはまる	かなりあてはまる	とてもあてはまる
	46（ 2.9）	210（13.3）	395（25.0）	430（27.2）	502（31.7）
xc4. あなたは，あなたのまちの子どもは，心身ともに豊かに育っていると思いますか	あてはまらない	少しあてはまる	だいたいあてはまる	かなりあてはまる	とてもあてはまる
	55（ 3.5）	287（18.1）	737（46.6）	356（22.5）	148（ 9.3）

このモデルのデータに対する適合度は CFI が 1.000，RMSEA が 0.000 であった（図 7-3）。また ω 信頼性係数は 0.783 であった。総合得点の平均は 8.15（標準偏差 3.29，範囲 0 〜 16）であった。

(2) 韓国データにおける政策に対する評価測定尺度

政策に対する評価測定尺度に関する項目の回答分布を表 7-8 に示した。4 項目で構成される政策に対する評価測定尺度の因子構造の側面からみた構成概念妥当性を確認的因子分析で検討したところ，一因子モデルのデータに対する適合度は，CFI が 0.999，RMSEA が 0.070 であった（図 7-3）。また ω 信頼性係数は 0.845 であった。なお，項目「xc3」と「xc4」の間に誤差相関を設定している。総合得点の平均は 8.80（標準偏差 3.15，範囲 0 〜 16）であった。

表 7-8　韓国データ：政策に対する評価測定尺度の回答分布（n=848）

単位：名（%）

項　目	回答カテゴリ				
xc1. 自分のまちは，子育て世代に優しい環境になっていると思いますか	あてはまらない	少しあてはまる	だいたいあてはまる	かなりあてはまる	とてもあてはまる
	27（ 3.2）	208（24.5）	324（38.2）	243（28.7）	46（ 5.4）
xc2. あなたは，今のまちで育児していることを，誇りに思いますか	誇りに思わない	少し誇りに思う	おおむね誇りに思う	かなり誇りに思う	とても誇りに思う
	34（ 4.0）	188（22.2）	341（40.2）	238（28.1）	47（ 5.5）
xc3. あなたは，あなたの家族の絆が，育児の支えになっていると思いますか	あてはまらない	少しあてはまる	だいたいあてはまる	かなりあてはまる	とてもあてはまる
	28（ 3.3）	113（13.3）	317（37.4）	286（33.7）	104（12.3）
xc4. あなたは，あなたのまちの子どもは，心身ともに豊かに育っていると思いますか	あてはまらない	少しあてはまる	だいたいあてはまる	かなりあてはまる	とてもあてはまる
	26（ 3.1）	158（18.6）	339（40.0）	235（27.7）	90（10.6）

(3) 台湾データにおける政策に対する評価測定尺度

政策に対する評価測定尺度に関する項目の回答分布を表 7-9 に示した。4 項目で構成される政策に対する評価測定尺度の因子構造の側面からみた構成概念妥当性を確認的因子分析で検討したところ，一因子モデルのデータに対する適合度は，CFI が 1.000，RMSEA が 0.000 であった（図 7-3）。また ω 信頼性係数は 0.738 であった。なお，項目「xc3」と「xc4」の間に誤差相関を設定している。総合得点の平均は 10.3（標準偏差 2.67，範囲 1 〜 15）であった。

第7章　子ども関連政策の評価　253

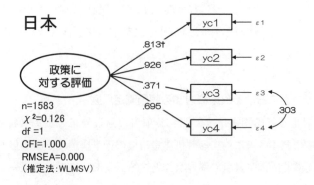

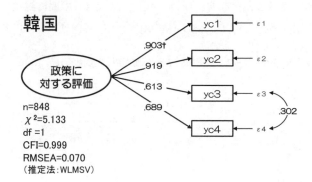

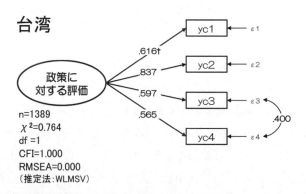

図 7-3　政策に対する評価測定尺度の構成概念妥当性の検討（日本・韓国・台湾データ）

表 7-9　台湾データ：政策に対する評価測定尺度の回答分布（n=1,389）

単位：名（%）

項　目	回答カテゴリ				
xc1. 自分のまちは，子育て世代に優しい環境になっていると思いますか	あてはまらない	少しあてはまる	だいたいあてはまる	かなりあてはまる	とてもあてはまる
	16（ 1.2）	198（14.3）	473（34.1）	498（35.9）	204（14.7）
xc2. あなたは，今のまちで育児していることを，誇りに思いますか	誇りに思わない	少し誇りに思う	おおむね誇りに思う	かなり誇りに思う	とても誇りに思う
	10（ 0.7）	150（10.8）	510（36.7）	633（45.6）	86（ 6.2）
xc3. あなたは，あなたの家族の絆が，育児の支えになっていると思いますか	あてはまらない	少しあてはまる	だいたいあてはまる	かなりあてはまる	とてもあてはまる
	2（ 0.1）	186（13.4）	310（22.3）	593（42.7）	298（21.5）
xc4. あなたは，あなたのまちの子どもは，心身ともに豊かに育っていると思いますか	あてはまらない	少しあてはまる	だいたいあてはまる	かなりあてはまる	とてもあてはまる
	2（ 0.1）	140（10.1）	385（27.7）	627（45.1）	235（16.9）

5）福祉関連 QOL 測定尺度

（1）日本データにおける福祉関連 QOL 測定尺度

　福祉関連 QOL 測定尺度に関する項目の回答分布を表 7-10 に示した。12 項目で構成される福祉関連 QOL 測定尺度の因子構造の側面からみた構成概念妥

表 7-10　日本データ：福祉関連 QOL 測定尺度の回答分布（n=1,583）

単位：名（%）

因子	項　目	不満足である	どちらでもない	満足している
生活環境	xd1. あなたは，自分の住まいの快適さに満足していますか	292（18.4）	421（26.6）	870（55.0）
	xd2. あなたは，あなたの地域の生活環境の整備（防犯・防災・情報・教育・交通・医療・福祉・保育など）に満足していますか	433（27.4）	655（41.4）	495（31.3）
	xd3. あなたは，あなたの地域の自然環境に満足していますか	197（12.4）	546（34.5）	840（53.1）
	xd4. あなたは，自分と他の人との絆に満足していますか（家族・親戚・友人・近隣の人との信頼関係）	140（ 8.8）	403（25.5）	1040（65.7）
人権の尊重	xd5. あなたは，自分の自由権（経済・表現・人身などの自由を国家権力から制約・干渉されていないこと）の保障のされ方に満足していますか	202（12.8）	841（53.1）	540（34.1）
	xd6. あなたは，自分の平等権（性別・格差・教育・政治参加など）の保障のされ方に満足していますか	205（13.0）	823（52.0）	555（35.1）
	xd7. あなたは，自分の尊厳（自分らしさ，自己決定権，名誉・プライバシーなど）の守られ方に満足していますか	205（13.0）	808（51.0）	570（36.0）
	xd8. あなたは，自分の生存権等（暴力・いじめ・犯罪・虐待を受けない状況）の保障に満足していますか	233（14.7）	829（52.4）	521（32.9）
生活の自立	xd9. あなたは，自分の生活費の確保状況に満足していますか	591（37.3）	525（33.2）	467（29.5）
	xd10. あなたは，自分の社会貢献に満足していますか	264（16.7）	896（56.6）	423（26.7）
	xd11. あなたは，家庭における自分の役割に満足していますか	179（11.3）	552（34.9）	852（53.8）
	xd12. あなたは，自分の意志によって，自分の生き方や生活について決定することに満足していますか	132（ 8.3）	550（34.7）	901（56.9）

注：5 件法で回答を求めたが，便宜上ここでは 3 件法に変換している。

第 7 章　子ども関連政策の評価　255

当性を確認的因子分析で検討したところ，3 因子二次因子モデルのデータに対する適合度は，CFI が 0.990，RMSEA が 0.057 であった（図 7-4）。また ω 信頼性係数は 0.871 であった。なお，項目表現が似ている項目「xd11」と「xd12」の間に誤差相関を設定している。総合得点の平均は 15.2（標準偏差 5.37，範囲 0 〜 24）であった。

(2) 韓国データにおける福祉関連 QOL 測定尺度

　福祉関連 QOL 測定尺度に関する項目の回答分布を表 7-11 に示した。12 項目で構成される福祉関連 QOL 測定尺度の因子構造の側面からみた構成概念妥当性を確認的因子分析で検討したところ，3 因子二次因子モデルのデータに対する適合度は，CFI が 0.992，RMSEA が 0.058 であった（図 7-4）。また ω 信頼性係数は 0.928 であった。なお，項目「xd11」と「xd12」の間に誤差相関を設定している。総合得点の平均は 12.7（標準偏差 6.41，範囲 0 〜 24）であった。

表 7-11　韓国データ：福祉関連 QOL 測定尺度の回答分布（n=848）

単位：名（%）

因子	項　目	不満足である	どちらでもない	満足している
生活環境	xd1. あなたは，自分の住まいの快適さに満足していますか	173（20.4）	323（38.1）	352（41.5）
	xd2. あなたは，あなたの地域の生活環境の整備（防犯・防災・情報・教育・交通・医療・福祉・保育など）に満足していますか	237（27.9）	389（45.9）	222（26.2）
	xd3. あなたは，あなたの地域の自然環境に満足していますか	189（22.3）	407（48.0）	252（29.7）
	xd4. あなたは，自分と他の人との絆に満足していますか（家族・親戚・友人・近隣の人との信頼関係）	150（17.7）	419（49.4）	279（32.9）
人権の尊重	xd5. あなたは，自分の自由権（経済・表現・人身などの自由を国家権力から制約・干渉されていないこと）の保障のされ方に満足していますか	214（25.2）	449（52.9）	185（21.8）
	xd6. あなたは，自分の平等権（性別・格差・教育・政治参加など）の保障のされ方に満足していますか	215（25.4）	439（51.8）	194（22.9）
	xd7. あなたは，自分の尊厳（自分らしさ，自己決定権，名誉・プライバシーなど）の守られ方に満足していますか	204（24.1）	440（51.9）	204（24.1）
	xd8. あなたは，自分の生存権等（暴力・いじめ・犯罪・虐待を受けない状況）の保障に満足していますか	215（25.4）	459（54.1）	174（20.5）
生活の自立	xd9. あなたは，自分の生活費の確保状況に満足していますか	243（28.7）	354（41.7）	251（29.6）
	xd10. あなたは，自分の社会貢献に満足していますか	175（20.6）	469（55.3）	204（24.1）
	xd11. あなたは，家庭における自分の役割に満足していますか	179（21.1）	363（42.8）	306（36.1）
	xd12. あなたは，自分の意志によって，自分の生き方や生活について決定することに満足していますか	167（19.7）	362（42.7）	319（37.6）

注：4 件法で回答を求めたが，便宜上ここでは 3 件法に変換している。

(3) 台湾データにおける福祉関連 QOL 測定尺度

福祉関連 QOL 測定尺度に関する項目の回答分布を表 7-12 に示した。12 項目で構成される福祉関連 QOL 測定尺度の因子構造の側面からみた構成概念妥当性を確認的因子分析で検討したところ，3 因子二次因子モデルのデータに対する適合度は，CFI が 0.925，RMSEA が 0.096 であった（図 7-4）。また ω 信頼性係数は 0.853 であった。なお，項目「xd11」と「xd12」の間に誤差相関を設定している。総合得点の平均は 18.0（標準偏差 4.82，範囲 2 〜 24）であった。

表 7-12　台湾データ：福祉関連 QOL 測定尺度の回答分布（n=1,389）

単位：名（%）

因子	項　目	不満足である	どちらでもない	満足している
生活環境	xd1. あなたは，自分の住まいの快適さに満足していますか	133（ 9.6）	290（20.9）	966（69.5）
	xd2. あなたは，あなたの地域の生活環境の整備（防犯・防災・情報・教育・交通・医療・福祉・保育など）に満足していますか	163（11.7）	465（33.5）	761（54.8）
	xd3. あなたは，あなたの地域の自然環境に満足していますか	140（10.1）	413（29.7）	836（60.2）
	xd4. あなたは，自分と他の人との絆に満足していますか（家族・親戚・友人・近隣の人との信頼関係）	157（11.3）	406（29.2）	826（59.5）
人権の尊重	xd5. あなたは，自分の自由権（経済・表現・人身などの自由を国家権力から制約・干渉されていないこと）の保障のされ方に満足していますか	178（12.8）	529（38.1）	682（49.1）
	xd6. あなたは，自分の平等権（性別・格差・教育・政治参加など）の保障のされ方に満足していますか	111（ 8.0）	565（40.7）	713（51.3）
	xd7. あなたは，自分の尊厳（自分らしさ，自己決定権，名誉・プライバシーなど）の守られ方に満足していますか	103（ 7.4）	483（34.8）	803（57.8）
	xd8. あなたは，自分の生存権等（暴力・いじめ・犯罪・虐待を受けない状況）の保障に満足していますか	165（11.9）	520（37.4）	704（50.7）
生活の自立	xd9. あなたは，自分の生活費の確保状況に満足していますか	118（ 8.5）	445（32.0）	826（59.5）
	xd10. あなたは，自分の社会貢献に満足していますか	73（ 5.3）	436（31.4）	880（63.4）
	xd11. あなたは，家庭における自分の役割に満足していますか	104（ 7.5）	537（38.7）	748（53.9）
	xd12. あなたは，自分の意志によって，自分の生き方や生活について決定することに満足していますか	83（ 6.0）	240（17.3）	1066（76.7）

注：5 件法で回答を求めたが，便宜上ここでは 3 件法に変換している。

6) 子ども・家族政策（事業・施策・政策）と福祉関連 QOL の関連性

(1) 日本データにおける子ども・家族政策と福祉関連 QOL の関連性

子ども・家族政策におけるアウトカムを就学前の子どもの親による「子ども・家族政策に対する主観的評価」とし，インパクトを「福祉関連 QOL」とするロジックモデル（事業に対する評価→施策に対する評価→政策に対する評価→

福祉関連 QOL) のデータへの適合性と関連性の強さを構造方程式モデリングで
検討した。その結果，因果関係モデルのデータに対する適合度は CFI が 0.962，
RMSEA が 0.065 であり，各要素間の因果関係も統計学的に有意な正の関連性
を示した（図 7-5）。なお，因果関係モデルにおける，施策に対する評価への説
明率は 84.1％，政策に対する評価への説明率は 80.1％，福祉関連 QOL への
説明率は 63.2％であった。

(2) 韓国データにおける子ども・家族政策と福祉関連 QOL の関連性

　韓国データにおいて，上記因果関係モデルのデータへの適合性と関連性の強
さを構造方程式モデリングで検討した。その結果，因果関係モデルのデータに
対する適合度は CFI が 0.985，RMSEA が 0.061 であり，各要素間の因果関係
も統計学的に有意な正の関連性を示した（図 7-5）。なお，因果関係モデルにお
ける，施策に対する評価への説明率は 84.9％，政策に対する評価への説明率
は 69.6％，福祉関連 QOL への説明率は 38.1％であった。

(3) 台湾データにおける子ども・家族政策と福祉関連 QOL の関連性

　台湾データにおいて，上記因果関係モデルのデータへの適合性と関連性の強
さを構造方程式モデリングで検討した。その結果，因果関係モデルのデータに
対する適合度は CFI が 0.906，RMSEA が 0.068 であり，各要素間の因果関係
も統計学的に有意な正の関連性を示した（図 7-5）。なお，因果関係モデルにお
ける，施策に対する評価への説明率は 62.9％，政策に対する評価への説明率
は 24.9％，福祉関連 QOL への説明率は 33.3％であった。

3 　考　　察

　本節においては，子どもの貧困に関わる親の経済状況，仕事と子育ての両立
対策，子育て支援などを含む，総合的な「子ども・家族政策」を親の「福祉関
連 QOL」の視点で評価することを目的とした。具体的には，日本・韓国・台

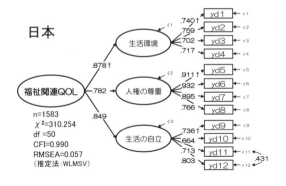

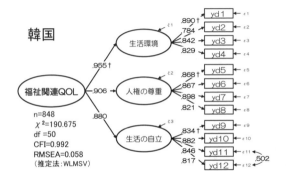

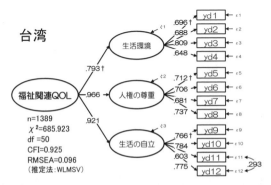

図 7-4　福祉関連 QOL 測定尺度の構成概念妥当性の検討（日本・韓国・台湾データ）

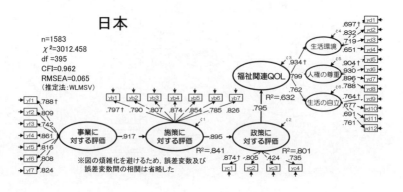
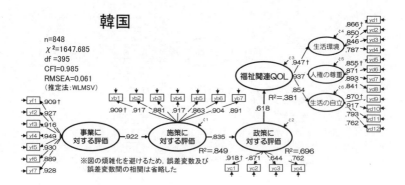
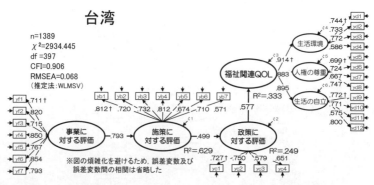

図 7-5 子ども・家族政策（事業・施策・政策）と福祉関連 QOL の関連性の検討（日本・韓国・台湾データ）

湾における就学前の子どもの親を対象とし，就学前の子どもの親による「子ども・家族政策に対する主観的評価」と「福祉関連 QOL」の関係を明らかにした。その際，子ども・家族政策に対する主観的評価（事業・施策・政策）ならびに福祉関連 QOL（高橋ら，2015）に関する妥当性を備えた尺度を用いた。

　その結果，第 1 に，日本・韓国・台湾のデータにおいて，子ども・家族政策のロジックモデルにおけるアウトカムを就学前の子どもの親による「子ども・家族政策に対する主観的評価」とし，インパクトを「福祉関連 QOL」とする因果関係モデルの適切性が統計学的に支持された。このことは，3 カ国において，子ども・家族政策のロジックモデル通り，事業や施策を推進することで，就学前の子どもの親の視点からの政策の理念が達成され，さらには彼らの福祉関連 QOL が向上することを意味している。したがって，子ども・家族政策の理念や福祉の増進は，これらの事業や施策を確実に実施していくことで達成できることが明らかとなった。

　第 2 に，上記因果関係モデルにおける政策に対する評価への説明率は，日本 80.1％，韓国 69.6％，台湾 24.9％，福祉関連 QOL への説明率は日本 63.2％，韓国 38.1％，台湾 33.3％であった。この結果は，子ども・家族政策のロジックモデルに従った事業等による，就学前の子どもの親における政策に対する評価ならびに福祉関連 QOL への寄与度が，国ごとに異なっていることを意味している。とくに台湾において，政策に対する評価及び福祉関連 QOL への説明率が低くなっていた。しかし，子ども・家族政策に対する主観的評価の各尺度の総合得点は高かったため，家庭内で育児や介護にも関わっている外国人家事労働者（労働政策研究・研修機構，2007；勞動部，2016）などによる支えが関連している可能性もあると考えられた。その他，日本において福祉関連 QOL の説明率が高かったが，子ども・家族政策に対する主観的評価の各尺度の総合得点は高いとはいえなかった。これには，日本における多様な公的サービスへの期待の高さなどが関連しているとも推察された。ロジックモデルに従い確実に事業や施策を実施し，子どもや親における政策に対する主観的評価や福祉関連 QOL を，効果的・効率的に高めていくことが求められよう。

第3に，就学前の子どもの親による「子ども・家族政策に対する主観的評価」の単純集計から，現在十分達成されていない部分が明らかとなった。とくに事業に対する評価を見ると，日本においては，「全く満たしていない」「少し満たしている」という回答が多く，思春期保健対策，小児医療対策，子どもの安全，親の育成対策，男性の子育てへの参画対策，仕事と子育ての両立対策，児童虐待の防止，ひとり親家庭の自立支援，経済的負担軽減対策などが，親の視点からの評価の低いものとなっていた。とくに，男性の子育てへの参画対策は 39.9％，仕事と子育ての両立対策は 36.8％，経済的負担軽減対策は 26.8％が「全く満たしていない」とされており，日本における子ども・家族政策においては，これらの推進をとくに強化すべきであると推察された。韓国においては，「全く満たしていない」という回答が，20 ～ 30％前後で推移しており，健康保護，子どもの安全，教育環境，安心して外出できる生活環境整備，男性の子育てへの参画対策，仕事と子育ての両立対策，児童虐待の防止，ひとり親家庭の自立支援，障がい児への支援，経済的負担軽減対策などの推進がとくに急がれると考えられた。台湾においては，「全く満たしていない」という回答は，すべての項目でおよそ 2 ～ 6％であった。しかし，「少し満たしている」にも着目すれば，保育サービス，学校教育の環境整備にやや課題があると思われた。それぞれ現在不十分な事業等を強化することで，就学前の子どもの親による「子ども・家族政策に対する主観的評価」や「福祉関連 QOL」が高まると示唆された。

　第4に，就学前の子どもの親における「福祉関連 QOL」の単純集計から，福祉の増進における課題が明らかとなった。まず日本においては，福祉関連 QOL の項目の中でも，地域の生活環境の整備は 27.4％，生活費の確保状況は 37.3％が「不満足である」とされており，これらの対策が急がれると示唆された。韓国においては，地域の生活環境の整備は 27.9％，人権の尊重 4 項目は約 25％，生活費の確保状況は 28.7％が「不満足である」とされており，これらの強化が課題であると考えられた。台湾においては，福祉関連 QOL のすべての項目において，「不満足である」は 13％未満となっており，より幅広い

支援が重要であると思われた。

　以上のことから，子ども・家族政策が福祉関連 QOL にも大きく寄与するものであることが明らかとなったが，なかでも，子どもの貧困に直結する親の経済状況は，子ども・家族政策のロジックモデルの中においても，福祉関連QOL においても強い影響をもっていた。とくに日本においては，これまでの様々な調査結果と同様に，経済状況に不満をもつ就学前の子どもの親は多く，支援が急がれるところである。これは，男性の子育てへの参画対策，仕事と子育ての両立対策とともに，日本・韓国における喫緊の課題であると考えられた。効果的・効率的な子ども・家族政策の推進ならびに福祉の増進ためには，システマティックな政策評価に取り組むことが不可欠である。本節においては，就学前の子どもの親における視点から，この根幹部分を実施した。今後は，子どもの視点における指標などを用いた政策評価へと拡大することが必要となるが，本節で得られた知見はそのことにとって大きな示唆となろう。

引用・参考文献

Dei R, Kirino M, Nakajima K. and Murakoso T.（2017）"Relationships between Cognitive Appraisals of Elderly Welfare Policy, Program, and Project for the Elderly at Home", *Bulletin of Social Medicine*, 34(2), pp.1-9

McDonald, R. P.（1999）*Test Theory: A unified treatment*, Lawrence Erlbaum Associates

Muthén, L. K. and Muthén, B. O.（2012）*Mplus User's Guide*, Seventh Edition., Los Angeles, CA

Rossi, Peter H., Lipsey, Mark W., Freeman, Howard E.（2004）Evaluation: A Systematic Approach, Seventh Edition., Sage

労働部（2016）「労働統計年報」

（https://www.mol.gov.tw/statistics/2452/2455/32568/，2017.12.22 アクセス）

労働政策研究・研修機構（2007）「アジアにおける外国人労働者受け入れ制度と実態」『労働政策研究報告書 81』（http://www.jil.go.jp/institute/reports/2007/081.html，2017.12.22 アクセス）

龍慶昭・佐々木亮（2004）『「政策評価」の理論と技法 増補改訂版』多賀出版

高橋順一・黒木保博・中嶋和夫（2015）「社会福祉関連 QOL 測定尺度に関する開発研究」『評論・社会科学』(112)，同志社大学社会学会，pp.1-13

高橋順一・黒木保博・中嶋和夫（2017）「就学前児童の親における次世代育成支援対策推

進事業への認知的評価と社会福祉関連 QOL の関係」第 30 回日本保健福祉学会術集会

豊田秀樹編（2009）『共分散構造分析〈実践編〉構造方程式モデリング』朝倉書店

W.K. Kellogg Foundation（2004）Using Logic Models to Bring Together Planning, Evaluation, and Action：Logic Model Development Guide,（https://www.wkkf. org/resource-directory/resource/2006/02/wk-kellogg-foundation-logic-model-development-guide, 2017.1.12 アクセス）

山谷清志（2012）『政策評価』ミネルヴァ書房

結　論

　ひとつの国の調査だけでは気づかなかったが，複数の国の状況を比較することによってはじめて見えてきたことがある。

　外国に焦点を当てて述べるならば，1つ目は，共通したシェーマによって，子どもの貧困対策がなされているということである。具体的には，アメリカとイギリスでは，親から子への貧困の再生産を止めるには「教育」が最も重要であるという考えを前提に，①就学前の子どもの支援，②若者の支援，③家族の支援といった3つの枠組みがソーシャルワーカー等によって明確に意識され，この3つの枠組みをもとに支援がなされているということである。

　2つ目は，①の就学前の子どもの支援に関して，アメリカ，イギリス，フランス，韓国では，就学前の子どもと家族のためのセンターが設置され，手厚い支援がなされているが，とくに，イギリスとフランスではすべての就学前の子どもを対象にしたセンターが設置されているという点である（ただし，韓国の場合，12歳までを対象にしている）。

　3つ目は，②の若者の支援に関しては，アメリカ，イギリス，ドイツ，フランス，韓国では，学習支援だけでなく，文化的活動（体験活動）支援が活発になされており，その結果，若者が，他者との信頼関係と自尊心をもち，自らの人生を肯定的に歩んでいけるようになっているということである。

　4つ目は，アメリカ，イギリス，フランス，韓国では，フードバンクが貧困状態にある子どもの食事の支援に大きく寄与しているということである。

　こうしたなか，日本でも，改めて，子どもの貧困を解決するために「教育」が極めて重要であるという考えのもとに，①就学前の子どもの支援，②子ども・若者への支援，③家族（親）への支援といった3つの構造化された枠組みにより支援していく必要がある。

そのためには，子どもは社会の子どもという理念をもとに，家族政策と公教育の財源を，イギリスやフランス並みに増加させなければならないであろう。現在日本政府も，将来の日本社会を担う子どものための財源を増やそうとしているのだが，日本の家族関係社会支出の対 GDP 比は，低い（2014 年：日本 (1.34)，2013 年：イギリス (3.80)，フランス (2.91)，ドイツ (2.17)，韓国 (1.13)，アメリカ (0.69)）(OECD, 2016)。また，公教育の支出対 GDP 比も，低い状態にとどまっている（2013 年：日本 (4.5)，イギリス (6.7)，アメリカ (6.2)，韓国 (5.9)，フランス (5.3)，ドイツ (4.3)）(OECD, 2016)。

また，フランスでは，教育ワーカー（éducateur）が，学校の外で，様々な困難を抱える子どもたちに対し教育的な立場からの支援を行っているが，日本には，フランスのように，様々な困難を抱えた人々に対する教育ワーカーという国家資格がないため，ソーシャルワーカーが教育ワーカーの役目を果たす必要があると考える。

こうした考えをもとに，以下では，上記のことについて，より詳細に検討，提言する。なお，ブルデューの理論をもとに考えるならば，子どもの貧困問題を解決するためには，貧困状態にある子どもと家族の ① 経済資本，② 文化資本，③ 社会関係資本を増加させる政策を実施する必要があるのだが，以下の政策提言は，① 経済資本，② 文化資本，③ 社会関係資本を増加させるものである。

1 就学前の子どもと親の支援（文化資本と社会関係資本に関わる支援）

1) 就学前教育の無償化と就園率を増加させる政策の必要性

就学前教育を十分行うことが，将来の人生に大きな影響を及ぼすというヘックマンらの研究を実践するかのごとく，現在，世界的に，就学前教育を充実させる政策がとられている。本書では，フランスでは，3 歳以上のすべての子どもの幼児教育費用が無償であり，イギリスでは，3 歳以上のすべての子どもが 1 週間に 15 時間，無償の幼児教育を受けられ，低所得の子どもの場合には

2歳から無償の教育が受けられることを提示した。こうした流れに追随すべく，日本政府は，すでに一部の子どもを対象に就学前教育の無償化を進めているが，今後，3歳以上のすべての子どもの幼児教育の無償化を進め，低所得世帯の子どもに関しては，それ以前の年齢においても無償化する予定である。フランスの例から考えた場合，本政策は遅すぎた政策であるともいえるが，就学前のすべての子どもの教育に投資する，本政策は評価すべきものであるといえる。ただし，周知のごとく，待機児童問題があるため，早急に待機児童問題を解決する必要がある。

2）就学前の子どもと親（妊婦も含む）のための総合的なセンターの設置の義務化，教育行政と福祉行政の連携によるケースマネジメント，及び様々なプログラムの提供

　ここで主張したいことは，イギリスにも，フランスにも，就学前のすべての子どもと親（妊婦も含む）を対象にしたセンターが存在するという点である。イギリスには，各地域に「シュアースタートチルドレンズセンター」があり，フランスには各地域に「母子保護センター，PMI（Centres de Protection Maternelle et Infantile)」があり，そこで，複数の種類の専門家が，相談に乗り，保健的な支援をしたり，様々な子どものためのプログラムと，親のためのペアレンティングプログラムを実施している。そして，両者のセンターのスタッフは，リスクを抱えた家族の自宅を訪問し，支援をしている。そして，両者のセンターには，様々な職種の専門家が支援を行っている。

　もちろん，違いもある。両者は成り立ちの歴史が異なる。シュアースタートチルドレンズセンターは子どもの貧困対策のために設置されたセンターである一方，フランスの母子保護センターは第二次世界大戦後，栄養不足の子どもを救うために設置された母子保健のためのセンターである[1]。

　注目すべきは，イギリスのチルドレンズセンターでは，貧困状態にあるすべての子どもの世帯を把握し，データベース化し，ケースマネジメントを行っている点である。また，イギリスのチルドレンズセンターにおいては，親の就労

結論　267

のためのトレーニングも実施しているし，保育学校が設置されたセンターも存在する。フランスの母子保護センターでは，フォスターケアーの担い手を養成するために長時間の研修を行っていたり，子ども虐待予防のために，家庭訪問を積極的に行っている。筆者のインタビュー調査時においても，母子保護センターの運営管理をしているパリ市の公務員から，「日本でも，子どもの虐待予防のために家庭訪問をしているのか」と質問された。そして，フランスの母子保護センターには，保育学校は設置されていない。

とはいえ，ここで強調したいことは，シュアースタートチルドレンズセンターも，母子保護センターも，就学前の子どもと親（妊婦を含む）のための総合的なセンターであるという点である。日本でも，2017年に，フランスの母子保護センターやフィンランドのネウボラを参考にし，主に就学前の子どもと親（妊婦も含む）を対象に，母子保健法上の母子健康包括支援センター（母子保健型の子育て世代包括支援センター）を，努力義務ではあるものの，地方自治体に設置することになった。

こうしたなか，日本でも，イギリスのチルドレンズセンターやフランスの母子保護センターのような，すべての就学前の子どもと親（妊婦を含む）ための総合的なセンターを各自治体に設置する必要がある。その際，そのセンターの設置を義務化する必要がある。

こうしたセンターの機能は，既存の保育所，幼稚園，こども園が代替できるものではなく，すべての自治体に総合的なセンターの設置を義務づけるべきである。日本では，すでに，母子保健法上の母子健康包括支援センターが法制度化されているため，このセンターの設置を義務化し，就学前の子どもと家族への支援を充実していけば良いのではなかろうか。

また，このセンターで，教育行政と福祉行政の連携により，複数の種類の専門家（社会福祉士，公認心理士，保健師）が，貧困状態にある子どもの全数把握とケースマネジメント，さらには，子どもへの様々なプログラム（絵本の読み聞かせや体験活動プログラム）と親に対する様々なペアレンティングプログラムを実施する必要がある。そのためには，子どもの貧困問題は放置できない国家

レベルの問題であるという認識のもと，日本でも，母子健康包括支援センターで，日本版シュアースタートプログラムのような，国家のレベルのプログラムを早急に作成し，実施すべきではなかろうか。

2 子ども・若者への支援（文化資本と社会関係資本に関わる支援）

1）中学生だけでなく，高校生も対象にした学習支援と高等教育の無償化

　アメリカでは，様々な困難を抱えた，貧困状態にある，中学生と高校生に対する学習支援が積極的に行われており，最終的には，奨学金をもとに大学に進学した子どもも存在した。

　日本でも，生活困窮者自立支援法のもとで，低所得の中学生・高校生等を対象にした「子どもの学習支援事業」が行われているが，この事業は義務化された事業ではないため，すべての地方自治体で行われているわけではない（2016年度：全自治体のうち47％が実施，2017年度：56％が実施）（厚生労働省，2016；2017）。また，高校生を学習支援の対象者にしていない自治体も少なくない（2016年度：全自治体のうち41.6％が高校生を対象にしている。また，高校中退者を対象にしている自治体は全体の20.6％である）。

　また，日本では，大学の奨学金制度も十分ではないため，貧困状態にある子どもがそもそも大学進学を諦めているという現実がある。こうしたなか，日本政府は，貧困状態にある子どもの大学等の高等教育における給付型の奨学金制度を開始する等の政策をとっている。また，今後，政府は，私立高等学校の授業料の実質無償化や貧困状態にある子どもの大学等の高等教育の無償化政策を展開しようとしている。

　こうしたなか，今後は，生活困窮者自立支援法上の子どもの学習支援事業を義務化した事業にし，すべての自治体において，大学進学も視野に入れた学習支援を，中学生のみならず，高校生を対象に展開していく必要がある。そして，フランスでは大学の学費が無償となっているが，日本においても貧困状態にある子どもの大学等の高等教育の無償化政策について検討していく必要がある。

2）勉強が嫌いになったり，学校に行けなくなった子ども・若者への支援

　ただし，アメリカ，イギリス，フランス，日本，韓国の事例からもわかるように，文字が十分に読めない，文章の理解度が低い等，学習の遅れがあり，勉強が嫌いになってしまった子どもも少なくない。そのなかには，学校に行けなくなった子どももいる。

　こうしたなか，子どもの学習支援事業を行っている場所や他の非営利組織において，韓国の非営利組織が使っていたような文章や英語の教材を開発するとともに，計算や文章読解ができるように基礎学力をつける教育がなされるべきである。筆者が以前行ったインタビュー調査では，アメリカ，イギリス，フランス，ドイツにおいて，就労支援の場において，計算や言語教育が行われていたが，日本でも，就労支援において，こうした教育を取り入れなければならない。

　また，高等学校卒業程度認定試験を受けるための支援が様々な場所で受けられる体制を充実させなければならない。韓国では，2015年に，学校に行けなくなった子どものための「学校の外の青少年支援に関する法律」が成立した。日本でも2017年に「教育機会確保法」が施行されたが，学校に行けなくなった子どもたちのための支援を早急に強化する必要がある。また，フランスや韓国の実践例も参考にしながら，行き場がなく街を徘徊している子どもたちの支援体制の強化も必要である。

　さらに，ソウル市が設置している，"I Will Center" のようなセンターを設置し，インターネットへの依存症の子どもへの対策とその予防対策を，早急に強化する必要がある。

3）子ども・若者への文化的活動（体験活動）支援

　アメリカ，イギリス，ドイツ，フランス，韓国のいずれの国においても，貧困状態にある若者に対して積極的に行われていたことは，文化的活動（体験活動）支援であった（博物館や美術館に行ったり，大学に行ったり，大学の授業を受けたり，スポーツやキャンプをする等の支援）。本書では，体験活動は，文化資本

を高める活動であるという視点に立ち，この体験活動を「文化的活動」と表現する。

　第1章の日本の量的調査でも明らかにしたように，貧困状態にある子どもは文化的活動の機会が乏しい傾向があるが，文化的活動（体験活動）支援により，貧困状態の子どもは，文化資本を高めることができる。また，そこでの他者との出会いにより，他者との間に信頼関係を築くことができる（先に述べた学習支援の場所も，若者を支える他者との出会い，信頼関係を築く場にもなっている）。このことは，若者が社会関係資本を高めることができることを意味する。ここで強調したいことは，文化資本を高め，社会関係資本を高めることによって，子どもたちが，自尊心を高め，人生を肯定的に生きていくことができるという点である。

　日本の『子供の貧困対策に関する大綱』（2014）では文化的活動（体験活動）支援に関する記述として，以下のような記述がある。「（多様な体験活動の機会の提供）独立行政法人国立青少年教育振興機構が設置する国立青少年教育施設において，児童養護施設等の子供を対象に，自己肯定感の向上，生活　習慣の改善等につながる多様な体験活動の場を提供するとともに，その成果を広く全国に周知することを通じて，各地域における取り組みを促進する。また，『子どもゆめ基金』事業により，貧困の状況にある子供を支援している民間団体が行う体験活動への助成を行う」とされている（内閣府，2014，14）。

　たしかに，「子どもゆめ基金」は，子どもたちに読書活動や体験活動を行っている民間団体に対して支給される基金である。しかしながら，この基金は，貧困状態にある子どもだけを対象にしたものではない。一方，第6章でも述べたように，子どもの学習支援事業をしている非営利組織のなかには，子どもたちに，文化的活動（体験活動）支援を行っている組織もあるものの，子どもたちが文化的活動プログラムを受ける際の交通費に苦慮している非営利組織も存在する。

　こうしたなか，日本政府は，アメリカ，イギリス，ドイツ，フランス，韓国のように，貧困状態にある子どもたちに対する文化的活動支援（体験活動支援）

結論　271

を子どもの貧困対策の1つの大きな柱に位置づけ，それを活性化させる必要
がある。つまり，学習支援と文化活動（体験活動）支援は，同じ比率で重視さ
れるべきものであるということである。本書で紹介した，フランス，アメリカ，
イギリス，ドイツ，韓国での実践は，そのことを証明してくれている。子ども
や若者は，机上の学習以外の文化的活動（体験活動）によって，自尊心を取り
戻し，元気になっていくということを，ここで改めて強調したい。

　そのためには，困窮者自立支援法のもとでの子どもの学習支援事業を，子
どもの学習・文化的活動（体験活動）支援事業と名称変更し，学習支援と文化
的活動（体験活動）支援を政策上，同等に位置づけ，活性化させる必要がある。
日本政府は2018年2月に，今後，子どもの学習支援事業に生活の支援も加
える方針を示した。それは，評価できるものであるが，本書で示してきたよう
に，加えて文化的活動（体験活動）に焦点を当てた政策展開がなされていくべ
きであろう。こうしたなか，「子どもゆめ基金」に，貧困状態の子どもが優先
して使える枠が必要である。また，貧困状態の子どもを対象にした「未来子ど
も応援基金」も，文化的活動（体験活動）支援をしている非営利団体に積極的
に配分されるべきであろう。

3 食事の支援（経済資本に関わる支援）

1）給食の支援

　イギリスでは一定の年齢のすべての子どもの給食が無償化され，韓国でも，
すべての子どもの給食を無償化している自治体が増えている。日本でも一部の
自治体がすべての子どもの給食を無償化している。このように，すべての子ど
もに対する給食費の無償化が広がることが期待される。また，そもそも，完全
給食を実施していない自治体もあるため，小中学校においては完全給食制度の
導入を進めるべきである。

2）朝食支援，学校の長期休み中の食事支援，そして栄養の教育（食育）

　日本でも，ワシントン DC で行われているような，学校での無料の朝食プログラムについて検討していく必要がある。

　また，給食がない長期休み中の食事のプログラムもつくる必要がある。日本には，アメリカ，イギリス，韓国のような，いわゆるフードのバウチャー制度は存在しないが，日本政府は，フードバンクや「子ども食堂」を支援し，フードバンクや子ども食堂が学校の長期休み中の食事の支援ができる体制を構築していく必要がある。

　アメリカ，イギリス，韓国，フランスでは，フードバンクによる食品支援が活性化している。とくに，フランスでは，2016 年から「食料浪費と戦う (lutte contre le gaspillage alimantaire)」という法律が施行され，大規模スーパーは，廃棄する食品をフードバンク等に寄付しなければならなくなった。アメリカ，イギリス，フランス，韓国のように，日本政府は，企業によるフードバンクへの寄付を活性化させ，フードバンクが活躍できるようなシステムづくりを早急に進めるべきである。そのためには，日本でも，フランスのような法律の制定が目指されるべきである。

　また，アメリカのフードバンクでは，安価なもので，栄養価の高い食事についての教育が活発になされていたが，こうした教育が貧困状態の子どもに積極的になされるべきである。

4 家族（親）に対する支援（文化資本に関わる支援）

　日本でも，アメリカ，イギリス，韓国のように，貧困状態にある親に対する相談やペアレンティングプログラム，就労支援，高等学校卒業程度の認定試験の資格取得のための支援を充実させていく必要がある。就労支援に関しては，資格取得の支援とその際の所得保障を現在よりも充実させていく必要がある。また，家族関係への支援も，活性化させていく必要がある。

5 ひとり親家族への支援（経済資本と社会関係資本に関わる支援）

　本書では，第5章の補論以外では十分触れられなかったが，日本では，アメリカ，イギリス，フランス，韓国のように，行政や行政から委託された民間団体が養育費の回収を行う制度はないし，フランスのように，養育費の立替や養育費が回収できなかった場合の手当ての制度も存在しない。

　また，面会交流支援も，一部の自治体で積極的に行われはじめているものの，大半の自治体では，面会交流支援はあまり行われていない。そして，第1章の量的調査から明らかなように，面会交流がまだ社会的に十分認知されていないため，また，フランスのように，面会交流を拒否すれば刑事罰の対象になっていないため，面会交流が子どもの権利であることを知らないひとり親も存在するとともに，面会交流を行いたいというニーズも低い。

　さらに，フランスやドイツでは，ひとり親同士のグループワークが良くなされ，このグループワークはひとり親の孤立感を解消し，より良い子育てをする上で，極めて効果が高いと考えられている。

　こうしたなか，今後日本でも家族の多様化とともにひとり親家族が増加することを踏まえ，行政機関による養育費の回収制度・立替制度・養育費が回収できなかった場合の手当ての創設について検討すべきである。また，面会交流支援も，行政が民間の力を借りながら，フランス並みに行っていく必要がある[2]。さらに，以前と比べ，ひとり親同士のグループワークを行う非営利組織が増加しているが，ひとり親家族の孤立を解消するために，ひとり親同士のグループワークを活性化させる必要がある。

6 教育部門と福祉部門の連携によるケースマネジメント

　就学前の子どもに関しては，センターが貧困状態にあるすべての子どもの状況を，イギリスのチルドレンズセンターや韓国のドリームスタートのセンターが行っているように，アセスメントシートを使って把握し，データベース化し，

ケースマネジメントを行うべきである。

　また，小学校，中学校，高等学校においては，学校で，貧困状態にあるすべての子どものケースマネジメントを，学校，教育委員会，福祉行政，スクールソーシャルワーカーが連携しながら行うべきである。このことにより，「チーム学校」や「学校のプラットフォーム化」も推進されていくであろう。

　さらに，児童扶養手当ての受給しているすべてのひとり親を対象にアセスメントシートによってアセスメントをし，適切なプログラムを提供する必要がある。

　韓国では，国の政策レベルで「教育福祉」という概念が使われている点に注目すべきである。なぜなら，教育福祉政策は，教育行政と福祉行政の垣根を超える，可能性を秘めている概念だからである。今後，日本でも，教育福祉という概念のもとに，政策が展開すると良いのではなかろうか。

　フランスでは，様々な困難を抱えた子どもの支援の領域において，教育ワーカー，ソーシャルワーカー，心理学者が常に連携しながら，支援をしているのだが，その際，フランスのコラムでも述べたように，教育ワーカーの果たす役割は極めて大きい。日本では，教育ワーカーは存在しないが，学校の教師以外に，学校の外の領域で，教育支援を行う教育ワーカーが必要であると，強調したい。こうしたなか，教育ワーカーという国家資格が存在しない日本では，ソーシャルワーカーが教育的な支援ができるようにならなければならない。そのためには，社会福祉士のカリキュラムのなかに，教育ワーカーの役目が果たせるようなカリキュラムを入れるべきなのではなかろうか。また，退職教員が，地域で教育ワーカーの役割を果たせるように，たとえば，各自治体が「教育ワーカー」研修を行い，退職教員が，自治体の教育ワーカーになれるようなシステムをつくると良いのではなかろうか。

7 経済的支援（経済資本に関わる支援）

　経済的支援は，まさに，経済資本を高めるための支援を意味する。こうした

なか，将来大人になる子どもへの社会投資であるという考えのもと，経済的支援を充実させていく必要がある。そのためには，日本の児童手当の支給年齢を，イギリス，フランス，ドイツ並みに引き上げる必要があるのではなかろうか[3]。

　また，先にも述べたように，ひとり親が専門的な仕事に就くために，ひとり親に対する，高等職業訓練促進給付金の額を上げ，ひとり親がより専門的な仕事に就けるようにすべきである。資格取得中の経済的支援が十分でないとひとり親は資格が取得できないためである。

8 大学によるコミュニィベースドプログラムと，企業による CSR あるいは CSV

　アメリカのように，日本の大学も貧困状態にある子どもや若者を大学に来てもらったり，文化的活動（体験活動）支援ができるシステムを活性化すべきである。また，全国レベルだけでなく，各都道府県別に，第5章第2節で述べたように，企業が CSR あるいは CSV として，子どもの貧困問題の解消のために寄付を行いやすくするシステムを構築すべきである。

9 政策評価

　イギリスは，子どもの貧困政策評価の基準を，子どもの貧困率から，子どもの教育達成の度合い等に変更したが，今後，日本でも，国のレベルで，子どもの貧困政策の基準を再検討し，政策評価を行っていくべきである。

　また，国だけでなく，県，市町村のレベルでも，評価基準を策定し，政策評価を行っていくべきである。その際，第7章で示したように，ロジックモデルを前提に，客観的な評価指標のみならず，福祉関連 QOL 尺度等を使用しながら，主観的指標も加味した政策評価を行っていくべきである。

注

1) この情報は，筆者が 2013 年に行った，パリ市全体の PMI の業務を担当している公務員へのインタビュー調査による。
2) 養育費支援や面会交流支援に関しては，(近藤，2013) を参照されたい。
3) アメリカには，日本の児童手当に相当する手当ては存在せず，韓国では，2018 年から5 歳以下の子どものいる世帯に児童手当を支給する制度が新たにはじまる予定である。

引用・参考文献

阿部彩 (2014)『子どもの貧困Ⅱ』岩波書店

Hekkuman, J.J. (2013/2015) 古草秀子訳『幼児養育の経済学』東洋経済新報社

中村文夫 (2016)『子どもの貧困と公教育─義務教育無償化・教育機会の平等に向けて─』明石書店

厚生労働省 (2016)『平成 28 年度生活困窮者自立支援制度の実施状況調査集計結果』

厚生労働省 (2017)『平成 29 年度生活困窮者自立支援制度の実施状況調査集計結果』

近藤理恵 (2013)『日本，韓国，フランスのひとり親家族の不安定さのリスクと幸せ─リスク回避の新しい社会システム─』学文社

松本伊智朗編 (2017)『「子どもの貧困」を問い直す─家族・ジェンダーの視点から─』法律文化社

内閣府 (2014)『子供の貧困対策に関する大綱』

日本財団・子どもの貧困対策チーム (2016)『子供の貧困が日本を滅ぼす─社会的損失 40兆円の衝撃─』文藝春秋

OECD (2016) Family Benefits Public Spending (https://data.oecd.org/socialexp/family-benefits-public-spending.htm 2017.12.29 アクセス)

OECD (2016) Public Spending on Education (http://www.oecd.org/els/family/database.htm 2017.12.29 アクセス)

湯浅誠 (2017)『「なんとかする」子どもの貧困』角川新書

あとがき

　複数の国で，貧困状態にある子どもの支援をしている多くのソーシャルワーカーの方々や公務員の方々と面会させていただいた。すべての方が，貧困状態にある子どもたちのためにどのような支援をしているのか，私たちに熱く語って下さった。

　本書では，P・ブルデューらの『世界の悲惨』のように，その語りを再現するように努力した。そのことによって，今，世界で，子どもたちがどのような状況に置かれており，また，どのようなプログラムにより，どのような支援が行われているのか，現象学的な視点から少しでもお伝えできたのではないかと期待する。

　子どもたちにとって必要なことは，存在論的安心（A・ギデンズ）だと思う。そのためには，自分のすべてを受けとめてくれる，安心できる他者の存在が必要である。その上で，子どもたちが安定した暮らしを営み，様々な興味関心を広げることができる教育環境が求められる。

　上記のことを実現する上で，本書の内容が参考になることを期待したい。筆者らも，本書で明らかにした世界の実践を参考にしながら，大学の同僚やソーシャルワーカー，公務員，地域の方々，企業等とともに，子どもたちのために，新たなプログラムを協働して開発，実践する予定である。

　最後に，学文社の田中千津子社長様には，本書の企画・執筆にあたり，大変お世話になりましたことを，心より深く感謝申し上げます。

2018 年 弥生

近藤　理恵

〈執筆者一覧〉

監修者：黒木保博 同志社大学教授（第2章，第3章，第4章，第5章第1節）

専門：社会福祉学，ソーシャルワーク論

主著・主論文：一般社団法人日本社会福祉教育学校連盟監修（2015）「グループ・スーパービジョン」『ソーシャルワーク・スーパービジョン』中央法規出版，pp.217-240。黒木保博（2015）「人権感覚を育む社会福祉系大学における教育課程の課題」『社会福祉研究』120号，pp.29-36。孟浚鎬・黒木保博・中嶋和夫（2017）「日韓の高齢者における日常生活ストレス認知と自殺念慮の関係」『社会福祉学』57巻-4号，pp.58-70。

編者：中嶋和夫 岡山県立大学名誉教授（第7章第1節，第2節）

専門：保健福祉学

主著・主論文：中嶋和夫監修，尹靖水，近藤理恵編著（2013）『グローバル時代における結婚移住女性とその家族の国際比較研究』学術出版会。朴志先・小山嘉紀・近藤理恵・金貞淑・中嶋和夫（2012）「日韓中における未就学児の父親の育児関連DHとマルトリートメントの関係」『厚生の指標』第59巻6号，pp.13-21。朴志先・金潔・近藤理恵・桐野匡史・尹靖水・中嶋和夫（2011）「未就学児の父親における育児参加と自身の心理的Well-beingの関係」『日本保健科学学会誌』第13巻4号，pp.160-169。

編者：近藤理恵 岡山県立大学教授（序論，第1章，第2章，第3章，第5章第1節，第6章，結論，コラム）

専門：社会学，国際福祉論

主著・主論文：近藤理恵（2013）『日本，韓国フランスのひとり親家族の不安定さのリスクと幸せ―リスク回避の新しい社会システム―』学文社。近藤理恵（2012）「家族と暴力」『日仏社会学会年報』日仏社会学会，第22号，pp.121-133。近藤理恵（1998）「P・ブルデューにおける運命愛と運命憎悪」『社会学史研究』第20号，pp.131-143，日本社会学史学会。

申　宰休 韓国：ソウル市立大学教授（第5章第2節）（専門：スポーツ経営学・スポーツ政策）

Bette・J・Dickerson（アメリカ：アメリカン大学名誉准教授）（第2章補論）（専門：社会学）

姜　民護 同志社大学大学院社会学研究科助手（第5章第1節，第5章補論）（専門：社会福祉学）

出井涼介 岡山県立大学大学院博士後期課程（第7章第1節）（専門：保健福祉学）

高橋順一 同志社大学大学院博士後期課程（第7章第2節）（専門：社会福祉学）

Caisee Fogle アメリカ：アメリカン大学大学院修士課程修了（第 2 章補論）（専門：社会学）

編集補助
張　路平 岡山県立大学大学院博士前期課程

＊本書は，科学研究費，基盤研究（B）黒木保博研究代表，中嶋和夫，近藤理恵研究分担「21 世紀グローバル社会における東アジア型福祉関連 QOL のプロモーション基礎研究」（平成 27 年度～平成 29 年度）による研究成果である。

＊謝辞：お忙しい中，調査にご協力いただきましたアメリカ，イギリス，ドイツ，フランス，韓国，台湾，日本のスタッフの皆様に深く感謝申し上げます。また，インタビュー調査のアレンジをしていただきました，アメリカン大学の B・J・Dickerson 名誉准教授と Caisee さん，ロンドン・スクール・オブ・エコノミクスの E・Barker 名誉教授と Dr. Suzzane さんに厚く御礼申し上げます。

世界の子どもの貧困対策と福祉関連 QOL
——日本、韓国、イギリス、アメリカ、ドイツ

2018 年 3 月 30 日　第 1 版第 1 刷発行

監修者　黒　木　　保　博

編著者　中　嶋　　和　夫
　　　　近　藤　　理　恵

発行者　田　中　千津子

発行所　株式
　　　　会社　学　文　社

〒 153-0064　東京都目黒区下目黒 3-6-1
電話　（03）3715-1501（代表）　振替 00130-9-98842
http://www.gakubunsha.com

乱丁・落丁の場合は本社でお取替えします。　　　印刷／新灯印刷㈱
定価は，カバー，売上カードに表示してあります。　〈検印省略〉

Ⓒ 2018 KUROKI Yasuhiro　　Printed in Japan

ISBN978-4-7620-2804-5